Dalai Lama

LA MENTE EN SERENIDAD

Prólogo de Sogyal Rinpoche

editorial Kairós

Título original: MIND IN COMFORT AND EASE
The Vision of Enlightenment in the Great Perfection

Originally published by Wisdom Publications Inc.
199 Elm Street, Somerville MA 02144 USA
www.wisdompubs.org

Editorial Kairós S.A.
Numancia 117-121, 08029 Barcelona, España
www.editorialkairos.com

Nirvana Libros S.A. de C.V.
3ª Cerrada de Minas 501-8, CP 01280 México, D.F.
www.nirvanalibros.com.mx

Revisión: Amelia Padilla

Primera edición: Marzo 2008
Segunda edición: Marzo 2010

ISBN: 978-84-7245-669-3
Depósito legal: B-9.663/2010

Fotocomposición: Beluga y Mleka, s.c.p. Córcega 267. 08008 Barcelona
Tipografía: Times, Vidya, cuerpo 11, interlineado 12,8
Impresión y encuadernación: Índice. Fluvià, 81-87. 08015 Barcelona

Este libro ha sido impreso con papel certificado FSC, proviene de fuentes respetuosas con la sociedad y el medio ambiente y cuenta con los requisitos necesarios para ser considerado un "libro amigo de los bosques".

SUMARIO

VERSOS DE HOMENAJE

por Kyabje Trulshik Rinpoche

¡Om svasti!
A causa del mérito y la sabiduría reunidos desde eras inmemoriales,
obtuviste el resultado: las diez fuerzas y las cuatro valentías de la budeidad.
Gran guía de esta era afortunada, que apareciste
con las señales y las marcas de la perfección,
Siddharta, tú que cumpliste cada una de tus metas,
¡concédenos virtud y excelencia!

Rodeado del resplandor de cien rayos de luz que salen del corazón de Amitabha,
naciste en la punta de un tallo de loto, sobre el lago de Sindhu,
y viniste como el segundo Buddha al País de las nieves.
Guru Padmakara, nacido del loto, ¡concédenos siempre tu protección!

Personificación de la compasión de todos los buddhas, heredero del loto blanco,
dejando de lado la vestimenta del *sambhogakaya*,
apareces como un monje en hábitos color azafrán para proteger este mundo.
Señor victorioso, Tenzin Gyatso, ¡con devoción sincera, nos inclinamos ante ti!

En respuesta a la petición de la Sangha de Rigpa de Lerab Ling en Francia, como prólogo de este libro, esto fue escrito y ofrecido desde Nepal por aquel llamado Dzarong Shadeu Trulshik, Ngawang Chökyi Lodrö, en el año tibetano 2133, del perro de fuego, en el día 26 del cuarto mes (21 de junio de 2006).

PRÓLOGO

Su santidad el Dalai Lama del Tíbet es uno de los grandes líderes espirituales de nuestra época. Ha dedicado su vida entera a procurar el bienestar de la humanidad y, durante casi cuarenta años, ha viajado por todo el mundo, compartiendo su mensaje de valores humanos, responsabilidad universal y compasión. Es un mensaje que cada día se está volviendo más pertinente y más vital. Lo que ha mostrado Su Santidad –y a lo que muchas personas han respondido con entusiasmo y alegría– es que en el altruismo y en el cuidar de los demás, se encuentra el sentido mismo de la vida, y que si transformamos la mente con compasión, podemos volvernos mejores seres humanos, tratar a los demás con amor y respeto y encontrar la felicidad y la paz. Con su sinceridad y su humanidad, Su Santidad es, para innumerables personas, un centro de estabilidad en un mundo caótico y violento.

La primera visita de Su Santidad el Dalai Lama a Occidente, en septiembre de 1973, incluyó un encuentro con el papa Pablo VI en el Vaticano; en su discurso de bienvenida, el Papa declaró que la presencia del Dalai Lama iba a «contribuir a propiciar el amor mutuo y el respeto entre los diferentes credos». Nunca olvidaré esa ocasión, pues tuve el honor de servir a Su Santidad y de ayudar a organizar su visita. Pero jamás habríamos podido imaginar, en aquel entonces, cuando lo recibimos en suelo europeo, el impacto y la influencia que iba a tener en el mundo. En esa época, su mensaje versaba sobre la responsabilidad universal, la bondad y el buen corazón. Es un mensaje que él ha seguido profundizando y propagando incansablemente, en respuesta a las distintas dimensiones de nuestro mundo en constante cambio. La visión de Su Santidad, a la que el comité del Premio Nobel de la Paz llamó "su filosofía de paz", abarca todo el espectro de los asuntos humanos, incluyendo la comprensión entre las religiones, la paz y la reconciliación, la protección del medio ambiente, los derechos humanos, la igualdad económica, la educación y la ciencia. Muchas veces siento que sus profundas preocupaciones son, por emplear una imagen budista, como los rayos que irradia el sol resplandeciente de su sabiduría y compasión. La magnitud, tanto de su visión como de sus logros, es simplemente asombrosa; basta con mirar la lista de los países que visita, la cantidad de cosas que lleva a cabo y el número de personas a las que llega. Su Santidad suele describir modestamente sus actividades internacionales en términos de compartir su comprensión de la importancia de los valores humanos más básicos, así como de abogar por la comprensión interreligiosa y la armonía, promoviendo los derechos y las libertades del pueblo tibetano. Así pues, siento que, de todos los Dalai Lamas, no ha habido otro que haya llevado a cabo nada comparable a lo que él ha logrado.

Un campo en el que el Dalai Lama ha desempañado un papel único y fundamental es el del desarrollo del budismo en Occidente. Ha mostrado un interés personal extremadamente activo en que el estudio y la práctica del Dharma florezcan de forma auténtica en Occidente, tanto como en Oriente. Su compromiso constante de enseñar en distintos países ha constituido, para los estudiantes del Dharma, una fuente inagotable de inspiración. Es un maestro erudito cuyas enseñanzas se estudian como las de los cultos panditas del pasado, pero, al mismo tiempo, su experiencia y conocimiento le permiten traducir y relacionar el Buddhadharma con la vida moderna de una manera convincente, inmediata y accesible. Su diálogo brillante, y con grandes implicaciones en el mundo de la ciencia, ha demostrado de manera inequívoca la profundidad extraordinaria y el poder de las enseñanzas budistas y de lo que pueden aportarnos. También ha abierto una brecha hacia una verdadera interacción y apertura dentro del budismo, así como entre el budismo y las otras tradiciones espirituales. El hecho de que en las dos últimas décadas el budismo haya ganado respeto y reconocimiento en el mundo entero, se debe en buena medida a su liderazgo y a su ejemplo. Sin él, el mundo budista sería muy distinto.

En septiembre del año 2000, Su Santidad visitó nuestro centro internacional de retiros, Lerab Ling, situado en el Sur de Francia, para impartir una importante enseñanza budista titulada «El camino a la iluminación». Le invitamos a trazar el mapa de estudio y práctica desde el inicio hasta la Gran Perfección, *Dzogpachenpo*, con sus elementos clave y sus puntos de referencia y así proveer un plano para el camino espiritual completo destinado a la gente moderna. Con su erudición, su familiaridad con las distintas escuelas budistas y su habilidad a la hora de adaptar y relacionar el mundo moderno, sabíamos que nadie podía dar mejor que él una visión panorámica de las prácticas y enseñanzas budistas.

Recuerdo muy claramente los diez días que duró la visita de Su Santidad. Era la primera vez que venía a Lerab Ling, y llegó un día antes a fin de pasar un tiempo en retiro silencioso en el entorno rural. Como nos dijo después: «Me pareció un lugar muy agradable, retirado, hermoso, lleno de bendiciones y con el entorno natural muy bien conservado...». Era el año 2000, un año de aniversarios. Además de ser el año del milenio, también marcaba el cumpleaños número sesenta de la entronización de Su Santidad, y los cincuenta años desde que se le invistió como jefe de gobierno del Tíbet, a la edad de quince años. Buscando una manera de celebrar la importancia de esta ocasión, invité a Lerab Ling a treinta de los monjes de mayor rango del monasterio del Dalai Lama, Namyal Dratsang, para dirigir una práctica especial de Vajrayana, el *drupchen* (práctica en grupo) completo, y el *mendrup* (consagración de la medicina) de Vajrakilaya, la deidad *yidam* que personifica la actividad iluminada de todos los buddhas, que nunca antes se había realizado fuera del Tíbet o de Dharamsala en la India. Esta práctica particular proviene de un tesoro *terma* llamado *Phurba Yang Nying Pudri*, escondido por Guru Padmasambhava y revelado por Tertön Sogyal, Lerab Lingpa, quien impartió la totalidad de estas enseñanzas al Décimotercer Dalai Lama y lo nombró su guardián. Lo más significativo de esta práctica, como explicó Su Santidad, es que tiene una conexión única con el bienestar de los Dalai Lamas, el futuro del Tíbet, y el florecimiento del budismo tibetano.

Su Santidad llegó para presidir el último día del *drupchen* de dos semanas, que incluía la recepción de las bendiciones de la práctica y la consagración de una gran cantidad de *amrita* medicinal. Al día siguiente otorgó la transmisión de poder de *Phurba Yang Nying Pudri* a las 1.400 personas reunidas en la tienda del *drupchen*, situada en el corazón de Lerab Ling. En ese momento no pude evitar sentir una inmensa esperanza y la seguridad de que esta práctica tan poderosa, llevada a cabo con tal perfección por los monjes de Namgyal y presidida por Su Santidad, realmente tendría un efecto para la longevidad de los Dalai Lamas y su trabajo, la resolución de la cuestión del Tíbet y el futuro de las enseñanzas del budismo tibetano en Occidente. Un gran número de signos auspiciosos acompañaron el *drupchen*, y Su Santidad confirmó su buen augurio.

Asimismo fue maravilloso el hecho de que Kyabje Trulshik Rinpoche, uno de los maestros más eminentes y respetados del budismo tibetano, también estuviese presente en aquella ocasión. Se trata de un gran heredero del linaje del *vinaya* de la tradición Nyingma que fue discípulo de mi maestro Jamyang Khyentse Chökyi Lodrö y el hijo del corazón tanto de Kyabje Dudjom Rinpoche como de Kyabje Dilgo Khyentse Rinpoche. Durante muchos años ha estado dando a Su Santidad un gran número de enseñanzas y transmisiones de poder poco comunes de las tradiciones Nyingma y Dzogchen. Poco después de que Su Santidad llegara a Lerab Ling, visitó muchas veces a Trulshik Rinpoche, de quien había recibido la transmisión de *The Trilogy of Finding Comfort and Ease* del gran maestro Dzogchen, Longchenpa. Recuerdo que Trulshik Rinpoche ofreció auspiciosamente a su santidad una fotografía de Gangri Thökar, la ermita del Tíbet donde Longchenpa compuso sus obras maestras; mi ofrenda fue una estatua retrato de este gran maestro, hecha cuando él aún vivía, que reverenciaron tanto Dilgo Khyentse Rinpoche como Nyoshul Khenpo, dos de los mayores exponentes del *Dzogchen* en nuestros tiempos. Su santidad pareció decidir espontáneamente que enseñaría sobre *Encontrar serenidad y soltura en la meditación de la Gran Perfección*, uno de los textos de la trilogía, como tema principal para su enseñanza de cinco días.

Cerca de diez mil personas asistieron a las enseñanzas de Su Santidad. Venían de veintiún países distintos y de sitios tan lejanos como Australia o Estados Unidos. Había alrededor de cien *lamas* y *geshes* y muchos de ellos estaban sorprendidos por que Su Santidad hubiera escogido un texto tan profundo para comentarlo. Todos estábamos conmovidos por la profundidad, la relevancia y la accesibilidad de sus enseñanzas; hubo quienes las consideraron entre las enseñanzas más notables que le habían visto impartir. De una manera totalmente original pero siempre auténtica, Su Santidad nos hizo sentir su búsqueda personal, mientras repasaba el camino budista en su totalidad y, en particular, las instrucciones esenciales de los reverenciados maestros de la Gran Perfección. Como un joyero experto, acomodó la enseñanza del *Dzogchen* en el contexto de las otras tradiciones del budismo tibetano, destacando sus puntos paralelos y los propósitos finales comunes a todos ellos, de realizar la naturaleza de luz clara de la mente; al hacerlo, parecía continuar muchos de los temas de varias enseñanzas previas sobre el *Dzogchen* que ha impartido en Occidente. Durante las enseñanzas, Su Santidad otorgó la transmisión de poder de Padmasambhava y sus Ocho Manifestaciones, tomadas de las visiones puras del Gran Quinto Dalai Lama, que había otorgado ya, a petición nuestra, en 1982 en la ciudad de París, y en 1989 en San José, California. Puesto que a menudo se invoca a Guru Padmasambhava como una poderosa fuente de paz y transformación, esto representó una inmensa bendición para toda la región y para Francia misma, y así selló la dedicatoria de estas enseñanzas extraordinarias para la paz en el mundo.

Uno de los grandes talentos de Su Santidad consiste en su habilidad a la hora de transmitir las distintas características de las enseñanzas y prácticas de las diferentes escuelas del budismo tibetano. En Lerab Ling habló de su profundo compromiso con el espíritu, abierto e imparcial, del Rimé que yo siempre he intentado mantener, como una de las características que definen el trabajo de Rigpa –en cierto sentido, un legado del gran maestro Rimé Jamyang Khyentse Chökyi Lödro–. Al mismo tiempo, Su Santidad dio también su valioso consejo sobre la importancia de mantener la integridad y la autenticidad de la tradición budista del Tíbet. «En Lerab Ling, dijo, ha nacido un centro destinado a hacer que la cultura budista, como se desarrolló en el Tíbet, se conozca de una forma auténtica. Es muy importante que sea una representación auténtica de la cultura budista tibetana, y por eso pueda dar ejemplo y llevar a cabo intercambios interculturales tanto en Francia como en otros lugares. Estoy convencido de que este centro de Lerab Ling ya está contribuyendo –y lo seguirá haciendo más y más en el futuro– a un mayor conocimiento de la rica cultura de la tradición del budismo tibetano.» Como siempre, la presencia de Su Santidad tuvo un impacto indeleble en los corazones de todos, ya fueran estudiantes experimentados del Dharma, la población local, los políticos, los guardaespaldas de los VIP, o los *gendarmes* locales. Y, como ocurre a menudo, abrió las puertas de una nueva simpatía y aceptación del budismo en toda la región.

Para mí, presentar este libro es el mayor de los privilegios posibles y también una inmensa bendición, ya que Su Santidad es uno de mis principales maestros; y para todos los tibetanos es nuestro líder, la luz que nos guía y nuestra inspiración. Todas las valiosas enseñanzas que dio Su Santidad en septiembre del año 2000, están incluidas en este volumen, que se publica con el fin de celebrar la segunda visita de Su Santidad a Lerab Ling y la inauguración de su templo y su monasterio. El templo se construyó exactamente en el mismo lugar donde se llevó a cabo el *drupchen* en 2000, y estoy seguro de que es gracias a la bendición de Su Santidad que se construyó de una forma tan rápida y auspiciosa. Kyabje Trulshik Rinpoche llamó a este templo *Palri Pema Ösel Ling*, por la montaña color cobre con su palacio de luz de loto, el paraíso de Guru Padmasambhava. Será aquí donde guiaré el retiro de tres años que harán mis estudiantes, y que empieza este año.

Todo esto, el templo y todo nuestro trabajo, lo dedico a la buena salud y larga vida de Su Santidad, a la realización de sus aspiraciones para el Tíbet y la humanidad y a la prosperidad del Buddhadharma aquí en Occidente. Rezo para que el néctar de las enseñanzas de Su Santidad impregne el flujo mental de todos los que lean este libro, los inspire con una comprensión y un entusiasmo nuevos, y los guíe sin errores en el camino hacia la iluminación.

SOGYAL RINPOCHE
Lerab Ling
6 de julio de 2006

PREFACIO

«¿Puede decirnos algo sobre su extraordinario destino?», le preguntó un periodista cuando Su Santidad el Dalai Lama llegó a Lerab Ling, la mañana del 17 de septiembre de 2000. Su Santidad se volvió hacia él y dijo: «¡Todos los seres humanos tienen un destino extraordinario! Algunas veces las cosas nos causan alegría y otras tristeza. Pero estos altos y bajos forman parte del destino de cualquier persona. Creo que lo más importante en nuestra existencia es hacer algo que pueda beneficiar a los demás. Lo que necesitamos más que ninguna otra cosa es desarrollar el altruismo –eso es lo que verdaderamente da sentido a la vida–. El hecho de haber sido reconocido como Dalai Lama me permite en muchas ocasiones hacer un poco el bien alrededor de mí. Este es el camino que intento seguir al máximo de mis capacidades».

En estas pocas palabras, el Dalai Lama concentró el mensaje de compasión y de altruismo que lo ha dado a conocer en el mundo entero, y eso es lo que más destacó durante su visita a la región de Languedoc-Rousillon, en el Sur de Francia en septiembre de 2000. Esta era la decimoséptima visita de Su Santidad a Francia, y en el transcurso de ese año sucedieron tres eventos que demostraron claramente el alcance de su acción compasiva en el mundo. El primero fue la publicación de *Ethics for a New Millennium*, libro en el que el Dalai Lama destiló sus sesenta años de estudio y práctica del budismo en una visión no religiosa pero fundamentalmente espiritual, para los individuos y la sociedad, basada en el entrenamiento de la mente. Llamó a una revolución espiritual y ética –«una reorientación radical que nos aleje de nuestra preocupación habitual por uno mismo, y nos dirija a una comunidad más amplia de seres con los que estamos conectados». *Ethics for a New Millennium* es un manual para la supervivencia humana, que urge ponerlo en acción con imaginación y rigor, implementándolo como un programa práctico de entrenamiento y educación.

El segundo ocurrió en marzo de 2000, cuando Su Santidad se reunió con un grupo de neurocientíficos, psicólogos, filósofos y practicantes budistas en Dharamsala, la India, para la octava conferencia del ciclo organizado por el Mind and Life Institute. Estas reuniones constituyeron un encuentro revolucionario, así como la colaboración más importante y profunda que se haya llevado a cabo entre el budismo y las ciencias. El diálogo del año 2000 estudió las emociones destructivas y condujo directamente a una gran cantidad de iniciativas de largo alcance en la investigación de los efectos y los usos del entrenamiento en la meditación. Los experimentos realizados al año siguiente en Estados Unidos, en Madison, Wisconsin, acerca de los efectos de las prácticas de la meditación sobre las funciones del cerebro, donde participaban practicantes experimentados del budismo tibetano, no sólo recibieron la atención de la prensa mundial sino también la de prestigiosas publicaciones científicas. Muchas personas empezaron a comprender las repercusiones extraordinarias que existirían si se reconociera más ampliamente el valor universal de las técnicas contemplativas budistas para entrenar la mente en la meditación y la compasión. El impulso de esta primera reunión del año 2000 aún continúa. En 2005, Su Santidad habló ante la Sociedad para la neurociencia en Washington DC, y al año siguiente publicó *The Universe in a Single Atom: the convergence of*

Science and Spirituality, donde describe este encuentro entre la ciencia y la espiritualidad y su «potencial de grandes implicaciones para ayudar a la humanidad a resolver los retos que tenemos frente a nosotros».

Finalmente, después de su visita a Polonia, Alemania, Noruega, Dinamarca y Suecia a principios de verano de 2000, Su Santidad viajó a Estados Unidos, antes de ir a Francia en septiembre. Allí participó en el inmenso festival Folklife «Cultura Tibetana más allá del País de las nieves», en Washington DC. El 2 de julio, durante una conferencia pública gratuita de una hora, ante quince mil personas en el National Mall, presentó una poderosa petición por los valores, las cualidades humanas básicas y el cuidado de los demás: «En los tiempos modernos, siento que es de una importancia vital promover los valores humanos básicos. Si no, en el futuro, el desarrollo material será nuestro único objetivo, y los valores internos se descuidarán. Entonces la humanidad tendrá muchos más problemas». Pero lo que la mayoría de las personas que estaban allí recordarán son sus palabras inequívocas sobre los daños al medio ambiente causados por las naciones más ricas y por aquellas que se empeñan en copiar el estilo de vida americano y su modelo de riqueza y consumo. Advirtió sobre los peligros globales y, a largo término, sobre la desigualdad económica y social en su escala actual, y habló explícitamente sobre los pobres de Washington. En medio de una avalancha de aplausos, dijo: «Esta es la capital de la nación del país más rico del mundo, pero en algunas secciones de esta sociedad las personas son muy, muy pobres. Esto está mal, no sólo moralmente sino también a nivel práctico... hay que cerrar el abismo entre los ricos y los pobres».

Una fórmula revolucionaria para un mundo más sensato y más pacífico, una colaboración asimismo revolucionaria entre la ciencia y la espiritualidad, y una preocupación profunda y bien enunciada por la humanidad y el planeta. Estos ejemplos poderosos de la implicación compasiva del Dalai Lama con el mundo, forman parte del contexto de su visita a Francia en el año 2000.

EL CONTEXTO DE LAS ENSEÑANZAS

En 1991, Su Santidad el Dalai Lama empezó a impartir con regularidad una serie de enseñanzas budistas para la federación de los centros de budismo tibetano en Francia, y en el año 2000 llegó el turno de los centros agrupados geográficamemte en el Golfo de León, cerca de Montpellier en el Sur de Francia.[1] Lerab Ling, el principal centro internacional de Rigpa, fundado por Sogyal Rinpoche y que ahora constituye el corazón mismo de su labor, tuvo el honor de organizar las enseñanzas de Su Santidad. Elegido y bendecido por Kyabje Dilgo Khyentse Rinpoche y consagrado en 1991 por Kyabje Dodrupchen Rinpoche, Lerab Ling se ha convertido en el lugar donde se llevan a cabo los retiros de verano de Rigpa desde 1992. Desde entonces, muchos maestros eminentes del budismo tibetano han sido invitados a enseñar, y se han realizado retiros constantemente. En la antigua lengua occitana, el nombre original de este recinto significa "lugar de manantiales", y sus pendientes boscosas, riachuelos y prados, se encuentran en el eje de la inmensa meseta de Larzac que, en su mayor parte, constituye un parque nacional.

En el mes de septiembre del año 2000, durante dos semanas unos monjes del monasterio de Namgyal, guiados por Khamtrul Rinpoche y su abad Jadho Rinpoche, dirigieron una práctica intensiva en grupo en Lerab Ling: un *drupchen* de Vajrakilaya según la revelación del *terma* de Lerab Lingpa, la encarnación previa de Sogyal Rinpoche. La llegada de Su Santidad fue planeada con el fin de permitirle presidir el último día la culminación del *drupchen* y otorgar la transmisión de poder para esta práctica al día siguiente. También estaba presente Kyabje Trulshik Rinpoche, de quien Su Santidad estaba entonces recibiendo la transmisión de *The Trilogy of Finding Comfort and Ease*, una obra importante del gran maestro del Dzogchen, Longchen Rabjam (1308-1364). Este fue el contexto en el que escogió comentar y explicar uno de los textos de esta trilogía: *Encontrar serenidad y soltura en la meditación de la Gran Perfección*, en tibetano *Samten Ngalso*.

Las enseñanzas sobre Dzogchen o la Gran Perfección constituyen el corazón mismo de la tradición "Antigua" o Nyingma del budismo tibetano, que se remonta a los siglos VIII o IX, cuando el gran Guru Padmasambhava, el rey Trisong Detsen y el abad y erudito Shantarakshita establecieron el budismo en el Tíbet. Los orígenes del Dzogchen se remontan al Buddha primordial, Samantabhadra, desde el cual se ha transmitido una herencia viviente de sabiduría de maestro a discípulo en un linaje ininterrumpido que continúa hasta el día de hoy. Se puede describir el Dzogchen como el «estado primordial, ese estado de despertar absoluto que es la esencia y el corazón de todos los buddhas y de todos los caminos espirituales, y la cima de la evolución espiritual de un individuo».[2] Considerado el pináculo mismo de todas las enseñanzas, la práctica de Dzogchen también se considera como particularmente clara, efectiva y relevante para el mundo moderno y las necesidades de hoy en día.

Su Santidad dividió sus enseñanzas en dos secciones. Primero hizo una introducción a los principios clave del Buddhadharma. Después, para demostrar cómo integrar y practicar las enseñanzas, empezó a explicar el texto raíz de

Encontrar serenidad y soltura en la meditación de la Gran Perfección, y al mismo tiempo dio la transmisión oral del texto completo.

Al decidir enseñar sobre un texto de Longchenpa, Su Santidad fue al meollo de la antigua tradición Nyingma y de sus enseñanzas *dzogchen*. Longchen Rabjam, el «omnisciente», fue uno de los grandes maestros más eruditos y realizados del Tíbet, reunió y sintetizó todas las tradiciones del Dzogchen en Tíbet y afianzó completamente su estudio y práctica en sus extraordinarios escritos, como *The Seven Treasuries, The Trilogy of Finding Comfort and Ease, The Trilogy of Natural Freedom,* y *The Three inner Essences*.[3] El gran maestro del Dzogchen, Patrul Rinpoche (1808-1887), a quien Su Santidad cita a menudo en sus enseñanzas, escribió:

> «Así este maestro omnisciente reveló en sus trabajos sublimes
> la gama entera de las enseñanzas del Victorioso.
> Nunca antes, ninguno de los sabios maestros de la India o del Tíbet
> había dejado al mundo semejante legado».

Nyoshul Khenpo (1932-1999), una gran autoridad en lo que respecta a Longchenpa y a su obra, hasta tal punto que muchos de sus estudiantes lo consideraban como Longchenpa encarnado, escribió: «Longchenpa apareció en este mundo como un segundo Buddha primordial Samantabhadra, que transmitía enseñanzas como el rugir del león sobre las tres categorías de Dzogchen... Sus trabajos son indistinguibles de las palabras del Victorioso y constituyen un inconcebible corpus de secretos. Simplemente el hecho de leerlos despierta en nuestra mente la realización de la mente de sabiduría, que es la verdadera naturaleza de la realidad».

Longchenpa compuso *The Trilogy of Finding Comfort and Ease* en su ermita de Orgyen Dzong, situada en Gangri Thökar en el Tíbet central al Sur de Lhasa, donde enseñó y escribió muchos de sus libros, entre ellos *The Seven Treasuries*. En su propio catálogo de sus escritos, que dividió como externos, internos y secretos, situó *The Trilogy* en la categoría secreta y entre las explicaciones más generales que, según dijo: «sirven para mostrar cómo el camino del Dzogchen, junto con su fruto, está de acuerdo, e incorpora todos los otros vehículos, de modo que uno puede comprender el punto último de estos vehículos; éstos simplemente son hábiles caminos preliminares que conducen al camino del Dzogpachenpo".[4]

Nyoshul Khenpo reunió los libros de Longchenpa sobre Dzogchen y los ordenó en tres grupos:[5]

> «Primero están los que representan el enfoque extenso, erudito o enfoque del *pandita*, principalmente *The Seven Treasuries* y *The Trilogy of Natural Freedom*. Este grupo también incluye comentarios tales como el repaso general de Longchenpa sobre el *tantra The All-Creating Monarch*, que constituye la parte de sus escritos sobre la *categoría de la mente*. La porción de sus obras relacionadas con la *categoría del espacio*, escritas en este modo extenso y erudito, incluye un texto breve conocido como *The Vast Array of Space*, así como su comentario.
>
> El segundo grupo es el del enfoque profundo de *kusuli*, es decir, el enfoque directo del *yogui* Dzogchen. Este grupo está constituido de los tres ciclos Yangtik que Longchenpa reveló: *The Innermost Heart Drop of the Guru* (*Lama Yangtik*), *The Innermost Heart Drop of the Dakini (Khandro Yangtik)* y *The Innermost Heart Drop of Profundity (Zapmo Yangtik)*. Estas enseñanzas están diseñadas para el estilo de

vida muy poco elaborado de un *yogui* errante, o de alguien en retiro.

El tercer grupo consiste en las enseñanzas en las que se fundamentan tanto el enfoque extenso del erudito como el enfoque profundo del *yogui*. Estas son las enseñanzas de Longchenpa acerca del camino gradual –*lamrim*–. La más conocida es la *The Trilogy of Finding Comfort and Ease*, que incluye *Finding Comfort and Ease in The Nature of Mind (Semnyi Ngalso)*, *Finding Comfort and Ease in Meditation (Samten Ngalso)* y *Finding Comfort and Ease in the Illusoriness of Things (Gyuma Ngalso)*».

Longchenpa explica la secuencia de sus tres libros en *The Trilogy of Finding Comfort and Ease*:

«Al principio, cuando acabamos de entrar en el camino, es importante crear unos buenos cimientos en el Dharma, y por esa razón los trece capítulos de *Finding Comfort and Ease in the Nature of Mind* ofrecen una explicación elaborada de las bases para esa *visión* que va más allá de los dos extremos, empezando por la dificultad de encontrar las libertades y las ventajas. Al mismo tiempo, también explican aspectos de las etapas del camino y del fruto.

Una vez que hemos entendido la base, podemos empezar la meditación sobre el camino, y por eso los cuatro capítulos de *Encontrar serenidad y soltura en la meditación* ofrecen una explicación paso a paso de los lugares donde se puede practicar la *meditación*, los tipos de individuo apropiados para la práctica, las técnicas que se pueden usar en la meditación y los tipos de concentración que se pueden lograr.

Cuando se practica este camino, es importante recibir enseñanzas sobre el desapego y el no aferramiento a los fenómenos. Entonces, a modo de apoyo, se da una presentación

> clara y elaborada de las etapas de la *acción* en los ocho capítulos de *Finding Comfort and Ease in the Illusoriness of Things*. Estos capítulos muestran completamente, y sin errores, cómo relacionarnos con los fenómenos, y cómo debemos experimentarlos como los ocho símiles de lo ilusorio».[6]

Su Santidad cita a menudo la obra de Longchenpa durante sus enseñanzas sobre Dzogchen en Occidente; en 1989 basó sus enseñanzas en San José, California, en varias secciones de *The Precious Treasury of the Dharmadhatu*.[7] Cuando visitó el monasterio Dzogchen en el Sur de la India en diciembre del año 2000, en respuesta a la invitación de Su Eminencia el Séptimo Dzogchen Rinpoche, también otorgó una transmisión y una enseñanza sobre *Finding Comfort and Ease in the Nature of Mind*, así como sobre *Finding Comfort and Ease in Meditation*.

LA SECUENCIA DE LAS ENSEÑANZAS

La enseñanzas de cinco días que impartió el Dalai Lama tituladas «El camino a la iluminación» se llevaron a cabo cerca de Lerab Ling en un lugar al que llamaron Lerab Gar. Una inmensa tienda para enseñanzas rodeada de otras tiendas con restaurantes, puestos de información, recursos, publicaciones, una exposición sobre la historia de Rigpa, servicios y prensa. De una audiencia de más de diez mil personas, el sesenta por ciento vino de Francia y el resto de otros veintiún países. Más de cien *lamas* y *geshes*, monjes de los monasterios de Namgyal, Gomang y Gyutö, y dos cientos monjes y monjas occidentales asistieron, junto con un centenar de amigos de Su Santidad y del Tíbet.[8] Doscientas personas de los pueblos aledaños fueron invitadas y asistieron a las enseñanzas durante un día. Sogyal Rinpoche resumió el sentimiento de los presentes en su discurso de bienvenida a Su Santidad:

> «Sabemos que aquí en Francia usted se sentirá como en casa y entre amigos. Francia es un país donde el Dharma y su mensaje sanador han tenido un impacto profundo, un país que ha abierto los brazos para recibir al Tíbet y a los tibetanos... Personas del mundo entero se han reunido hoy aquí. Comprenden que usted es uno de los más grandes eruditos y maestros budistas de nuestro tiempo, así que saben que recibir de usted estas enseñanzas es la oportunidad de toda una vida. Nos alegramos de que estas enseñanzas se lleven a cabo el año del sesenta aniversario de su entronización, así como en el año del milenio del 2000. Esto parece recordarnos su importancia para el mundo, y para el futuro de la raza humana».

Su Santidad comenzó disculpándose por el retraso, debido a las condiciones climáticas poco habituales. «Hemos empezado un poquito tarde este primer día de enseñanzas», dijo. «Esto ha sido debido a todo tipo de dificultades causadas por el clima. Lo siento, aunque no sea realmente culpa mía. Ustedes parecen tener algunos problemas; probablemente yo me vea más cómodo, pero aquí arriba tampoco se está muy caliente.» De hecho, la tarde anterior una tormenta devastadora había azotado la costa Sur de Francia, causando una inundación y serios daños en Montpellier. Lluvias torrenciales y fuertes vendavales arrasaron las tiendas más pequeñas del sitio, inundando la tienda principal, y convirtieron gran parte del terreno en un cenagal. Sin embargo, la audiencia estaba tan decidida a ir allí que las enseñanzas pudieron comenzar con un retraso de tan sólo una hora.

Su Santidad situó el contexto de sus enseñanzas, hablando de los objetivos comunes a las distintas religiones, y de la importancia de mantener la tradición propia y aprender de los otros credos. Hizo hincapié en los temas de la transformación personal, la inteligencia humana y la razón, así como en la importancia del altruismo y el amor, y habló del poder de la mente para alcanzar la verdadera felicidad. De vez en cuando, durante sus enseñanzas insertaba algún comentario personal o contaba alguna anécdota, mientras presentaba hábilmente los principios clave del Buddhadharma de forma accesible para los presentes. Los temas que explicó fueron los siguientes: las Cuatro Nobles Verdades, la interdependencia, las verdades absoluta y relativa, *shunyata*, la naturaleza de la conciencia, la continuidad de la mente y la materia, las emociones perturbadoras y la iluminación. Todo eso conforma la primera mitad de este libro: los principios clave del Buddhadharma.

Fue durante el tercer día cuando Su Santidad empezó a comentar el texto de Longchen Rabjam, *Encontrar serenidad y soltura en la meditación de la Gran Perfección*, y esas enseñanzas conforman la segunda parte de este libro. Comenzó hablando de las escuelas de budismo en el Tíbet y de los grandes maestros eruditos y realizados de la tradición Nyingma. Esto le llevó a presentar, citando al Gran Quinto Dalai Lama, los aspectos únicos de la Gran Perfección comparada con otros vehículos, y la distinción que se hace entre la mente ordinaria y la conciencia pura de *rigpa*.

El texto de Longchenpa se divide en tres partes: los *lugares* para cultivar la meditación, el *meditador* o practicante individual, y el *Dharma* que se va a practicar. Su Santidad comentó las dos primeras partes con detalle. Al hacerlo, habló de la renuncia, de cómo seguir a un maestro espiritual, de superar y transformar las emociones negativas, de la atención y la vigilancia, las diferentes visiones sobre la ausencia de un "yo", de la ira y la paciencia, de la impermanencia y la muerte. Después llegó a la tercera parte, la práctica principal, y los cuatro tipos de preliminares: 1) renuncia, 2) compasión y *bodhichitta*, 3) visión pura, y 4) *guru yoga*.

En relación a los preliminares de la *bodhichitta*, al día siguiente Su Santidad dio una enseñanza sobre compasión y *bodhichitta*, que se fue volviendo más y más emotiva pues habló de una manera muy personal sobre el valor y el beneficio de la *bodhichitta*, hasta tal punto que lloró durante algunos momentos. Luego otorgó el voto del *bodhisattva*, en una hermosísima ceremonia basada en *Bodhisattva Stages* de Asanga. Durante la serie de preguntas y respuestas entre el maestro y los discípulos que forma parte de la ceremonia, Su Santidad creó un ambiente ligero y de comedia al improvisar, en nombre de la audiencia, una serie de réplicas irónicas pero probablemente verdaderas. Para la ceremonia del voto del *bodhisattva*, el trono y la mesa de Su Santidad fueron adornadas con lirios de Tokio blancos y amarillos, y durante la conclusión, así como durante la transmisión del voto, Su Santidad se puso de pie sobre el trono y lanzó flores a los buddhas y a los *bodhisattvas* desde todas las direcciones, implorando a todos que no dejaran que sus aspiraciones fueran mediocres u ordinarias, sino que hicieran las más sinceras oraciones de aspiración para alcanzar la budeidad en beneficio tanto de ellos mismos como de los demás.

Esa misma tarde, en el marco de la enseñanza sobre los preliminares de la visión pura y del *guru yoga*, Su Santidad otorgó la transmisión de poder de Padmasambhava y de sus Ocho Manifestaciones, la *sadhana* de la mente de *The Union of all Innermost Essences* del ciclo de visiones puras del Gran Quinto Dalai Lama (1617-1682), una transmisión de poder que ya había otorgado cuando dio enseñanzas sobre *dzogchen* en París, en 1982 a petición de Rigpa, y en 1989 en San Jose. Su Santidad habló sobre el Gran Quinto Dalai Lama y sus visiones puras, que se titulan *Bearing the Seal of Secrecy*.

Las Ocho Manifestaciones de Guru Rinpoche, o Pema Tötreng, en la lista de la transmisión son: el *vidyadhara* Padmakara nacido del loto, el *bhikshu* Padmasambhava, el erudito Loden Chokse, el magnífico Padma Gyalpo, el *yogui* Nyima Özer, el iluminado señor Shakya Senge, el airado Senge Dradok, y la personificación de "sabiduría loca", Dorjé Drolö. En Dharamsala en 2004, cuando explicó la importancia de invocar y rezar a Guru Rinpoche, Su Santidad habló de la inspiración única que el Gran Quinto Dalai Lama obtuvo de Guru Padmasambhava:

> «El precioso Guru Padmasambhava –Lopön Rinpoche– no sólo estaba investido con todas las verdaderas cualidades de un gran guía espiritual –conocimiento, compasión y una capacidad infinita–, sino que también era un gran maestro con un poder extraordinario. La mayoría de las figuras históricas del Tíbet, tanto espirituales como seculares, se habían puesto bajo la protección compasiva del gran maestro Padmasambhava, y recibieron su bendición. El Gran Quinto Dalai Lama, por ejemplo, tuvo claramente un vínculo muy especial con Guru Rinpoche, y el decimotercer Dalai Lama, también, tuvo de manera muy evidente una conexión única con el preciado maestro».[9]

Inmediatamente después de la transmisión, Su Santidad abordó la práctica principal que aparece en la tercera parte de *Encontrar serenidad y soltura en la meditación de la Gran Perfección*: el Dharma que se va a practicar. Enseguida enseñó sobre la Gran Perfección, la luz clara y la naturaleza última de la mente, presentó las *dos verdades superiores*, identificó la luz clara como un aspecto profundo tanto del *yoga tantra* más elevado como del *dzogchen*, y aclaró el lugar que ocupa la meditación analítica y la visión del Camino Medio. En ese momento citó los *Seven Treasuries* de Longchen Rabjam e hizo referencia a las instrucciones que dio el tercer Dodrupchen, Jikme Tenpe Nyima (1865-1926), de cuyos escritos Su Santidad se expresa siempre con la más profunda admiración, y a quien cita invariablemente cada vez que enseña sobre *dzogchen*. Dodrupchen Jikme Tenpe Nyima fue uno de los maestros más destacados de la tradición Nyingma a principios del siglo XX, siendo él mismo estudiante de dos figuras legendarias, Patrul Rinpoche y Jamyang Khyentse Wangpo. Al hablar de su propia comprensión de las profundas correspondencias entre el *yoga tantra* más elevado y el *dzogchen*, el Dalai Lama escribió: «Al leer a Dodrupchen sentí como si él me estuviera acariciando la cabeza en confirmación, y me diera la confianza de que mi comprensión no era infundada».[10]

La mañana del último día de las enseñanzas, Kyabje Trulshik Rinpoche guió a todos los presentes a fin de celebrar una ceremonia de larga vida para Su Santidad. Esto fue especialmente significativo ya que, cada año, Kyabje Trulshik Rinpoche hace un retiro destinado a la longevidad de Su Santidad en la cueva de Maratika en Nepal, donde Padmasambhava alcanzó el nivel del *vidyadhara de vida inmortal*. La ceremonia misma, llamada *Sublime Vasija de Néctar de Inmortalidad*, fue compilada por el mismo Trulshik Rinpoche basándose en la práctica de larga vida *Luz de Inmortalidad*, una revelación de la tradición de Terma del Norte, junto con elementos de las visiones puras de Lhatsün Namkha Jikme, de una revelación producida durante el sueño de Minling Terchen Gyurmé Dorjé y de las visiones sobre

Sangwa Gyachen que tuvo el Gran Quinto Dalai Lama. Su Santidad eligió esta ceremonia para la ocasión, y fue realizada por primera vez en Occidente, con mucha gracia y una perfección meticulosa, por los monjes de Namgyal, exactamente como se hubiera hecho en Dharamsala. Destacaron dos aspectos: la profunda relación así como la devoción que hay entre Trulshik Rinpoche y Su Santidad, y también la calidad de completud que generó la presencia combinada de Su Santidad, de Trulshik Rinpoche y los monjes de Namgyal, los asociados de Dharamsala de Su Santidad para apoyar al Tíbet y la asamblea completa. Esta es la única ceremonia de longevidad de semejante nivel que se ha llevado a cabo en Occidente para marcar el sesenta aniversario de la entronización del Dalai Lama.

Era el fin de semana, y, al enterarse de que algunas personas acababan de llegar, Su Santidad hizo un resumen magistral de las enseñanzas que había impartido hasta entonces, incluidos temas como la felicidad y el sufrimiento, la comprensión de la interdependencia, el altruismo y el amor, la esencia de la religión, la visión y la conducta del Buddhadharma, la prudencia en el camino espiritual y la necesidad de mantener la autenticidad.

Después, Su Santidad siguió profundizando la enseñanza de Dzogchen, aclarando la sabiduría de *rigpa*, la presentación a la naturaleza de la mente, la visión del Dzogchen, esencia, naturaleza y compasión, y muchos otros puntos clave de la práctica del Dzogchen. Además de citar a Dodrupchen Jikme Tenpe Nyima, Su Santidad leyó un fragmento de los escritos de Tulku Tsüllo, o Tsultrim Zangpo (1884-1957), un discípulo de Dodrupchen y de Tertön Sogyal Lerab Lingpa. Más tarde, hablando con los directores de estudios de Lerab Ling sobre cómo implementar en términos prácticos un enfoque Rimé sin desviaciones, Su Santidad mencionó a Tulku Tsüllo:

«Por experiencia propia, a veces me confunde leer un texto Nyingma escrito por un Gran maestro Nyingma que no conoce la terminología de otras tradiciones. Cuando leo a un *lama* Geluk puro, que sólo sabe de la tradición Geluk, tampoco me es de mucha ayuda para desarrollar una comprensión más profunda de otras tradiciones. Sin embargo, como antes mencioné, hay algunos maestros notables, como Dodrupchen Jikme Tenpe Nyima, y en particular su estudiante, Tsüllo. Sus orígenes eran Nyingma, pero al mismo tiempo estaba familiarizado con la tradición Geluk. Tsüllo sabía mucho sobre la forma en que Lama Tsongkhapa presentaba las cosas y la terminología utilizada, y en sus escritos a menudo establece conexiones.

Otro autor que tiene una comprensión similar de las distintas tradiciones es Nyengön Tulku Sungrap; acabo de recibir del Tíbet un libro de él. Era un *lama* de la tradición Geluk, que al mismo tiempo recibió enseñanzas del anterior Tertön Sogyal Rinpoche y de otros *lamas* Nyingma. Tuvo una auténtica experiencia y, gracias a esta experiencia, desarrolló un respeto profundo y una gran admiración por la tradición Dzogchen. En su obra establece comparaciones, y eso hace muy claras las cosas.

Digamos, por ejemplo, que individuos que ya están muy familiarizados con las enseñanzas Nyingma y Dzogchen, y especialmente con el *trekchö*, estudian esas explicaciones comparativas. Si luego se encuentran con la explicación de la luz clara o de la vacuidad según la obra de Lama Tsongkhapa, serán capaces de hacer conexiones y correlaciones entre unos y otros. Una vez que estos estudiantes tengan una visión más completa, si reciben enseñanzas de un erudito Geluk, ya tendrán las bases para poder comprender. Posteriormente pueden recibir explicaciones de un *lama* Geluk, o de un *lama* Sakya sobre "la inseparabilidad del *samsara* y del *nirvana*",

> por ejemplo. Aunque quizás los *lamas* no conozcan todas estas tradiciones diferentes, por lo menos por parte del estudiante ya habrá una base. Después, con la ayuda de estos maestros diferentes, el conocimiento del estudiante podrá aumentar. Pienso que esta es la manera de crear auténticos practicantes Rimé».

Su Santidad concluyó las enseñanzas otorgando la transmisión oral de la parte restante de *Encontrar serenidad y soltura en la meditación de la Gran Perfección*, sobre la práctica principal y las prácticas finales. Durante estos cinco días, Su Santidad dio la impresión de estar impulsado por una inspiración singular, y no asignó ningún momento para preguntas y respuestas. Sus palabras finales fueron: «Para resumir, creo que lo más importante es tratar de ser un buen ser humano. Esta es la manera de darle sentido a nuestra existencia actual y a todas las existencias que quedan por venir… En todo caso, como dijo el Buddha, es tarea nuestra seguir el camino. Está enteramente en nuestras manos: somos nuestro propio guía y nuestro propio protector. Por tanto, sean diligentes en su práctica espiritual.» Finalmente, Sogyal Rinpoche dio las gracias a todos y dedicó la totalidad el evento: «Por la verdad de estas enseñanzas, que las aspiraciones más profundas y las esperanzas de Su Santidad para el pueblo tibetano se cumplan. Que obtengan libertad, que termine su sufrimiento, y que usted pueda volver pronto al Tíbet.» La audiencia entera se puso en pie para ovacionar a Su Santidad.

Cuando llegó el momento en que Su Santidad tuvo que partir de Lerab Ling, un escuadrón de policías corpulentos y uniformados hicieron una fila para que los fotografiasen con él. Al ver a uno de los oficiales que tenía un bigote digno de Salvador Dalí o de Kaiser Wilhelm, Su santidad se inclinó y tiró de él con un brillo divertido en la mirada.

Poco después, Su Santidad asistió a una reunión interreligiosa en la vecina ciudad de Lodève, un evento que se convirtió en un hito en la región en lo referente al diálogo interreligioso, y que tuvo una gran cobertura en la prensa nacional. Habló de los «valores humanos, el corazón de la religión». Desde allí fue a Montpellier, sede de una de las más antiguas universidades de Francia (su escuela de medicina es el centro de aprendizaje médico más antiguo en Europa occidental), y que ahora se ha convertido en una ciudad conocida por sus nuevas industrias y su tecnología de la información. Su Santidad dio una conferencia pública titulada «La paz mental, fuente de la felicidad», a la que asistieron cerca de cinco mil personas. En esta ocasión lo presentó Jean-Claude Carrière, el célebre guionista, escritor y dramaturgo, autor del libro *La force du Bouddhisme*,[11] basado en una serie de diálogos con el Dalai Lama en Dharamsala. Una vez más, Su Santidad vinculó la paz interior con la paz exterior enfatizando en particular la importancia capital de dominar las emociones y de alimentar las verdaderas cualidades del ser humano.

Al final de la conferencia, Su Santidad visitó la sala contigua donde su charla había sido transmitida por vídeo a otras mil personas o más. Se encaminó rápidamente hacia la sala, con su equipo de seguridad corriendo tras él para alcanzarlo; se subió a un podio y, en dos minutos, resumió lo esencial de su conferencia. El ambiente en la sala era muy vivo y lleno de agradecimiento por su gesto de dirigirse a esta segunda audiencia; y cuando se fue, Su Santidad se vio sumergido en la multitud para estrechar su mano, como si de algún modo se sintiera cercano a cada una de las personas que estaban en la sala, y no parecía que los pasos que daba hacia la puerta lo acercaran más a ella. Si el aplauso en la sala principal había sido muy entusiasta, aquí fue casi abrumador.

La enseñanza que Su Santidad impartió el 20 de septiembre de 2000, titulada «El camino a la iluminación», fue traducida en directo al francés por Matthieu Ricard, y la transcripción fue traducida al inglés por Ane Samten Palmo. Se hizo una transcripción tibetana de las enseñanzas en Dharamsala bajo la supervisión del venerable Geshe Lhakdor, el principal traductor de las enseñanzas en Francia. La traducción fue revisada después cotejándola con la grabación de las propias palabras de Su Santidad, por Richard Barron (Lama Chökyi Nyima) y Adam Pearcey. Para que todo estuviera completo y, con la bendición de Su Santidad, una traducción del texto Longchenpa, *Encontrar serenidad y soltura en la meditación de la Gran Perfección*, fue incluida aquí, al final de la enseñanza de Su Santidad. Esta traducción fue realizada por Adam Pearcey, basada en una traducción previa que hizo en colaboración con B. Alan Wallace en el año 2000. Muchos puntos difíciles y referencias que aparecen en las enseñanzas y en ese texto fueron explicadas amablemente y con claridad por Tulku Thondup Rinpoche, Ringu Tulku Rinpoche, Geshe Thupten Jinpa y Geshe Tashi Tsering.

El apéndice ofrece una perspectiva histórica, que incluye una explicación de Su Santidad sobre la historia y el significado de las prácticas de Vajrayana –la transmisión de poder, el *drupchen*, y el *mendrup*– que se realizaron en Lerab Ling.

Así pues, las enseñanzas de Su Santidad y su visita al Sur de Francia rebasaron todas las expectativas y tuvieron repercusiones en varios niveles. En lo que respecta a Francia, esta visita de Su Santidad demostró un interés cada vez más profundo y maduro por las enseñanzas budistas. Su Santidad misma y otras personas comentaron la actitud atenta y agradecida de la audiencia, que aplaudió con frecuencia y al final se volcó en una larga ovación puesta en pie. Al tratarse de la mayor concentración, hasta la fecha, de una enseñanza budista de Su Santidad en Francia, las noticias de Lerab Gar llegaron a sitios tan lejanos como Corea y el Tíbet. Para Europa y el resto del mundo, estos eventos confirmaron el respeto que el budismo ha ido adquiriendo en el mundo moderno como una gran fuente de sabiduría, ofrecida sin nociones de conversión, sino simplemente para el beneficio de los seres humanos y para llevarlos cada vez más cerca de su naturaleza última.

PARTE I

LOS PRINCIPIOS CLAVE DEL BUDDHADHARMA

1. INTRODUCCIÓN

Antes que nada, déjenme decirles lo feliz que estoy de poder pasar estos días con ustedes, mis hermanos y hermanas espirituales, y de hablar sobre el Dharma. Han venido de todas partes del mundo, lo cual probablemente no resultó tan fácil. Sin duda todos ustedes están muy ocupados, y han tenido que superar dificultades de todo tipo para poder llegar hasta aquí. También muchos de ustedes han trabajado con el fin de que este evento fuera posible. Así que déjenme darles la bienvenida y agradecer a todos su colaboración.

Para comenzar, me gustaría decir una cosa. Todos ustedes han venido aquí con el objetivo de conocerme, y si la razón para hacerlo era porque esperaban oírme decir algo asombroso o recibir algún tipo de bendición de mi parte que eliminara, de manera instantánea, cualquier sufrimiento y les proporcionara la verdadera felicidad, me temo que se han equivocado. Aquí todos somos simples seres humanos, y todos somos iguales. Nuestras mentes funcionan de manera semejante y experimentamos el mismo tipo de emociones y sentimientos. Hay otra cosa que también tenemos en común y es importante que la tengamos en cuenta: todos poseemos la facultad de convertirnos en buenos seres humanos y de hacer que nuestras vidas sean felices. Depende de nosotros. Igualmente tenemos el poder de hacer que nuestras vidas sean infelices, y no solamente experimentar la desgracia y el dolor individuales, sino también causar a los demás pesar y pena, y traerles todo tipo de desgracias. Visto de ese modo, no existe ninguna diferencia entre nosotros.

Entonces ¿qué les puedo ofrecer *yo*? Sólo soy un practicante del Buddhadharma, un simple monje budista. Tengo ahora sesenta y seis años. Desde que tenía diez o quince años, sentí una convicción y un interés sincero por las enseñanzas del Buddha. A lo largo de los años no he podido practicar mucho, pero aun así, he hecho todo lo posible por perseverar en la práctica. Esto me ha enseñado que todos somos iguales en el sentido de que todos queremos encontrar la felicidad y evitar el sufrimiento. Y puesto que queremos ser felices y evitar el sufrimiento, naturalmente estaremos ansiosos por conocer lo que de verdad puede traer beneficio a nuestras vidas. Querremos conocer las causas y las condiciones que conducen a una vida feliz, así como a una vida infeliz. Es en esto en lo que quizás yo tenga un poco de experiencia, y es lo que me gustaría compartir ahora con ustedes. Es posible que mis palabras beneficien a algunos de ustedes, y si encuentran algo útil en ellas, por favor tómenlas en cuenta. Pero si no ven ningún beneficio en lo que digo, entonces olvídenlo. No hay nada malo en eso, ¿verdad?

EL OBJETIVO COMÚN DE TODAS LAS RELIGIONES

A lo largo de mi vida, gracias a mi entrenamiento en las enseñanzas budistas he adquirido algún conocimiento basado en la experiencia. He reflexionado mucho sobre estos temas, y esto es lo que me gustaría compartir con ustedes. Sin embargo, si mientras hablo relaciono mi experiencia con las enseñanzas budistas, no es con el objetivo de propagar el budismo. No es esa mi intención en lo más mínimo. Y tengo razones para ello.

En primer lugar, entre los seres humanos hay una gran

variedad de mentalidades e intereses, y en los últimos tres o cuatro mil años han florecido en la Tierra una gran cantidad de religiones y tradiciones espirituales importantes. Muchas de ellas siguen vivas y activas en el planeta. A lo largo de su historia han servido para satisfacer las necesidades espirituales de millones de personas. Lo siguen haciendo todavía y seguramente seguirá siendo así en el futuro. El hecho de que, por nuestras diversas capacidades e inclinaciones, existan estas distintas tradiciones espirituales, con sus propias visiones y sus propias filosofías, no puede ser sino de un inmenso beneficio para los individuos. Por eso, estoy convencido de que las personas que siguen la tradición espiritual de sus padres y viven según su visión y su filosofía, sentirán que les viene muy bien.

En segundo lugar, aunque las tradiciones espirituales del mundo tienen diferentes visiones y filosofías, sean cuales sean sus diferencias –y algunas de ellas son muy grandes–, la enseñanza ética es prácticamente la misma. Por ejemplo, cuando se trata de cultivar amor, compasión, paciencia y contento, o el observar una disciplina y unos principios éticos, la mayoría de las tradiciones espirituales resultan ser más o menos iguales. Por esta razón siento que, desde el punto de vista de su potencial para beneficiar a la gente y ayudarles a convertirse en buenos seres humanos, la mayoría de las tradiciones espirituales son realmente semejantes; estoy firmemente convencido de esto. Es una buena razón para quedarnos con la religión que heredamos de nuestros padres.

Por otro lado, cambiar nuestra religión es un asunto serio y puede resultar problemático; en algunos casos puede acarrearnos verdaderas dificultades. Cuando doy conferencias en los países occidentales a personas de diferentes religiones y explico las enseñanzas budistas, mi objetivo nunca es hacer proselitismo a favor del budismo. De hecho, de vez en cuando tengo ligeras dudas sobre si enseñar o no el budismo en Occidente. ¿Por qué? Porque en estos países ya existen algunas tradiciones espirituales bien establecidas, ya sean cristianas, judías o musulmanas. Si alguien llega y habla de algo como el budismo, en ciertos casos puede hacer que la gente tenga dudas sobre su propia fe, dudas que nunca antes había tenido. Por eso me siento un poco incómodo e inquieto.

En lo que concierne a las tradiciones espirituales y a las religiones que existen en el mundo, es posible discernir dos dimensiones o aspectos. Un aspecto consiste en los puntos de vista metafísicos o filosóficos. El otro aspecto consiste en los preceptos que debemos seguir para poner en práctica estos puntos de vista. Es decir, la práctica regular de entrenar la mente, día tras día, así como el tipo de discurso y comportamiento adecuados que esta implica. Creo que las principales tradiciones de fe presentan generalmente estos dos aspectos.

A veces uno se puede preguntar: ¿De qué sirve tanta diversidad en los puntos de vista metafísicos y filosóficos? Su objetivo es domar nuestra mente y ayudar a convertirnos en buenos seres humanos. Desde el punto de vista del entrenamiento de la mente, todas las tradiciones espirituales son más o menos iguales y tienen el mismo potencial. Sólo cuando discutimos sobre sus puntos de vista y sus filosofías se destacan sus diferencias.

DIFERENTES CAMINOS

Desde el punto de vista del entrenamiento mismo de la mente, me parece que es difícil decir que una religión en particular es mejor o peor, o más elevada o menos elevada que otra. Todas están ahí para adaptarse a nuestras distintas capacidades e intereses, y es por estas diferencias que alguien puede decir: «Para mí, personalmente, esta tradición espiritual es la más profunda y la más apropiada». Pero siento que sería difícil afirmar que alguna religión sería igual de profunda, o no tan efectiva para todas las personas en general.

Por otro lado, si hablamos de las visiones y filosofías de las distintas tradiciones, pienso que se puede decir que una tradición es más vasta y profunda y que otra es más concisa y sucinta. Así, desde el punto de vista de la metafísica y la filosofía sería permisible establecer algunas jerarquías. Pero aun así, por más vasta y profunda que sea, cuando se trata de llevar a la práctica una visión o una filosofía, si esta no es la adecuada para la mente de un individuo en particular, no va a inspirar ninguna experiencia profunda, y francamente, no le servirá de mucho. Por el contrario, aunque una visión filosófica no esté catalogada como vasta y profunda, si sirve para que una persona desarrolle su mente, entonces de verdad será profunda al menos en lo que se refiere a esa persona.

Déjenme dar un ejemplo. Incluso dentro de las enseñanzas budistas hay muchos sistemas filosóficos. En la tradición Mahayana hay dos sistemas principales: la escuela de Sólo Mente (Chittamatra) y la escuela del Camino Medio (Madhyamaka). Estas dos escuelas expresan la intención última y la visión del Buddha y ambas se basan en sus palabras, aunque a primera vista parezcan estar en completo desacuerdo. La escuela de Sólo Mente considera que algunos aspectos de la filosofía de la escuela del Camino Medio son una suerte de nihilismo, mientras que, para esta última, la escuela de Sólo Mente cae en los extremos, ya sea el materialismo o el nihilismo. Así que ahí se ve que hay contradicciones, incluso grandes diferencias, entre estas dos escuelas. ¡Pero fueron enseñadas por el mismo maestro! Así que ustedes se pueden preguntar: ¿cómo reconciliar esto? ¿Qué hacer con esto?

El hecho es que cuando el Buddha enseñó el Dharma, él reconoció entre sus seguidores una gran diversidad de capacidades e inclinaciones y comprendió cuán importante era que sus enseñanzas se adaptaran a ellas. Por esta razón enseñó diferentes tipos de visiones, y así se puede entender y explicar esta contradicción aparente.

UNA VERDAD, UNA RELIGIÓN

El mismo principio nos puede ayudar a considerar otro punto importante. Los practicantes individuales de las diversas religiones necesitan creer y tener fe en su religión, que para ellos es la verdad última y la única enseñanza auténtica. La pueden llamar «la sola y única verdad, la sola y única religión». Sin embargo, puesto que todas las distintas tradiciones espirituales y filosofías existen según las distintas mentalidades e intereses de la gente, todas en cierto sentido deben ser "verdaderas". Pero si existen todas estas religiones y filosofías auténticas y sólo una de ellas es considerada correcta, ¿no se trata de una contradicción? Parece que tenemos que aceptar simultáneamente dos maneras de pensar: la idea de que todas las religiones son buenas y la idea de que la religión que practicamos es la auténtica.

Como mencioné antes, en el marco de las enseñanzas budistas una persona para la cual la escuela de Sólo Mente es la más apropiada y cuya mente se inclina hacia este enfoque, será un seguidor de esa escuela y, por tanto, proclamará que es la mejor. Los adeptos a la escuela de Sólo Mente van a utilizar la visión de su escuela para evaluar el punto de vista último de la escuela del Camino Medio, es decir, el estado último de budeidad, y van a concluir que el sentido de la escuela del Camino Medio, como lo exponen sus seguidores, no es auténtico. Seguramente dirán esto, puesto que sienten que la escuela del Camino Medio es el enfoque más adecuado a sus capacidades e inclinaciones. Puesto que esta visión les es tan útil, van a pensar: «Esto es lo más profundo; *esto* es lo mejor. Por tanto, la explicación última y sin errores del estado de budeidad debe ser la nuestra». Así es como deben sentirlo, ¿no es cierto?

Al mismo tiempo, alguien más imparcial sabrá que los seguidores del Buddha, sea cual sea la escuela a la que pertenecen entre las cuatro escuelas de filosofía budista (Vaibhashika, Sautantrika, Sólo Mente o Camino Medio), son todos seguidores de un mismo maestro, y todos ellos dependen de su bondad. Así, esta persona imparcial tendrá la misma fe, devoción y respeto hacia los seguidores de cualquier escuela.

Por eso, podemos decir que la afirmación según la cual sólo existe una verdad es totalmente válida y auténtica para cada individuo, desde su punto de vista particular. Pero desde un punto de vista global, en lo que se refiere a un grupo de muchos individuos, debemos decir que hay muchas verdades y muchos caminos auténticos. En este sentido, pienso que no hay contradicción. Para resumirlo: desde el punto de vista de un único individuo o de vuestra propia práctica espiritual, sólo puede haber una única verdad. Pero desde el punto de vista de una multitud, puede haber muchas.

Yo creo que las diversas religiones y filosofías del mundo –cristianismo, judaísmo, islamismo y cualquiera de las numerosas ramas del hinduismo– son todas muy benéficas y ayudan de verdad a mucha gente. Por eso las admiro y las respeto a todas. Nunca intento denigrar o criticar las otras tradiciones. Claro que algunas veces, si encuentro a una persona muy sectaria o testaruda, quizás sienta que está exagerando y me sienta un poco irritado, ¡pero estos son casos aislados! En general, siento mucho respeto y aprecio por todas las grandes tradiciones del mundo. Así que me gustaría invitarles, amigos espirituales, a pensar de esta forma. Deberíamos reconocer que las distintas religiones son realmente maravillosas y sirven para ayudar a mucha gente. También nosotros nos beneficiamos cuando apreciamos el resto de religiones. Este punto es muy importante.

Una vez dicho esto, puede ocurrir que alguien, cuyos padres siguen una religión, decida adoptar otra. Podemos tomar el caso de un individuo de familia cristiana que se vuelve practicante budista porque encuentra que esta tradición encaja mejor con su mentalidad o con sus inclinaciones. Él o ella pueden incluso intentar ordenarse como un monje o monja budista y escoger el camino de «los que abandonan el hogar» más que el del amo o ama de casa. La tradición familiar de esta persona era el cristianismo, pero entre los millones de cristianos que hay en el mundo, debe haber, por supuesto, una gran variedad de capacidades e inclinaciones. Lo importante es que aquellas personas que hayan decidido adoptar la práctica del budismo sigan respetando las tradiciones de sus padres. No sería deseable que una persona adoptara una nueva religión y la usara como una excusa para comportarse y hablar como si su primera religión fuera algo inútil. Su primera religión sigue ayudando a innumerables personas.

APRENDER DE OTRAS TRADICIONES ESPIRITUALES

Creo que resulta muy provechoso aprender de otras tradiciones espirituales y religiones distintas de las nuestras. En primer lugar, podríamos encontrar en otras religiones una gran inspiración que ayuda a profundizar en la comprensión de nuestra propia fe. Esto me ocurre a menudo. Algunos de mis amigos que son practicantes cristianos me contaron cómo incorporaron ciertos puntos de las prácticas contemplativas del budismo en su vida espiritual y cómo esto les ha ayudado a profundizar en su propia práctica. De la misma manera creo también que la comunidad budista, y especialmente la comunidad monástica, puede aprender de los hermanos y hermanas cristianos –en particular de su ejemplo de servicio a la comunidad, en los campos de educación y atención médica, y aportando ayuda humanitaria, cosas que ellos hacen con tanta dedicación y compromiso–. Este es definitivamente un ejemplo del cual nuestra comunidad budista puede aprender, y creo que esto es extremadamente importante.

Es por este reconocimiento de nuestra necesidad de fomentar la armonía entre las distintas tradiciones religiosas y de cultivar una actitud pura y positiva hacia ellos, que durante los tres días siguientes hablaré un poco de las enseñanzas del budismo. Por supuesto, al hablar desde el punto de vista budista expresaré visiones filosóficas muy diferentes de las que tienen otras religiones; por ejemplo sobre la creencia en un Creador, que no se acepta en el budismo. Sin embargo, al explicar estos puntos de vista mi propósito es aclarar la visión filosófica del budismo y de ninguna manera crear controversia ni refutar los puntos de vista de otras religiones.

LOS PRELIMINARES DE LA ENSEÑANZA

Habitualmente, cuando imparto enseñanzas budistas generales me siento en una silla, y en general prefiero que sea así. En esos casos no es necesario empezar con oraciones. Hoy, sin embargo, como habrán visto, estoy sentado en un trono. Esto es por puro respeto hacia las palabras del Buddha, hacia las enseñanzas vastas y profundas que dio hace más de dos mil años, y no porque me considere a mí mismo como una persona importante. Se habrán dado cuenta de que antes de sentarme en el trono he hecho tres postraciones frente a él. Al hacer esto estaba rindiendo homenaje a las palabras del Buddha que voy a interpretar. Si fuera yo realmente una persona muy importante, no necesitaría hacer tales postraciones. Bastaría para mí, con sentarme aquí y mostrarme impresionante. Pero si quieren saber la verdad, me considero un simple monje budista, un seguidor del Buddha que interpreta y transmite sus palabras.

Tradicionalmente, cuando un maestro se sienta en un trono para enseñar recita este verso tomado de los *sutras*:

> «Mirad todas las cosas compuestas de esta forma–,
> como estrellas, alucinaciones y lámparas vacilantes,
> como ilusiones, gotas de rocío y burbujas en el agua,
> como imágenes de sueño, relámpagos y nubes».[1]

El maestro sube al trono, recita estas líneas y luego chasquea sus dedos. En ese instante recuerda la impermanencia de todas las cosas, reflexiona sobre el sufrimiento, y recuerda que todas las cosas carecen de identidad propia. De otro modo, cuando uno se sienta en un trono existe el riesgo de que empiece a sentirse orgulloso de sí mismo. La mente de la persona que va a explicar las enseñanzas debe ser apacible, estar bien entrenada y libre de cualquier rastro de arrogancia o de orgullo.

Por supuesto, muchos de ustedes han seguido su práctica espiritual con una gran perseverancia y sinceridad, y han progresado gradualmente por todos los niveles que llevan a la realización espiritual. De modo que probablemente alcanzaron un grado mucho más alto de realización del que tengo yo. ¡En ese caso soy yo el que debería estar recibiendo bendiciones de ustedes!

Lo más importante para todos y cada uno de nosotros es domar y entrenar nuestras mentes y poner las enseñanzas en práctica. Mirado así, para mí, sentarme aquí en un trono tan alto e imaginar que soy una persona especial y diferente sería un gran error. Por cierto, no me siento particularmente cómodo con todas esas ceremonias ostentosas que solemos consentir. De hecho, pienso que estaríamos mucho mejor sin ellas. Hace mucho tiempo, después de que el Buddha alcanzase la iluminación perfecta y empezase a girar la rueda del Dharma, excepto en algunas ocasiones, como regla general no celebraba ningún tipo de ceremonias; simplemente andaba descalzo, con su cuenco de limosnas, caminando de aquí para allá y enseñando el Dharma. Nunca hemos oído hablar de que el Buddha haya sido conducido por un chófer en medio del lujo en un carruaje decorado.

Lo mismo ocurre con Nagarjuna, a quien se conocía como "el segundo Buddha", y con su hijo espiritual Aryadeva, y con Asanga y su hermano Vasubandhu. Todos ellos eran monjes plenamente ordenados, que cargaban sus cuencos de limosna y mendigaban. Aparte de eso, no se sabe que hayan hecho ningún tipo de aspaviento, o de ceremonia. Suelo decir en broma que nunca oímos hablar del *business manager* del glorioso protector Arya Nagarjuna, o de su tesorero o de su secretario privado. Seguramente no tenía ninguno. Sin embargo, en el Tíbet poco a poco se desarrolló la costumbre de unir las funciones espirituales con las políticas, de modo que las personas eran al mismo tiempo *lamas* y dirigentes. Esto dio lugar a una gran cantidad de ceremonias sofisticadas y espectaculares. No obstante, ha habido muchos maestros tibetanos muy instruidos y altamente realizados de todas las tradiciones –Sakya, Geluk, Kagyü y

Nyingma–, impecables defensores de la bandera victoriosa del Dharma. Casi siempre, estos maestros se comportaban de manera más bien ordinaria y vivían como simples monjes. Razón de más, pienso yo, para que no nos dejemos llevar por las ceremonias y la ostentación, si no que ejerzamos la moderación y la prudencia.

Las escrituras afirman que el Dharma o la espiritualidad no dependen principalmente de ningún tipo de manifestación física, como el atuendo o el comportamiento, tampoco de una manifestación verbal como la recitación o el canto, sino que se experimenta, principalmente y sobre todo, en la mente. Dicen que más que enfatizar en cualquier expresión externa, el Dharma consiste principalmente en métodos especiales para analizar y observar la mente y también para transformarla.

Es verdad que los métodos que nos dan las enseñanzas budistas no se focalizan principalmente en actos verbales externos, como recitar oraciones y mantras, o en actos físicos, como postraciones y otras cosas semejantes. En cambio, las enseñanzas se ponen en práctica por medio de nuestra mente. Esto vuelve el proceso un poquito más difícil. Otra escritura dice: «Por esta razón, la tradición del Buddha es una tradición sutil». Ustedes se pueden preguntar: «¿Por qué?». Porque siempre es posible que las personas se comporten externamente como practicantes espirituales, mientras que al mismo tiempo alimentan pensamientos negativos indignos de un verdadero practicante. Del mismo modo, las personas pueden recitar oraciones y mantras constantemente, mientras que al mismo tiempo sus mentes están contaminadas con toda clase de pensamientos destructivos. Sin embargo, si estamos practicando algo positivo en nuestra mente –por ejemplo si cultivamos fe o compasión–, a la vez que esa cualidad positiva se genera en nuestra mente, es casi imposible que surja en nosotros un estado estado mental dañino. Del mismo modo, donde existe un estado mental negativo, no puede haber uno positivo. El punto importante aquí es el hecho de que todo se lleva a cabo en nuestra mente.

Ahora, para comenzar, empezaré recitando algunas oraciones tradicionales –un homenaje que recuerda las cualidades del cuerpo, la palabra y la mente del Buddha–; una recitación de los *sutras*, y una dedicatoria. Estas son "las tres oraciones habituales" que vienen antes de una enseñanza. Luego recitaré el *Sutra del corazón* en su traducción al tibetano, el homenaje de *The Ornament of Clear Realization* –su oración en homenaje a la "madre prajñaparamita"– y una oración de alabanza tomada de *The Root Verses on Wisdom*, que honra a nuestro maestro insuperable, el Buddha, aquel que reveló la verdad sobre el origen interdependiente de todas las cosas. Aquellos de ustedes que son budistas quizás no sepan exactamente cómo cantar estos versos mientras lo hago yo, pero estaría bien que reflexionaran sobre las cualidades del cuerpo, palabra y mente llenos de gracia del Buddha y descansaran la mente por un momento con un sentido de inspiración vívida. Si no son budistas, entonces aprovechen un momento para relajarse.

> «Homenaje al maestro, el vencedor, el *tathagata*, el *arhat*, el Buddha perfecto, el glorioso y el victorioso, el sabio de los Shakyas».

> *Homenaje a la Prajñaparamita*
> «A través del conocimiento de todas las cosas, guías a los oyentes que buscan paz hasta alcanzar la paz perfecta;
> a través del conocimiento del camino, permites a aquellos que benefician a los seres, aportar bienestar al mundo;
> al tenerte a ti, los sabios omniscientes pueden enseñar de

distintas maneras;
a ti, madre de todos los buddhas y de todos los oyentes y *bodhisatvas*, te rindo homenaje».[2]

Homenaje al Buddha
«Él, que enseñó el origen dependiente de todas las cosas
–la no-cesación y el no-origen,
la no-aniquilación y la no-permanencia,
el no venir y el no ir,
ni diferente ni igual–.
Al calmar completamente las elaboraciones conceptuales:
a ti el predicador supremo
entre todos los buddhas iluminados, te rindo homenaje».[3]

TOMAR REFUGIO Y GENERAR LA *BODDHICITTA*

Cuando alguien enseña el Dharma, debería hacerlo con una motivación completamente pura; y cuando alguien escucha las enseñanzas, debería hacerlo también con una motivación completamente pura. Si las enseñanzas se explican y se escuchan de esta manera auténtica, pueden tener un efecto benéfico al guiar tu mente, pero sin esta motivación pura, no se produce este beneficio. Por eso ahora, maestro y estudiantes, recitemos juntos tres veces:

«En el Buddha, el Dharma y la Asamblea Suprema
tomo refugio hasta alcanzar la iluminación.
Por el mérito de practicar la generosidad y demás,
que pueda yo alcanzar la budeidad para el beneficio de todos los seres».

Esta oración incluye tanto la toma de refugio como la práctica de generar la *bodhichitta*. Si no tomáramos refugio en las Tres Joyas, esto no sería una enseñanza budista; y si no generamos la aspiración altruista de la *bodhichitta*, de buscar la iluminación por el bien de todos los seres, no se trataría de una enseñanza Mahayana. Por esto al principio de mi explicación, y de que ustedes escuchen las enseñanzas, debemos recitar esta oración y así tomar refugio y generar la *bodhichitta*.

2. TRANSFORMAR LA MENTE

Las enseñanzas que veremos durante los dos próximos días estarán divididas en dos partes: una introducción general de las enseñanzas budistas, seguida de una explicación sobre cómo integrar estas enseñanzas y practicarlas.

Las tres joyas

Como acabamos de ver, si no empezamos por tomar refugio, estas enseñanzas no pueden ser consideradas enseñanzas budistas. Por esta razón, es sumamente importante que tengamos una comprensión precisa de lo que constituyen estos "tres refugios" –Buddha, Dharma y Sangha–. Se dice que el Buddha fue un ser sumamente especial y sagrado que apareció en la India hace unos dos mil quinientos años. Sin embargo, no podemos limitar nuestra definición de el *Buddha* simplemente a esta figura histórica y notable. Para poder explicar "la joya del Buddha", antes debemos presentar la joya del Dharma. Una vez que hayamos entendido lo que representa la joya del Dharma, comprenderemos que el Buddha fue alguien que puso esa joya del Dharma en práctica y se convirtió en un ser sagrado, dotado de todas las cualidades consumadas del Dharma que resultan de la renuncia y de la realización. De hecho, sólo basándonos en la joya del Dharma podremos comprender lo que significan las *Tres Joyas*.

Para entender lo que significa "la joya del Dharma", necesitamos ser conscientes de que el Dharma tiene un doble aspecto –el Dharma de la escritura o transmisión, y el Dharma de la realización o la experiencia– y que el más importante de los dos es el "Dharma de la realización o la experiencia". Podemos decir también que la joya del Dharma se refiere a dos de las Cuatro Nobles Verdades: la verdad de la cesación del sufrimiento y la verdad del camino que conduce a esa cesación. De modo que una comprensión de estas dos verdades nos dará naturalmente una base para presentar lo que significa la joya del Dharma.

Puesto que la joya del Dharma comprende las cualidades tanto de la cesación como del camino, examinemos ahora las cualidades de la cesación del sufrimiento. Esta frase, «las cualidades de la cesación del sufrimiento», se refiere a casos en los que un fallo determinado es eliminado gracias a la aplicación de un antídoto. Por tanto, tenemos que entender qué es exactamente lo que hemos de eliminar, cuáles son los antídotos que usamos para alcanzar la liberación, y qué medios o métodos nos darán la libertad. Para ayudarnos a comprender esto, cuando el Buddha giró la rueda del Dharma por primera vez, empezó con la enseñanza sobre las Cuatro Nobles Verdades.

Las Cuatro Nobles Verdades son la piedra angular y el fundamento de las enseñanzas budistas. Son: la verdad del sufrimiento, la verdad del origen del sufrimiento, la verdad de la cesación del sufrimiento y la verdad del camino que conduce a esa cesación. Tenemos que comprender la presentación sistemática de esas Cuatro Nobles Verdades. Puesto que tengo la intención de hablar bastante detalladamente acerca de ellas, voy a empezar por referirme a los doce vínculos de la originación interdependiente.

El primero de estos doce vínculos es la ignorancia fundamental. ¿A qué se refiere este término de *ignorancia funda-*

mental? En este contexto, *ignorancia* no significa una simple confusión embotada, ni tampoco una ausencia de conocimiento. Por supuesto, el término *ignorancia* puede tener muchos sentidos y connotaciones distintas. Pero la ignorancia de la que hablamos aquí es aquella que constituye la raíz y la causa de la existencia condicionada, y significa un estado mental equivocado o distorsionado. Ahora bien, que un estado mental esté equivocado o no, depende de si eso que considera como verdadero es o no realmente verdadero. Este es el criterio para distinguir un estado mental correcto de uno equivocado, y también para determinar lo que es benéfico y lo que es dañino.

Esta ignorancia, como la definimos aquí, es principalmente una mala comprensión de la verdadera naturaleza de las cosas, lo cual significa que necesitamos saber cómo es realmente esa naturaleza. Y dada esa necesidad, debemos considerar todos los fenómenos, tanto del mundo exterior como los que suceden en nuestro interior, y formularnos las preguntas siguientes: «¿La manera en que estos fenómenos aparecen corresponde realmente a su verdadera naturaleza? ¿Son estas dos formas –aquella en la que las cosas son realmente y aquella en la que aparecen– idénticas?». Sea cual sea la manera en que uno mire las cosas, existe una discrepancia entre cómo aparecen las cosas y cómo son en realidad. Basándonos en esto se establece lo que solemos llamar las dos verdades –la verdad relativa o convencional y la verdad absoluta o última.

Hay diversas maneras de explicar el sentido de estas dos verdades, pero en mis comentarios me referiré principalmente al enfoque del Camino Medio o Madhyamaka. De acuerdo con este enfoque, tenemos que comprender cuál es la naturaleza última o la base de la realidad. Una vez entendido esto, podremos identificar como ignorancia cualquier estado mental que confunde y entiende erróneamente la verdadera naturaleza de las cosas. Entonces, para ayudarnos a entender correctamente la explicación sistemática de las Cuatro Nobles Verdades, primero necesitamos comprender la relación entre estas dos verdades, la relativa y la absoluta.

TRANSFORMAR LA MENTE: EL JUEGO DE LOS OPUESTOS

Ahora déjenme explicar las cosas desde un ángulo distinto. El propósito de las enseñanzas budistas es transformar la mente. ¿Cómo es eso de que nuestra mente puede ser transformada? Si queremos cambiar o transformar algo en el mundo exterior, empezamos por comprender cómo dos cosas incompatibles se oponen o actúan una contra la otra. De modo que si se requiere una característica o un resultado en particular, lo que debemos hacer es reducir su opuesto, sea cual sea este. Si un elemento es indeseado, podemos eliminarlo reforzando su opuesto.

Tomemos por ejemplo la enfermedad. De todas las sustancias químicas y organismos del cuerpo, algunos son beneficiosos y otros dañinos. Una vez que identificamos cuáles son estos, y cómo actúan y se socavan unos a otros, entonces podemos introducir una nueva sustancia para combatir aquella que está causando la enfermedad o el dolor, y destruir así su poder. Sin embargo, sabemos que con sólo decir «¡Ojalá que las células que me causan sufrimiento se eliminen!», no las hará desaparecer, ni tampoco nos traerá ningún beneficio sentarnos allí y pensar: «¡Ojalá que se vayan!». Uno tiene que buscar el agente contrario y reforzarlo para reducir la fuerza de la enfermedad.

Transformar la mente implica un proceso semejante: uno tiene que buscar el agente contrario dentro de su propia mente. Y puesto que esta mente es intangible, nos podríamos preguntar: «¿Cuál puede ser este "agente-contrario"?». Lo que nos hace falta es una manera distinta de percibir las cosas, una actitud o un enfoque mental alternativo. Podemos tomar un ejemplo cotidiano. Cuando oímos o vemos algo, según el estado de ánimo que tengamos ese día, podemos percibirlo como algo maravilloso u horrible. Estos dos estados mentales pertenecen a la misma conciencia, y ambos están centrados en un mismo objeto. Sin embargo, sus maneras de percibir las cosas son completamente opuestas.

Ahora bien, si queremos disminuir o debilitar un determinado estado mental, debemos hacerlo buscando el estado mental opuesto. Tomemos por ejemplo la ira, la codicia, o la malicia, una vez que uno es consciente de los inconvenientes que acarrean dichos estados mentales, y está dispuesto a reducirlos, necesita cultivar sus opuestos, que son el amor y el afecto. La codicia y la malicia son estados en los que se desea el mal a otra gente y uno se siente agresivo. El antídoto a actitudes como esas es pensar en otras personas y desarrollar un sentimiento sincero: «¡Ojalá pudieran estar bien! ¡Ojalá pudieran ser felices! ¡Ojalá pudieran estar llenos de alegría!». Este marco mental es completamente opuesto a cualquier cosa como la ira o la malicia, y por eso servirá para disminuirlas.

Así pues, como regla general, ahí donde existen dos actitudes que se oponen entre sí, una minará a la otra. Conforme más aumente el estado de ira o de malicia, el estado de amor y de afecto disminuirá. Y conforme las actitudes de amor y afecto aumenten, los estados maliciosos de la mente se irán reduciendo. Por esa razón, así como podemos identificar el opuesto de una cosa en el mundo exterior y usarlo para cambiar o transformar esa cosa, debemos de transformar nuestra mente buscando esos agentes contrarios dentro de nuestra propia mente.

PREVENIR LOS PROBLEMAS ANTES DE QUE SURJAN

Un buen método para lograrlo es priorizar un enfoque capaz de anticipar y de detener algo antes de que suceda. Por ejemplo, nadie quiere el sufrimiento, pero cuando alguna clase de sufrimiento se ha iniciado ya, es importante contar con un método para disminuirlo. Sin embargo, sería aún más básico y efectivo tomar cartas en el asunto *antes* de que el sufrimiento nos caiga encima, y asegurarse de que no llegue a existir. Tanto si hablamos de problemas del mundo que nos rodea como de nuestros propios problemas mentales y psicológicos, podemos prevenirlos y detenerlos antes de que ocurran; en otras palabras, evitar algo que no queremos.

Veamos cómo es posible. Tanto si hablamos de lo externo como de lo interno, no hay nada que sea completamente independiente y que no dependa de causas y condiciones. Así se trate de una experiencia interior o de cosas externas y materiales, todo esto ocurre únicamente debido a causas y a condiciones. Si pensamos que esto es así, para eliminar un problema o algún tipo de sufrimiento, antes que nada habría que identificar sus causas y condiciones y luego asegurarse de que estas no lleguen a completarse o a madurar. Con un método así, se está previniendo un resultado que, de otro modo, sería inevitable.

Así como nada, en el mundo exterior o en la experiencia interna, sucede de forma independiente, sin causas y condiciones, de la misma manera nada sucede tampoco como resultado de una sola causa o condición. En realidad, las cosas dependen de una gran cantidad de causas y condiciones. Por eso, cuando buscamos la manera de disipar el sufrimiento o de alcanzar la felicidad, debemos preguntarnos: ¿Cuál es la naturaleza del sufrimiento? ¿Cuál es la naturaleza de la felicidad?

¿Cuáles son sus causas y condiciones? Necesitamos comprender sus causas y condiciones y, en el caso del sufrimiento, detenerlas antes de que ocurran. Si no somos capaces de intervenir y detener algo antes de que ocurra, el resultado seguirá madurando inexorablemente y, una vez que haya madurado, no tendremos más opción que buscar algún método que pueda simplemente reducir el sufrimiento.

Así es como funcionan las enseñanzas budistas. Por supuesto que la felicidad y el sufrimiento son principalmente sentimientos y emociones que se experimentan en nuestra conciencia interna. Hasta cierto punto, algunos estímulos externos, como los objetos que vemos, pueden actuar como condiciones que causan felicidad o sufrimiento. Pero fundamentalmente, la felicidad y el sufrimiento son sentimientos que experimentamos en el campo de nuestra conciencia. Por eso es tan importante entender sus causas y condiciones, y comprender la naturaleza de estos sentimientos y emociones. ¡La investigación sistemática de nuestra mente nos puede revelar muchos detalles!

Cuando hayamos encontrado los agentes contrarios que acabamos de mencionar, podemos usarlos como remedios y fortalecer con ellos cualquier aspecto de la mente que deseemos. Así es como se puede transformar la mente.

LO QUE SE NECESITA PARA TRANSFORMAR LA MENTE

Para que esto pueda ocurrir es necesario esforzarse. No podemos pensar que nuestra mente cambiará si simplemente nos sentamos a esperar que así sea. Si hacemos el inventario de los elementos negativos que hay en nuestra mente, podemos resumirlos en tres categorías –deseo, aversión e ignorancia–, llamados también los tres venenos o contaminantes. Durante mucho tiempo, nuestras mentes se han habituado e inoculado estos tres venenos, que ahora están profundamente introducidos en ellas. Por mucho que hablemos de «no tener ningún deseo», «no tener ninguna aversión» o «no tener ninguna ignorancia» –o sea, estar libre de los tres venenos–, éste es un estado que casi nunca hemos experimentado. En realidad, no tenemos ni la menor idea de lo que se puede sentir al estar así. Puesto que estamos tan poco familiarizados con el antídoto que debemos fortalecer para transformar nuestra mente, necesitamos hacer un esfuerzo proporcionalmente determinado. Si no, será muy difícil que la transformación se haga con facilidad, o que ocurra por sí sola.

Para llevar a cabo este tipo de esfuerzo necesitamos perseverancia y diligencia. Y antes de que podamos desarrollar la diligencia, necesitamos contar con una fuerza de voluntad tenaz ansiosa e inspirada, para poder decirnos a nosotros mismos: «Esto es algo que debo lograr». Si tenemos esta clase de incentivo en lo más profundo de nuestros corazones, seguiremos avanzando y perseveraremos a pesar de las dificultades. Una vez que hayamos entendido el peligro que significa no transformar nuestra mente, así como las cualidades y las virtudes de transformarla, tendremos las bases de una diligencia inspirada. Esto subraya la importancia de comprender, por un lado, la clase de desastres y de sufrimiento que los elementos negativos de nuestra mente nos infligen y, por otro, la clase de beneficio que las cualidades positivas de nuestra mente pueden proporcionarnos.

Si transformar la mente requiere de un esfuerzo, ese esfuerzo requiere de un interés y un compromiso; para que ese sentido de compromiso sea lo suficientemente fuerte, uno ha de sentirse motivado desde lo más hondo de su corazón. Si uno no tiene este impulso, es extremadamente difícil que algo externo o que alguien más nos obligue a transformar nuestra mente. De hecho, si lo intentaran, seguramente no harían más que empeorar las cosas. Después de todo, lo que llamamos esta mente nuestra es una cosa muy curiosa. Por un lado, un hecho menor puede provocar un cambio en nuestras mentes. Al mismo tiempo, si alguien más trata de obligarnos, por más que se esfuerce, nuestra mente sólo se volverá cada vez más terca. Pero si nosotros mismos nos sentimos motivados, tanto en nuestros corazones como en nuestras mentes, podremos seguir adelante con un esfuerzo infatigable y sin prestar demasiada atención a las dificultades.

MOTIVACIÓN, RAZÓN Y CREENCIA

Puesto que nuestra motivación es lo que conduce e inspira nuestras acciones, tenemos que observar de cerca los razonamientos y pensamientos en los que se basa. Esto significa comparar las relativas ventajas y desventajas, relacionadas con nuestra motivación o con su opuesto, tanto como sus consecuencias a corto y largo plazo, especialmente las que causan un daño a largo plazo. En uno u otro caso, nuestra mente tiende a confiar en aquello que le es familiar. Si cuenta con una razón para confiar en algo, debemos reflexionar y verificar, constantemente, cuál es esa razón. Entonces, la mente tendrá una sensación de certeza mucho más firme y estable. Si, por otro lado, no existe una razón válida para que confiemos en algo, lo único que haremos en realidad es simplemente cultivar una creencia. Más allá de una mera suposición de que tal y cual cosa son así, seremos incapaces de forjar la certeza que viene de haber reflexionado sobre las razones subyacentes de algo. Lo que quiero decir es que debemos asegurarnos de que nuestras acciones se apoyan en razones válidas.

La clave de esta certeza es conocer la verdadera naturaleza de las cosas. Ya sea desde el punto de vista relativo o último, tenemos que entender la forma en que algo es lo que es. Sin este tipo de comprensión, ninguna de nuestras suposiciones sobre las cosas, «de que quizás tal y cual cosa sean así», reflejará verdaderamente la realidad.

Básicamente, estén o no basadas en un razonamiento válido, cuanto más familiarizados estemos con ellas, nuestras creencias, más tendrán tendencia a fortalecerse. Sin embargo, si una creencia no tiene razones válidas que la sostengan, nos será más difícil profundizar nuestra convicción en ella simplemente por familiaridad. Por eso, es fundamental que comprendamos cómo son las cosas en la realidad.

EL PODER DE RAZONAR

Si pensamos en aquello que nos proporciona bienestar y aquello que nos causa daño, es un hecho que todos nosotros, sin importar quiénes seamos, sólo deseamos ser felices y no sufrir. Este fenómeno no se limita a la población que vive ahora, en nuestra generación. Desde que empezó la vida humana hasta el día de hoy, todos y cada uno de los seres humanos han deseado ser felices y escapar al sufrimiento. Es más, todos los seres vivos que pueden sentir placer y dolor, desean únicamente encontrar felicidad y evitar el sufrimiento.

Ahora bien, existe un tipo de sufrimiento que surge predominantemente de la conciencia de nuestros sentidos, por ejemplo, de lo que vemos o escuchamos. Este tipo de placer o de dolor es común a los hombres y a los animales. Según las formas que vemos, los sonidos que oímos, los olores que sentimos, los sabores que probamos, o las texturas que tocamos, podemos tener todo tipo de experiencias indeseables, de las que intentamos distanciarnos. También podemos disfrutar de experiencias agradables que nos aportan satisfacción. Perseguir este tipo de satisfacción es una fuerza que motiva a todos los animales; por ejemplo, disfrutar del placer de la comida y la bebida, buscar el placer sexual o lidiar con el placer y la molestia debida al calor o al frío, son todas experiencias que los seres humanos tienen en común con los animales.

Entonces, si nos preguntamos cuál es la diferencia entre el ser humano y los animales, todo parece indicar que es el poder del pensamiento. Nosotros tenemos una inmensa capacidad de pensar y razonar y también una gran capacidad para la memoria a largo plazo. No sólo podemos acordarnos de las experiencias que hemos tenido en esta vida humana, en algunos casos durante muchos años, sino que también podemos comprender y recordar la historia de las generaciones de los seres humanos que vivieron en el pasado. De una manera similar podemos prever el futuro y no estamos limitados a una conciencia del momento presente. Hay que decir que algunos animales poseen la facultad de recordar eventos pasados y, hasta cierto punto, de anticipar el futuro. Cuando los animales crían a sus cachorros, por ejemplo, parecen saber durante un periodo de meses todo lo que van a necesitar. Es algo muy asombroso, ¿verdad? Sin embargo, no son como los seres humanos. Poder recordar un periodo de muchos años, o de muchas generaciones de la historia, es algo que al parecer sólo caracteriza al ser humano. Parece ser que lo que distingue a los seres humanos de los otros seres vivos es esta facultad de pensamiento inteligente.

Así que hablemos un poco desde el punto de vista de esta inteligencia crítica. Irónicamente, esta gran capacidad de inteligencia desempeña un papel importante en gran parte de nuestro sufrimiento. Los animales viven en el momento experimentando sólo el placer y el dolor que provienen principalmente de las conciencias de sus sentidos. Por el contrario, nosotros los seres humanos siempre estamos pensando en una gran cantidad de conceptos diferentes, tenemos todo tipo de recuerdos de episodios pasados que nos pueden perturbar, y tenemos una infinidad de expectativas y miedos sobre el futuro que nos persiguen y nos causan ansiedad. Basta reflexionar un momento sobre nosotros mismos para reconocer cuán cierto es todo esto. Eso explica por qué algunas personas, aun cuando no les falta nada de lo que necesitan para vivir, siguen teniendo la mente revuelta y se sienten deprimidos e infelices.

Al mismo tiempo, así como los seres humanos tenemos esta enorme capacidad para el pensamiento inteligente, ese mismo pensamiento puede sumergirnos en todo tipo de sufrimientos y desestabilizarnos la mente. El tipo de sufrimiento que sentimos a través de los cinco sentidos es bastante fácil y rápido de eliminar. Pero el tipo de infelicidad debida a todos los pensamientos y conceptos que provienen del intelecto humano sólo puede desaparecer si hacemos uso de ese mismo poder de razonar. Cuando se es infeliz porque la mente está confusa, es muy difícil superar esa infelicidad con algún tipo de placer físico causado por las conciencias sensoriales, como un sonido hermoso, ¿no es cierto? Por esta razón, alguien puede estar rodeado de abundantes posesiones, con una familia perfecta y amigos maravillosos, y aun así ser infeliz. La infelicidad psicológica y emocional que viene desde muy adentro, como resultado de nuestros pensamientos, no puede ser paliada por el tipo de felicidad que nos proveen las cosas externas.

Pero también podemos mirarlo al revés. Si podemos descubrir un sentido de bienestar, realización y satisfacción *en nuestra mente*, a pesar de que las condiciones externas no sean ideales y nos causen malestar en cuanto a los sentidos, nuestra paz mental no se verá alterada.

Tomemos el ejemplo de la enfermedad física. Nos parecerá fácil sobrellevarla, cuando estemos físicamente enfermos, si mentalmente sabemos que esa enfermedad nos está protegiendo o garantizando inmunidad contra algo peor. Una vacuna contra la viruela puede causar efectos secundarios y malestar por un tiempo, pero si comprendemos que nos va evitar sucumbir a la enfermedad, y por tanto a un mayor sufrimiento futuro, tendremos un sentimiento de alivio y satisfacción. Por eso también un soldado puede sentirse orgulloso de sus heridas de guerra, como testimonio de su valentía en el campo de batalla. Y asimismo los practicantes espirituales pueden tener que enfrentarse con dificultades mientras practican, pero el saber que esas dificultades están sirviendo para purificar acciones dañinas pasadas, esto fortalece su resolución. Entonces, nuestra actitud mental ante el dolor físico nos permite aceptar una ligera sensación de molestia y decirnos a nosotros mismos: «Vale la pena. Esto sirve a un propósito más grande, así que está bien». Está claro que el placer o el dolor que sentimos en nuestra mente puede predominar sobre el placer o el dolor relacionado con nuestros sentidos. Este placer o dolor vinculado con el pensamiento de nuestra mente conceptual, tiene mayores consecuencias y un mayor poder sobre nosotros, ya sea para bien o para mal.

LA FIJACIÓN EN EL PROGRESO MATERIAL

El nivel sensorial de placer y dolor del que hablábamos está íntimamente ligado al progreso material. Hasta el día de hoy, este tipo de progreso ha sido inmenso, y esto no puede sino aumentar en el futuro. Dado el grado en que los placeres o dolores sensoriales afectan nuestras vidas, tenemos que reconocer que ese desarrollo material resulta extremadamente útil y constructivo. Sin embargo, al mismo tiempo, hemos de reconocer que el bienestar mental o la angustia que nos causamos a nosotros mismos con nuestra manera de pensar tiene un efecto dominante y poderoso sobre nosotros, ya sea para bien o para mal. Y eliminar esa aflicción mental con algún elemento externo resulta extremadamente difícil.

Después de todo, la paz mental no es algo que podamos comprar o fabricar con ingredientes materiales. Es muy difícil que la paz y la felicidad se produzcan como resultado de una intervención médica. Por supuesto que cuando nuestras mentes están afligidas de tanto pensar, uno recurre a tranquilizantes tan sólo para dar a la mente un descanso y una pausa en su excesiva agitación mental. Luego, sin pensar en absolutamente nada, uno se relaja, pero como cerdos dormitando en el fango. Nuestras mentes pueden experimentar un ápice de serenidad y descanso, pero aparte de eso, encontrar la paz y la felicidad en nuestra mente con la ayuda de algún ingrediente externo es muy poco verosímil.

Esto es lo principal: de todos los tipos de placeres y dolores que sentimos como seres humanos, los más cruciales son aquellos que vienen de la mente. Buena parte del progreso externo y material alivia el sufrimiento y garantiza el placer que podemos sentir con nuestros sentidos. Pero es muy difícil que tenga un efecto real en lo que se refiere a eliminar el tipo de sufrimiento y brindarnos el tipo de placer asociado a nuestros procesos mentales.

En nuestra sociedad se nos enseña a creer que podemos colmar todos nuestros deseos con cosas externas y materiales; se ha llegado a considerar particularmente al dinero y las posesiones como un refugio en el que buscamos protección. Pero la “felicidad” y el “sufrimiento” son sentimientos individuales y experiencias íntimamente ligadas a la manera en que pensamos. Sin embargo, no parecemos tomar esto en cuenta en lo más mínimo. Al contrario, ponemos invariablemente nuestra esperanza, y nos refugiamos, en algo exterior, creyendo que eso aliviará nuestro sufrimiento y garantizará nuestra felicidad. Ponemos toda nuestra confianza en las cosas materiales y, por eso, inevitablemente se convierten para nosotros en el objeto de un fuerte apego y fijación.

Si nuestros hábitos y nuestra manera de pensar dependen exclusivamente de cosas materiales, será inevitable que carezcamos de cualquier sensación de satisfacción. Si seguimos así, ciegamente, sin detenernos nunca a pensar en lo que estamos haciendo, entonces no importa de cuántas posesiones materiales nos rodeemos, nuestras mentes nunca estarán satisfechas. Y la consecuencia de esta falta de satisfacción, en nuestra sociedad, es el enorme daño que le hemos hecho a nuestro entorno natural.

LA IMPORTANCIA DEL AFECTO HUMANO Y DEL AMOR

La condición general, en la sociedad humana, es que todos dependemos de los demás. Somos animales sociales y debemos vivir y relacionarnos con los otros. Sin embargo, parece que hayamos perdido cualquier sentimiento de afecto humano básico, o de relación y cercanía hacia los otros. Nuestra sociedad no le otorga ningún valor a la idea del amor y, de hecho, no muestra ningún interés por ella. Puesto que las cosas materiales son apreciadas por encima de todo lo demás, no se dice nada sobre la importancia del amor por nuestros congéneres humanos, ¿no es así? Y al acrecer de semejante sentimiento de amor, ponemos toda nuestra energía en ganar más dinero. Y si lo único que nos interesa es explotar a los demás cada vez que se pueda, ejerciendo un control sobre ellos cada vez que podemos, acaparando y compitiendo eternamente, acabaremos siendo capaces de aprovechar cualquier situación para nuestros propios fines. Entonces, el principio de amar a nuestros congéneres los seres humanos ya no tendrá ninguna validez. No obstante, sin esta idea de afecto humano no puede haber felicidad en la familia, felicidad en las parejas o felicidad entre padres e hijos. Incluso si muchos millones de personas viven juntas aquí, en nuestros corazones, cada uno se sentirá solo y aislado.

¿Qué decir del sentimiento de alegría en compañía los unos de los otros? ¿O del cuidado que le brindamos a otras personas y el sentimiento de que son nuestros amigos? ¿Qué hay de la confianza y seguridad en nuestro trato con los otros? Parece que todo eso se está perdiendo, y empieza a faltarnos, ¿no es así?

Lo cierto es que todos tenemos que vivir juntos en nuestro pequeño planeta, y particularmente en esta época actual dependemos unos de otros en un grado muy alto. Las circunstancias nos obligan a pensar en el bien de todo el planeta y de toda la humanidad. Sin embargo, nos limitamos a nuestra reducida visión personal, dominados por la idea del "yo" y "nosotros". En el peor de los casos, esto nos provoca abiertos conflictos. Lo que hace falta o nunca nos sucede, es tener un sentido de cooperación o de esfuerzo común, y esto da origen a todo tipo de conflictos. Mientras la población mundial siga siendo así, nos veremos envueltos en serios problemas.

LA MARCA DE UN BUEN SER HUMANO

Entonces, creo que para nosotros los seres humanos la prioridad es buscar la manera de deshacernos del sufrimiento y encontrar la felicidad en nuestra propia mente. Imaginad que, junto con nuestro desarrollo y nuestro progreso material, fuéramos capaces de hacer progresos internos y mentales significativos. Siento que es esto lo que realmente daría un sentido a nuestra vida como seres humanos y, al mismo tiempo, representaría definitivamente una contribución positiva a nuestra sociedad.

En mi propia vida he experimentado todo tipo de alegrías y tristezas, y he tenido que afrontar muchas dificultades. Pero cuando pienso en los tiempos difíciles, puedo ver que fueran cuales fueran las circunstancias siempre hubo algo que me dio esperanzas. La razón principal por la que siento en mi corazón que mi vida humana ha tenido un propósito y ha valido la pena, es que he basado mi vida en el deseo de ayudar a los demás. Sé que es algo que me ha sido de gran utilidad a lo largo de mi vida. Siempre que me he visto enfrentado a dificultades, esta actitud me ha dado valor y un sentimiento de que siempre hay esperanza, de que los tiempos difíciles se pueden sobrellevar y que vale la pena vivirlos. Y esto me ha brindado un tipo de satisfacción gracias al cual puedo encontrar, de manera natural, cierto grado de relajación –así como paz mental y felicidad–. Sin duda, esto también ha contribuido a mi bienestar físico.

Ahora bien, una de las principales condiciones para dejar que nuestra mente se relaje es con certeza la actitud de amor y de afecto que mencionábamos antes. Esta actitud no está ausente de nuestra constitución natural como seres humanos y tampoco es algo fundamentalmente nuevo, que nos llegue de otra parte. Se dice, por ejemplo, que cuando un bebé está aún en el vientre de su madre, puede reconocer su voz. Esta capacidad de reconocer el sonido único de la voz de su madre, es algo que está presente en él de manera natural, según parece, y es también algo que necesitará para sobrevivir. Puesto que el niño tiene un sentimiento natural de cercanía con su madre, puede reconocer su voz desde el principio.

Tomemos otro ejemplo. Generalmente, la primera palabra que un niño balbucea, en cualquier idioma, es "mamá". Es una palabra tan fácil de decir. Sólo la sílaba "ma" –"madre"– parece evocar ese sentimiento de cercanía. No se necesitan muchas palabras. Basta una para transmitir esa comprensión instantánea.

En cualquier caso, la madre y el hijo sienten un amor mutuo. El bebé nace y crece rodeado por el tipo de amor tan especial que existe entre entre madre e hijo, y esto crea el principio de una vida buena y feliz.

La razón por la cual podemos decir que todos poseemos amor y afecto es que de manera natural e inherente, éstos forman parte de nosotros. De modo que lo que tenemos que hacer es aumentarlos, en vez de ignorarlos y dejar que desaparezcan. Esto tiene una importancia vital, porque este amor es una de las cualidades más esenciales de nuestra mente, algo verdaderamente valioso y crucial para un ser humano. Una vez que reconocemos lo vital que es esto, entonces podemos cuidarlo e incrementarlo, aunque el potencial básico que estamos acentuando está ya naturalmente en nosotros.

Cuando una persona, ya sea hombre o mujer, encarna esa actitud de amor y afecto, su conducta en la vida es admirable, y digna de lo que solemos llamar un "verdadero ser humano". De hecho, esta es la marca de un buen ser humano y no el que sea o no un practicante espiritual. Esto también está en las bases de una sociedad humana pacífica y feliz. Por eso resulta tan importante que lo reconozcamos y hagamos todo lo que podamos para incrementar esta actitud de amor y cuidado hacia los demás.

Los seres humanos poseen naturalmente este amor y este afecto, y creo que el papel de las religiones del mundo es manifestar ese potencial y conseguir que estas maravillosas cualidades crezcan. ¿No es para esto que se han desarrollado tantas visiones espirituales y tantas filosofías, para que podamos desplegar cada vez más esas cualidades naturales y maravillosas? En resumen, esta es la razón por la que adoptamos una práctica espiritual: para transformarnos en buenos seres humanos, en personas pacientes, tolerantes, altruistas, compasivas, satisfechas y disciplinadas. Practicamos porque queremos convertirnos en personas así.

3. APARIENCIA Y REALIDAD

Como expliqué antes, en el caso de las enseñanzas budistas, uno tiene que proceder principalmente usando su fuerza de pensamiento, así como practicando el análisis y la investigación. Cuando se trata de identificar la verdadera naturaleza de la realidad, necesitamos un estado mental certero y sin distorsiones. En otras palabras, un estado mental que no es en lo más mínimo engañoso, un estado en el que cuando uno percibe algo, sea lo que sea, corresponde a la realidad. Esto se llama *cognición válida*. En las enseñanzas budistas en general, y especialmente en las escrituras que hablan del camino del *Bodhisattva* en las enseñanzas Mahayana, la *cognición válida* adquiere una gran importancia. Todos los objetivos que intentamos llevar a cabo –mejores renacimientos, la liberación y la omnisciencia–[1] suceden como resultado de una cognición válida. En el estudio de lógica y de epistemología, hablamos de *los frutos indirectos de la cognición válida* y de los *frutos directos de la cognición válida*.[2] Lo que llamamos los frutos indirectos de la cognición válida son todos los logros, como alcanzar los reinos superiores, la liberación y la omnisciencia. Lo más esencial de todo esto es que sólo si contamos con la base de un estado mental certero, podremos alcanzar los niveles de la liberación y de la omnisciencia.

Para que podamos llegar a una conclusión definitiva sobre la naturaleza de la realidad –ya sea cuestión de la verdadera naturaleza de las cosas o de las cosas en su multiplicidad– tenemos que averiguar lo que son las cosas en ellas mismas o cuál es su naturaleza última. Saberlo es extremadamente importante. ¿Por qué? Porque nuestro estado mental ordinario suele estar equivocado o engañado. Nuestra manera de percibir las cosas incluye tantos errores y distorsiones, que nosotros los tomamos por verdades, y esto nos conduce continuamente a contratiempos y al fracaso. Imaginad, por ejemplo, que alguien está intentando estafarnos. Si sabemos, desde el principio, que no hay fundamento en lo que está haciendo –que por más válida que parezca, la apariencia simplemente no encaja con la realidad–, no tendrá ninguna posibilidad de engañarnos. Puesto que existe una profunda disparidad entre cómo son las cosas en realidad y nuestras percepciones de la realidad, mientras pongamos nuestra confianza en la manera en que aparecen las cosas, terminaremos engañados. En general, si alguien se las arregla para engañarnos día tras día, es porque decidimos confiar en lo que nos está diciendo y tomarnos en serio sus apariencias. Así que, en vez de confiar simplemente en la apariencia de las cosas, debemos investigar su naturaleza última y descubrir cómo es esta en realidad.

LA IMPERMANENCIA OBVIA Y LA IMPERMANENCIA SUTIL

Una de nuestras creencias más profundamente arraigadas es que las cosas siguen siendo las mismas a pesar del tiempo. Pensemos en una cadena de montañas, por ejemplo. Han estado ahí durante millones de años. Pensamos que las montañas que estamos mirando son las mismas que vimos ayer o el día anterior. Este tipo de actitud, de pensar que las cosas en un momento dado son las mismas que en otro momento posterior, parece ser instintiva. Por supuesto, cuando se trata de la forma más obvia en que las cosas aparecen, esto es bastante correcto. Las montañas que vemos hoy han estado ahí durante siglos. Sin embargo, ¿qué ocurre si investigamos su verdadera realidad, más allá de toda esta apariencia de continuidad? Estos acantilados, por ejemplo, en un nivel subatómico están cambiando constantemente y están en continua evolución. No existe nunca un instante en el que no estén cambiando. Aunque han estado ahí durante muchos millones de siglos, vendrá un tiempo en que su masa material se desintegrará. Las montañas de ayer siguen estando ahí, manteniendo toda su apariencia de continuidad, pero si pensamos en ellas de manera más precisa, sus partículas subatómicas han cambiado muchísimo desde ayer. De hecho, si las cosas no estuvieran cambiando constantemente, ninguno de los cambios que vemos en el mundo, a nuestro alrededor, podrían suceder. Nada podría desintegrarse, cuando llega su fin. Por tanto, si tenemos en cuenta la forma en que las cosas parecen ser, nos parece que son las mismas que en el pasado; pero si las miramos desde el punto de vista último, veremos que están cambiando constantemente y a cada instante.

Lo que esto demuestra es que no percibimos la realidad tal y como es verdaderamente. En otras palabras, la manera en que las cosas *aparecen* no concuerda con cómo *son* en realidad. Tomemos otro ejemplo. Podemos elegir una experiencia que estamos viviendo o, simplemente, algo como esta flor que veo frente a mí. Pero aunque se trate de una experiencia mental o un objeto sólido del mundo exterior, tarde o temprano se va a desintegrar y dejará de existir. Esto es un hecho, no algo que debamos probar con nuestro poder de razonamiento. La flor se marchitará y morirá. Podemos ver cómo sucede. Este proceso continuo de desintegración e impermanencia es el tipo más obvio de impermanencia –algo que podemos ver directamente con nuestros propios ojos–.

Es debida a cambios que ocurren momento a momento y que más tarde tendrán como resultado la destrucción del objeto en cuestión. Si las cosas no cambiaran momento a momento, nunca dejarían de existir.

LA ORIGINACIÓN DEPENDIENTE

¿Cuál es la clave de este proceso de cambio? Cuando hablamos de cambio continuo, no implica una desintegración momento a momento en el sentido de que un objeto en el primer momento encuentra una nueva causa para su desintegración en el momento siguiente, con lo cual la cosa que existía en el primer momento se desintegra. En vez de eso, lo que implica es que la causa que inicialmente produce algo, lo hace aparecer como algo que por su naturaleza misma se desintegrará. Las cosas son perecederas por propia naturaleza. Déjenme reiterarlo: no estamos diciendo que las cosas se produzcan primero por una causa particular que las hace existir y más tarde se desintegren al encontrar otra causa que produce su destrucción. La causa de su aparición es *en sí misma* la causa de su destrucción. Llegan a existir poseyendo ya la característica de las cosas perecederas. Eso significa que la causa de su surgimiento se convierte, momento a momento, en la causa de su destrucción.

De modo que cualquier fenómeno producido de esta manera, es decir por causas, depende de esas causas. Si las cosas existieran por sí mismas, si existieran naturalmente, existirían de manera innata e independiente. Y algo que existiera de manera innata o independiente tendría que ser inalterable. Sin embargo, podemos ver que las cosas son susceptibles al cambio; podemos ver cómo dependen de causas y condiciones más allá de ellas mismas. No importa lo que tomemos como ejemplo, ya sea algo con una forma tangible o una experiencia interna, sólo puede llegar a ser por la fuerza de causas distintas a él.

Pero esto no es todo. Si seguimos pensando en cualquier cosa, una flor por ejemplo, tiene muchos aspectos –su forma, color, aroma, sabor y más–. Si hablamos de esto como las propiedades de algo, en este caso son las propiedades de nuestra flor –la forma de la flor, el color de la flor, el aroma de la flor y el sabor de la flor–. Tomando sólo la flor como la base de estas propiedades específicas, podemos asignarle estos atributos específicos de forma, color, olor y gusto. La flor posee estas propiedades. Esto es un hecho. Las propiedades específicas sólo pueden asignarse a alguna base, y si hay propiedades específicas, tiene que haber una base sobre la cual estas propiedades se pueden asignar. Ahora la base de las propiedades y las propiedades mismas parecen ser distintas una de otras, pero si pensamos en ello más detenidamente, una vez que ya hemos eliminado las propiedades específicas de algo –tales como su forma, etcétera– si seguimos buscando la cosa misma que constituya la base de estas propiedades, no la podemos encontrar.

UNA MIRADA AL TIEMPO

De forma similar acumulamos experiencias de nuestro *pasado*, y en nuestras acciones presentes desarrollamos nuevas actitudes y maneras de hacer cosas en función de esas experiencias pasadas. Entonces, lo que ocurrió en el pasado se vuelve útil en nuestro comportamiento actual. Pero ahora mismo, el pasado es tan sólo un pensamiento revoloteando en nuestras mentes. Si buscamos el pasado, veremos que ya ha dejado de existir. No hay nada que encontrar, absolutamente nada que podamos señalar con el dedo.

Esto también es verdad respecto a lo que sucederá en el *futuro*. Nuestras acciones presentes, basadas en nuestras experiencias del pasado, tendrán un efecto sobre nuestro futuro. Pueden beneficiarnos tanto como dañarnos. Aun así, lo que sucederá en el futuro es en el presente tan sólo un pensamiento que toma forma en nuestra mente, un pensamiento sobre lo que todavía está por ocurrir. Si tratamos de señalar con el dedo una "cosa" futura, descubrimos que sólo está el presente.

Por eso, todas las cosas que etiquetamos como "pasadas" o "futuras" son simplemente ideas que tenemos ahora sobre lo que ya pasó o lo que podría pasar. Empleamos los términos *pasado* y *futuro* para poder pensar y hablar sobre ellas, y en ese sentido, pueden afectarnos, para bien o para mal, pero en realidad es muy difícil encontrar algo del pasado o del futuro que podamos realmente señalar. Aquello a lo que nos referimos como el presente sucedido en el pasado es sólo un objeto de la memoria. Aquello a lo que nos referimos como el futuro es sólo una predicción sobre lo que podría ocurrir, que surge en nuestra mente. Aparte de lo que podamos decir sobre el pasado y el futuro, estos no existen.

Finalmente, lo que llamamos *el presente* parece ser algo que podemos señalar, pero si pensamos en lo que llamamos el momento presente y lo analizamos en sus fases tempranas y tardías, lo que descubriremos está fuera del pasado y del futuro, en realidad no hay ningún presente. Podemos dividir las cosas en años, en meses, días, horas, minutos y segundos; y así todo, hasta el segundo actual va a constituir el pasado y todo lo que esté más allá, el futuro. Entonces no existe el presente, ¿verdad? Es difícil de encontrar, o definirlo.

Lo mismo ocurre con muchas de nuestras nociones y maneras de aprehender el mundo. Las categorías que inventamos no son propiedades inherentes de las entidades mismas, sino etiquetas a las que hemos llegado por consenso y que luego aplicamos por el poder del lenguaje. Se trata de ideas convencionales derivadas de nuestros pensamientos sobre lo que sucedió en el pasado o lo que podría ocurrir en el futuro. De hecho, podemos hacer lo mismo con todas nuestras nociones convencionales. ¿Cuántas de ellas sobrevivirían si tuvieran que ser propiedades inherentes de las cosas, o existir independientemente de cualquier otra cosa?

Por eso, el Buddha dijo en los *sutras* que todos los fenómenos existen en virtud de sus nombres y de sus designaciones convencionales. No son nada más –afirmó– que nombres y símbolos.

LO ÚLTIMO Y LO RELATIVO: LAS DOS VERDADES

Cuando el Buddha giró por primera vez la rueda del Dharma y enseñó las Cuatro Nobles Verdades, habló del sufrimiento, de su origen, de su cesación y del camino que conduce a su cesación. ¿Cómo debemos entender esas Cuatro Nobles Verdades? El sufrimiento debe ser comprendido; su origen debe ser eliminado; su cesación debe ser actualizada; y el camino debe ser cultivado. Así es como tenemos que actuar respecto a ellas, pero podríamos preguntarnos: estas cuatro verdades, ¿son cosas en sí mismas? No, no lo son. Es necesario entender el sufrimiento, pero si lo buscamos y pensamos en él, no existe tal «sufrimiento que deba ser comprendido». El origen del sufrimiento debe ser eliminado, pero si buscamos o contemplamos un "origen que eliminar", nunca encontraremos tal cosa. Entonces, aunque el Buddha enseñó que deberíamos actuar respecto a las Cuatro Nobles Verdades eliminando algunas o actualizando otras, y esta es la forma en que se presentan, también enseñó al mismo tiempo que no hay nada en sí que deba ser eliminado o actualizado.

Algo semejante ocurre cuando examinamos los *skandhas* o agregados del cuerpo-mente, que dependen del *karma* y de las emociones perturbadoras. Al ser dependientes de esta manera, esos agregados son impermanentes, no tienen una identidad verdadera, producen sufrimiento y son impuros. Si los vemos como tal, eso significa que nuestra comprensión de ellos es inequívoca y auténtica. Pero si pensamos que esos agregados –que son dependientes del *karma* y de las emociones perturbadoras– son permanentes y existen de verdad, que son una fuente de placer y son puros, entonces nuestra comprensión es errónea. Por otro lado, podríamos examinar esos agregados y tratar de encontrar algo con una existencia última más allá de las etiquetas. En un nivel último, ambas visiones –una equívoca y una inequívoca– se trascienden ambas, y ninguna de ellas existe.

Tenemos entonces estos dos modos: primero, la manera en que aparecen las cosas y, segundo, la manera en que son realmente. Desde el punto de vista de cómo aparecen las cosas, las clasificamos en varias categorías –montañas, cercas, edificios, flores, etcétera–. Estas cosas y sus efectos suceden en función de causas y condiciones. También nos llevan a experimentar sentimientos de placer o de dolor, puesto que su vínculo con nosotros puede ser benéfico o dañino. Por causa de sus "semillas", todo produce su propio "fruto" y estas cosas nos afectan de maneras que pueden ser benéficas o dañinas.

Ahora bien, ¿cuál es la manera última de ser de esos fenómenos útiles o dañinos? Si no nos contentamos solamente con la manera en que las cosas aparecen, y miramos más a fondo, descubrimos que no hay nada que podamos encontrar. Cuanto más examinamos la forma en que las cosas son en realidad –subyacente a la manera en que aparecen– más claro nos resulta este hecho. Imaginemos que vemos un espejismo en el desierto, lejos en la distancia. Si realmente estuviese ahí, aparecería con mayor detalle conforme nos acercásemos. Sin embargo, cuando nos acercamos no se vuelve más claro, sino que se atenúa y se desvanece, hasta que ya no hay nada que ver.

Lo mismo sucede con el amplio espectro de los fenómenos, que funcionan todos como causas y condiciones, interrelacionados unos con otros, para bien o para mal. Si no nos contentamos con las apariencias y examinamos su esencia última, su manera absoluta de ser, su naturaleza fundamentalmente incondicionada, descubrimos que no es posible encontrarla. Por tanto, la apariencia de las cosas no corresponde a su verdadera naturaleza.

Así, estos *dos niveles de verdad* se refieren exactamente a esto: la manera en la que aparecen las cosas y la manera en la que realmente son. Para una mente que no intenta examinar o investigar la verdadera naturaleza de las cosas, parece que estas tengan algún tipo de esencia que se puede identificar. Pero si nos quedamos en el nivel de las apariencias superficiales, y buscamos más a fondo con el fin de determinar la naturaleza primordial o fundamentalmente incondicionada de las cosas, se dice que lo que descubrimos es su realidad última, o su naturaleza primordial y más íntima. Por eso cualquier fenómeno que elijamos tiene estos dos aspectos: su realidad aparente, que es convencionalmente verdadera, y su naturaleza intrínseca, que es verdadera en un nivel último. Basándonos en esto podemos decir que existen dos niveles de realidad.

Si cogemos cualquier cosa o evento que pueda aparecer o ser posible, y buscamos, por debajo de la superficie, su identidad más profunda, y encontramos una esencia discreta e individual que le es muy propia, en tal caso podemos decir que esta cosa *existe verdaderamente* o que *existe de manera última*. Si algo es realmente de la manera en que aparece, entonces la apariencia y la realidad están en armonía, y esa cosa existe de verdad de la manera en que aparece. Sin embargo, este no es el caso; las cosas no son realmente de la manera en que parecen ser y, por tanto, no existen verdaderamente. Su apariencia y su verdadera naturaleza no encajan. Esta disparidad se debe al hecho de que las cosas en cuestión se manifiestan de una manera falsa. Si se manifestaran de una manera verdaderamente auténtica, no habría tal discrepancia.

Por eso se dice que los fenómenos son *falsos* y que no se puede considerar que existen verdaderamente. Su verdadera existencia, que es lo que se refuta aquí, nunca ha sucedido. La naturaleza misma de las cosas es tal que las cosas están ahí, pero no se puede establecer que existan. Sin embargo, ¡no es que existan mientras no nos pongamos a investigarlas y que se vuelvan inexistentes sólo cuando las indagamos!

Hay un verso de *Ornament of Clear Realization* de Maitreya que dice : «En esto, no hay nada que deba ser eliminado».[3] Esto significa que lo que se ha refutado, es decir la verdadera existencia, no es una propiedad que esté inicialmente presente y que de alguna manera se elimine gracias al razonamiento. En vez de eso, significa que los fenómenos son y siempre han sido dependientes por naturaleza propia y, por tanto, siempre han estado desprovistos o "vacíos" de autonomía o independencia. Si las cosas no estuvieran "vacías" de existencia independiente, nunca podrían llegar a existir. Los fenómenos deben depender de otras cosas para poder existir; deben depender de condiciones. Sólo entidades autónomas podrían no depender de condiciones.

Entonces, la verdadera existencia no es algo que existía previamente y que se eliminó más tarde. Puesto que las cosas están vacías de existencia verdadera, lo que llamamos *vacuidad* o el *aspecto último* no es algo nuevo que haya sido impuesto por la mente.

El siguiente verso de la cita continúa así: «Ni tampoco hay absolutamente nada que añadir». Esto indica que los dos niveles de realidad, la realidad relativa o la forma convencional de ser, y la realidad absoluta o forma última de ser, no son el resultado de la actividad iluminada del Buddha, ni el resultado del *karma* de los seres ordinarios. Se trata simplemente de cómo son las cosas de manera natural.

Por eso, la mente que investiga lo que algo es en realidad, sin contentarse con las meras apariencias, es una mente comprometida con la investigación en un nivel último. Podríamos llamarla una *mente última*. Y sea lo que sea que esta *mente última* descubre como verdadero es lo que se llama la *verdad absoluta*.

En cuanto a los fenómenos que aparecen a una mente ordinaria que no analiza ni investiga, lo que se descubre como verdadero cuando se investiga en el nivel convencional es lo que llamamos la *verdad relativa*. El término "relativa" se refiere también a los factores que oscurecen o que ocultan la realidad. Eso significa que lo *relativo* se aplica a la ignorancia que oscurece nuestra percepción de la naturaleza intrínseca y última de la realidad. Entonces, aquello que es verdadero desde la perspectiva de esta ignorancia relativa, que oscurece nuestra percepción de la realidad última, se llama *verdad relativa*.

LA VACUIDAD DE EXISTENCIA INHERENTE

Cualquier clase de cosa o de evento que pueda aparecer o ser posible, ya sea en el *samsara* o en el *nirvana*, aparece ante nosotros como si pudiera existir por virtud de su propia esencia o existir verdaderamente. Pero si existiera tal como aparece, se debería poder averiguar algún tipo de fundamento de su nombre o designación. También la forma en que aparecen las cosas debería de corresponder a la manera en que realmente son, pero esto no es así. Porque cuando se las examina, las cosas no resultan ser de la manera en que aparecen –este hecho muestra que, incluso cuando se manifiestan, están vacías de cualquier estatus de existencia.

Entonces, *vacío* significa "vacío de existencia esencial intrínseca", es decir, lo que ha sido refutado. El sufijo *-idad* en "vacuidad" tiene simplemente la connotación de "sólo eso". Basado en lo previo, nos podemos referir a esta verdad última como vacuidad.

Como hemos visto ya, cualquier cosa que percibimos se nos presenta como si realmente existiera, por sí misma. No importa si se trata de una experiencia interna o de un objeto del mundo que está fuera de nosotros, en todos y cada uno de los casos, nos parece que las cosas existen de verdad de la forma en que convencionalmente las designamos. Ahora bien, si las cosas realmente existiesen de la manera en que las percibimos, sería lógico que cuanto más las mirásemos, más claras se volviesen. Pero cuando las examinamos, no sólo no se vuelven más claras, sino que ni siquiera logramos encontrar nada ahí. Esta es una señal de que las cosas no existen de la manera en que aparecen.

Por eso: las cosas están *vacías* de existencia de la manera en que las percibimos, *vacías* de cualquier existencia verdadera, y vacías de existencia intrínseca. De modo que cuando ambos fenómenos, externos e internos, están por sí mismos vacíos de existencia, se dice que están *vacíos de existencia inherente*.

En el *Sutra del Descenso a Lanka*, el Buddha habla de

siete sentidos distintos en los que se puede decir que algo está vacío. El séptimo es cuando algo está vacío de algo más. El ejemplo que se nos da es un templo vacío de monjes. La vacuidad del templo es algo distinto o separado de lo que ha sido negado –la presencia de los monjes–. El Buddha describe esto como instancia menor de la vacuidad.

No usamos el término *vacío* en el sentido de que una columna, por ejemplo, está vacía de otra cosa, como una vasija. En vez de eso, una columna está ella misma vacía de existencia intrínseca como tal. A veces se usa el término *vacío en sí mismo,* en tibetano *rang tong*, para describir esto. *Vacío en sí mismo* es un término que se usa para significar que algo está vacío de existencia intrínseca, en oposición a estar vacío de "otra" cosa diferente de sí mismo. Sin embargo, *vacío en sí mismo* no significa literalmente que esté vacío *de si mismo*. Cuando decimos que una flor está vacía de existencia inherente, no estamos negando la realidad de la flor. Si la flor no existiera, no habría más que una ausencia: no habría una semilla que germinara, creciera y floreciera, nada que produjera sus brotes y su fruto y, por tanto, nada que diera sensaciones de placer o de disgusto al ver y oler la flor o pincharse el dedo en sus espinas.

Vacío en sí mismo, en relación a la flor, significa que está vacía de existencia intrínseca. Pensar que la flor estuviera vacía *de sí misma* sería equivalente a afirmar la "nadeidad", y, por tanto, caer en el extremo del nihilismo. En vez de eso, deberíamos comprender que cualquier cosa determinada, puesto que es producida en dependencia de otras condiciones, está vacía en el sentido de que no tiene existencia inherente por sí misma. Y por esta razón está vacía en sí misma.

Así, en cualquier cosa que percibamos, ya sea un sentimiento o un objeto, siempre hay esta distinción entre cómo nos aparecen las cosas y cómo son en realidad. Si examinamos si algo es en realidad de la manera en que aparece, vemos que no es así. En ningún objeto que nos pongamos a investigar encontraremos un núcleo de identidad del que podamos decir: «¡Esto es!». Cuando lo buscamos, incluso dentro de las diminutas partículas subatómicas, no hay nada que encontrar. Esto parece reflejar la misma posición general que sostiene la física cuántica moderna –por más a fondo que uno busque dentro de un objeto, finalmente no hay nada que encontrar.

LA FORMA EN QUE LAS COSAS EXISTEN

¿Esto implica, pues, que las cosas son simplemente inexistentes? No, en un sentido sí que existen. Las cosas pueden tener un efecto benéfico o dañino en nosotros. Pero ¿de qué manera existen entonces? Se puede decir de cualquier cosa que, en un nivel convencional, existe en el sentido de que puede cumplir alguna función, ya sea positiva o negativa. Posee sus propiedades específicas, y hay algo a lo que le podemos asignar un nombre. Existe, pero este tipo de existencia no se debe a contar con una existencia última o inherente. Y esto es todo lo que significa el término *vacío en sí mismo*, que las cosas no poseen una existencia última o inherente.

Así, *vacío en sí mismo* no implica la no-existencia, porque las cosas sí que existen, en el sentido de que tienen sus propiedades propias y específicas. Toda esta discusión sobre si las cosas existen de manera inherente o no, depende del hecho que tienen tales propiedades. Si no tuvieran propiedades distintivas, no podríamos discutir si esto significa o no que tienen una existencia *inherente*. Pero incluso cuando las cosas poseen identidades individuales, eso no significa que existen de manera inherente.

Entonces, se preguntarán, ¿de qué manera existen exactamente? Existen únicamente por el poder de las condiciones distintas de ellas mismas. Así, existen al ser nombradas o designadas en dependencia de otros factores. Son *producidas* también dependiendo de otros factores. Tanto es así que en muchos de los *sutras* y *tantras*, el Buddha afirmó que las cosas existen sólo en dependencia de causas y condiciones diferentes a ellas mismas. Y puesto que no existen de manera independiente, o sin sostenerse en esas otras condiciones, el Buddha enseñó que todos los fenómenos surgen de manera *dependiente* y son por naturaleza vacuidad.

No hay nada en el universo que surja por sí mismo o posea una existencia inherente, y puesto que todas las cosas surgen únicamente por su relación con otros fenómenos, esto prueba que nada sucede sin el juego de las causas y condiciones. Estas causas y condiciones pueden afectar a las cosas, ya sea de manera positiva o adversa. En cambio, si las cosas existieran verdaderamente en sí mismas, las causas y las condiciones no podrían afectarlas de una u otra forma. Pero puesto que los fenómenos carecen de existencia inherente, esto implica necesariamente que ocurren en dependencia de causas y condiciones.

Según las enseñanzas budistas, todas estas cosas que pueden afectarnos para bien o para mal, y que son cambiantes por naturaleza –cualquier cosa ya sea dentro de nosotros o en el mundo alrededor de nosotros, de hecho absolutamente todo–, ocurren únicamente dependiendo de causas y condiciones. Todas sus distintas transformaciones se dan simplemente en función de causas y condiciones. Fuera de esto, las cosas no suceden sin una causa, así como tampoco ocurren por cuenta de una causa eterna, completamente distinta de ellas. Así es como las enseñanzas budistas explican las cosas, y así nos llevan a la posición de que no hay un Creador del mundo.

Las enseñanzas explican que hay que investigar el hecho de que las cosas están sujetas al cambio debido a sus causas y condiciones, por medio de un método cuádruple de razonamiento.[4] Si hacemos esto, llegaremos a la cualidad fundamental o naturaleza intrínseca de cualquier fenómeno que examinemos, ya sea materia o conciencia.

Por cierto, ahora no estamos hablando de la vacuidad. Tomemos un ejemplo para ilustrar esto. El elemento tierra es duro e inflexible, mientras que el elemento aire es ligero y móvil. Cada uno de estos dos fenómenos posee su naturaleza básica e individual –su conjunto especial de características, que el otro no comparte–. Pero cuando sus cualidades fundamentales o características se combinan, provocan un cambio que se explica como el resultado de su interacción mutua.

En realidad, cada sustancia material tiene su propio potencial individual, y cuando estos se combinan de diversas formas, pueden provocar un cambio, cumplir una función, y hacer surgir diferentes potenciales, causando así que las cosas interactúen de maneras benéficas o dañinas. La tierra es dura e inflexible. Puesto que su naturaleza misma es así, tendrá un tipo de efecto particular, ¿no es cierto? Generalmente, cada elemento posee sus propias cualidades individuales, que le permiten ejercer distintos tipos de influencia y servir para diferentes funciones. Cuando se combinan cosas que tienen funciones diferentes, surgirán nuevos potenciales.

Ahora bien, cuando examinamos e investigamos cualquier objeto determinado, ya sea dentro de nosotros o en el mundo que nos rodea, deberíamos ya ser conscientes de sus características. Y también deberíamos comprender su manera específica de funcionar, y la clase de cambios que pueden ocurrir cuando este interacciona con algo más.

Basándonos en este tipo de enfoque, si existe algo que naturalmente nos puede beneficiar, seremos capaces de encontrar la forma de llevarlo a cabo; y si hay algo que es naturalmente dañino, podremos dar los pasos necesarios para eliminarlo. Tenemos que examinar la situación con todo detalle, de esta manera. Y esto, de hecho, nos devuelve a nuestra discusión sobre la felicidad y el sufrimiento.

De manera natural, todos deseamos ser felices y no sufrir. Y todos tenemos el mismo derecho a alcanzar la felicidad y evitar el sufrimiento. Esto es de sentido común; a fin de cuentas, tenemos todas las razones para querer ser felices.

4. LA CUESTIÓN DE LA CONSCIENCIA

SENSACIONES Y PERCEPCIONES

Cuando hablamos de felicidad y sufrimiento, nos referimos principalmente a las sensaciones del placer y del dolor. Junto a ese tipo de sensaciones, debemos considerar también los factores que las causan. Así que miremos de cerca las sensaciones y percepciones. La mayor parte de las emociones surgen debido a cosas materiales. Hay algo que dispara una sensación, ya sea placentera, dolorosa o neutra. Decimos que esa cosa es responsable de la sensación, pero eso no significa necesariamente que, sólo porque ese factor en particular esté ahí, surgirá una sensación. Otras condiciones deben coincidir también, y si falta una de ellas, la sensación no puede ocurrir. En cualquier caso, todo parece indicar que se necesita una base tangible para una sensación.

Cuando hablamos de sensaciones, y también de percepciones, estamos hablando de consciencia –consciencia en el sentido de percatarse de los objetos–. La palabra "consciencia" no se refiere aquí al *rigpa*, que se diferencia de la mente ordinaria y que discutiremos más a fondo en lo sucesivo.[1] Se trata simplemente de percatarse de los objetos. Es este tipo de consciencia el que experimenta las sensaciones: entramos en contacto con un objeto, después tomamos consciencia de él, y luego experimentamos sensaciones placenteras o dolorosas. Después, cuando somos conscientes de las cosas, nos hacemos ideas sobre ellas: esto es tal o cual. Esto es lo que llamamos percepción.

Hay sensaciones de diferentes tipos. Hay cierto tipo de sensación cotidiana, ni placentera ni dolorosa, que no está causada por nuestra manera de pensar. Supongamos, por ejemplo, que me doy un golpe en la mano con la mesa. Esto me va a causar dolor y voy a pensar: ¡Auch, me he golpeado la mano! El hecho de golpearme la mano y el dolor que esto implica, hace que surjan varios pensamientos en mi mente. Entonces, esta es una categoría de sensaciones, aquellas provocadas por algún tipo de circunstancia externa.

Luego encontramos otra categoría, que abarca aquellas sensaciones que no se deben a este tipo de contactos con objetos a través de los cinco sentidos, sino que están causadas por un cambio dentro de la consciencia misma, como resultado de algún tipo de recuerdo del pasado o de algún pensamiento acerca del futuro. Este cambio que ocurre en el nivel de nuestra consciencia puede provocar, sin embargo, una sensación física. Si examinamos esto, ¿significa que primero hay una idea, un pensamiento o un recuerdo seguido después de algún tipo de cambio físico, como la activación de neuronas o alguna reacción electroquímica en el cerebro? ¿O acaso las ideas o recuerdos que son cambios en nuestra consciencia son siempre el resultado de algún cambio sutil en el nivel físico o neurológico? Creo que esto es una cuestión que realmente debería investigarse.

Se dice que la consciencia surge basada en las facultades sensoriales. Existe ciertamente una relación dependiente, pero si no hubiera absolutamente ninguna consciencia separada de los sentidos físicos, sería difícil poder explicar muchos eventos que nos suceden en el transcurso de la vida cotidiana –en particular los asombrosos cambios físicos que pueden suceder cuando practicamos la meditación–. Estos cambios no se deben a una droga o a un procedimiento médico. Existe una transformación física que sucede gracias a un cambio en la consciencia misma. Por eso es mucho más conveniente, y mucho más fácil para nosotros, poder explicar este tipo de cosas si explicamos la consciencia como algo que es primariamente dependiente del cuerpo físico, pero también capaz de provocar ciertos cambios por sí misma. Si no aceptamos que la consciencia tiene esta función, resultaría difícil explicar muchos fenómenos semejantes.

DEFINICIÓN DE LA CONSCIENCIA

Cuando hablamos de las sensaciones y percepciones, nos referimos exclusivamente a las formas de vida sensibles. Por supuesto, las flores y las plantas también están vivas, su composición química es semejante a la de otras formas de vida, y están sujetas a ciclos de vida, crecimiento, muerte y destrucción. Pero aunque sus células están vivas, las plantas no tienen sensaciones o percepciones. Así que cuando hablamos de sensibilidad o consciencia, creo que hay una propiedad fundamental que define a todas las formas de vida: el movimiento. Incluso los insectos más pequeños exhiben este tipo de movimiento. Pueden usar la fuerza de sus cuerpos para moverse de un lugar a otro. Una planta puede moverse mientras crece, y puede ser arrastrada por el viento o el agua, pero no se puede mover *intencionalmente* de un lugar a otro. Así que cuando hablamos de *seres sensibles*, queremos decir que, además de las características básicas de vida, comunes a las plantas y a los animales, está también esta capacidad de moverse intencionalmente de un lugar a otro. La definición de un ser vivo o sensible es aquel que tiene consciencia. Todo aquello que carece de consciencia se clasifica como no sensible, o materia inanimada.

La consciencia se describe en términos de su función, que

es la de conocer objetos. Por esa razón se la define como "clara y conocedora", o "luminosa y cognitiva". ¿Cómo explicamos esto? La *claridad* se refiere aquí al claro surgir de las apariencias en la consciencia. No cambia nada que esta percepción corresponda o no a la verdadera naturaleza de las cosas. Una apariencia determinada aparece en la consciencia, y junto a ella hay una toma de consciencia de sus aspectos o características. Ahora bien, esa apariencia es siempre válida y directa. Eso es lo que significa *clara* –el hecho de que esa apariencia se refleja *claramente*–. Una vez que esa apariencia se ha hecho clara, hay un "conocer" o percatarse, que aprehende esa apariencia y a sus diversos aspectos.

Por ejemplo, incluso cuando estamos profundamente dormidos, en nuestros sueños hay todo tipo de percepciones diferentes: paisajes, sonidos, olores, sabores y sensaciones táctiles. Nuestra consciencia en el sueño se percata de esas innumerables apariencias y de sus distintos aspectos. Todos aparecen en esa consciencia, que es la capacidad de claridad y conocimiento, y conforme van apareciendo, tomamos consciencia de cada una de ellas y de sus características respectivas.

A lo largo de nuestras vidas experimentamos distintos niveles de consciencia: desde el nivel más burdo de la experiencia sensorial, hasta el modo más sutil de la consciencia durante los sueños, que funciona de manera independiente de las facultades de los sentidos, y luego el nivel aún más sutil de consciencia, que prevalece durante el sueño profundo.

Por lo que respecta al nivel burdo de consciencia, si tomamos como ejemplo una cognición visual, la mera interacción de la facultad del ojo con una forma visual no va a producir una toma de consciencia visual. También es necesario que esté presente la *condición inmediata*, esto significa que la mente no esté distraída por pensamientos de otras cosas. Si la mente está perdida en pensamientos, entonces el contacto de la facultad visual con una forma no implicará necesariamente una cognición visual. Por eso se dice que para que se produzca un conocimiento o toma de consciencia clara en la que las formas externas se conocen claramente, debe existir este tercer factor: la condición inmediata.

En cualquier caso, un acto de cognición o consciencia, desde el más sutil hasta el más burdo, ocurre forzosamente basándose en el flujo continuo de la más sutil de todas las conciencias, que es por naturaleza claridad y cognición, la capacidad de tomar consciencia.

LA CONTINUIDAD DE LA MATERIA FÍSICA

Si examinamos el mundo exterior que nos rodea, por supuesto que veremos cambios y transformaciones que suceden debido a causas y condiciones particulares, pero sigue habiendo algo así como una continuidad subyacente de sustancia o materia. Podemos tomar el ejemplo de una flor, o del cuerpo físico de cualquier ser vivo. La materia física que constituye la flor o nuestro cuerpo forma parte de una continuidad, en la que cada elemento depende de lo que hubo antes. Podemos así remontarnos en el tiempo, hasta la formación del universo. El potencial de esta flor ya debía estar en las partículas sutiles presentes en el principio del universo.

La cosmología budista habla de cuatro periodos distintos, o eras, en la historia del sistema de un universo en particular: un periodo de formación, una era de existencia, un periodo de destrucción, y un tiempo de vacío entre dos universos sucesivos. Se explica que durante este periodo de vacío, subsisten las "partículas del espacio". Estas partículas son como los ladrillos a partir de los cuales se forma toda la materia física de un nuevo universo, incluyendo el cuerpo físico de los seres vivos. Todo lo que tenga sustancia física debe provenir de algo con características similares –en otros términos, debe antecederle algo que tenga también sustancia física.

Ahora bien, si volvemos a la consciencia, que es inmaterial, no tiene forma física, color ni estructura, y no es sino la capacidad de experimentar, esta también debe venir de algo semejante a ella misma. La consciencia cambia en la superficie, pero por debajo de esos cambios hay una continuidad, la capacidad fundamental para la claridad y el conocimiento que surge de un momento previo de la misma capacidad.

Resigamos ahora la continuidad de la materia. La podemos explicar usando un ejemplo muy simple: esta flor que tengo enfrente. La flor proviene de una semilla. Esa semilla provino de otra flor que provino de su respectiva semilla...,. y así sucesivamente. Casi podríamos hablar de las "encarnaciones" previas de esta flor. En un nivel sutil, existe una única continuidad, aunque pasa, por supuesto, por todo tipo de manifestaciones. Dependiendo de causas y condiciones particulares, cambiará en términos de su apariencia de una "encarnación" a otra. Podría tener un color diferente o un tamaño distinto. Pero si fuéramos capaces de reseguir su genealogía, encontraríamos una continuidad de tipo semejante. Así es como evoluciona la materia inanimada, por ciclos continuos de materia física en los que una manifestación depende de una manifestación semejante que la antecede.

Sin embargo, este continuo físico no puede explicar nuestra experiencia consciente, nuestra capacidad de sentir y percibir. Como hemos visto, el cuerpo físico que tenemos ahora, soporte de la consciencia, se basa en causas anteriores de tipo similar, y proviene de una continuidad de sustancia física presente desde el principio mismo del universo. Pero no podemos decir que nuestra consciencia provenga del mismo continuo de materia, incluso si depende de este cuerpo físico burdo. Como expliqué antes, todo parece indicar que esta consciencia proviene de un continuo sutil de consciencia.[2]

LOS GRADOS DE SUTILEZA EN LA CONSCIENCIA

Los diferentes grados de sutileza en la consciencia están determinados por la sutileza de aquello que la sostiene. Cuanto más sutil sea el soporte, más sutil será la consciencia que depende de este. Por ejemplo, la consciencia de cuando estamos despiertos es relativamente burda, y su funcionamiento se basa en un tipo más burdo de viento energético, o *prana*. La consciencia que existe durante el sueño es ligeramente más sutil que la que tenemos cuando estamos despiertos y se basa en movimientos proporcionalmente más sutiles de los vientos energéticos. Cuando nos desmayamos, los vientos energéticos se mueven sólo muy ligeramente. Así que pienso que es posible explicar esas variaciones de la consciencia en función de las diferencias de sus respectivos soportes.

En cualquier caso, el nivel de consciencia de mayor sutileza depende aún, en cierto grado, del cuerpo físico, pero en términos de su esencia verdadera, es distinto e independiente. Esta afirmación se basa en las experiencias de algunos meditadores. Por supuesto, no pienso que todo lo que oímos al respecto es necesariamente cierto. Puede haber explicaciones falsas o exageradas, pero algunas personas afirman haber experimentado lo que ellos describen como un "cuerpo de sueño", separado de su cuerpo físico ordinario. Yo mismo conozco a una persona cuya madre vivió este tipo de experiencia y durante varios días tuvo una experiencia "fuera del cuerpo" que más tarde describió claramente. Esto sucede de verdad. Hay personas que viajan fuera de sus cuerpos, y son capaces de describir cosas que ocurrieron muy lejos de donde estaba su cuerpo físico ordinario. Esto indica que la mente se apoya en buena parte en el cuerpo, pero no exclusivamente. Hay cierto nivel en que tiene la capacidad de funcionar de manera independiente –cuando llegamos al nivel más sutil de consciencia–. En ese nivel, la mente parece ser independiente del burdo cuerpo físico.

La continuidad de la consciencia

Para resumir, en el caso de la materia inanimada existe una continuidad de tipos semejantes. Pero en lo que respecta a los seres sensibles, hay una continuidad de sustancia física que puede explicar el cuerpo físico. No obstante, la consciencia que se identifica con el cuerpo físico tiene que explicarse por separado. Si no fuera así, tendríamos las mismas experiencias conscientes que nuestros padres. Nuestros cuerpos físicos se desarrollaron a partir del óvulo y el esperma de nuestra madre y padre o, en otras palabras, a partir de sus cuerpo físicos. Si nuestra consciencia también hubiese surgido de la misma sustancia física, sería la misma que la de nuestros padres. Tendríamos la misma experiencia que ellos. Sin embargo, no es así.

Entonces, en el caso del cuerpo físico podemos decir que es semejante a la materia inanimada, en la medida en que aparece basándose en un continuo de sustancia física a lo largo del tiempo. Pero hay que decir que la consciencia que se apoya en este cuerpo físico es algo diferente.

Si tratamos de determinar el origen preciso de la continuidad de la materia, la cuestión se vuelve extremadamente complicada. De la misma manera, es muy difícil situar un origen preciso de la consciencia, que se define como claridad y conocimiento, la capacidad básica de experimentar. Determinar un origen tanto para la materia física como para la consciencia, equivaldría a atribuir su origen a algo que tendría una naturaleza diferente. O a suponer que su producción original no tiene causa. Ambas posibilidades son insatisfactorias, y no se sostienen si las sometemos a una investigación lógica.

Cuando atribuimos la designación de "ser sensible", lo hacemos basándonos primordialmente en la consciencia. Los términos *ser humano* o *animal* se usan para establecer una distinción basada principalmente en el tipo de forma física. Pero cuando hablamos de un "ser vivo" o de una "persona", estamos hablando de una entidad que puede experimentar el placer y el dolor. Nuestra noción de "yo", o de un "yo" personal, se refiere principalmente a nuestro flujo de consciencia. Si sólo el cuerpo físico fuera la base de este sentido de ser, también podríamos considerar los objetos inanimados como seres vivientes. De modo que es la capacidad de sentir y percibir las cosas lo que distingue a los seres sensibles de la materia inanimada. Esto marca la diferencia.

En el caso de un ser vivo, ese "yo" o sentido de sí-mismo, se identifica con el flujo de consciencia, y puesto que no podemos determinar un principio para este último, tampoco podemos hablar de un principio del ser o del individuo. Dado que no hay nada que pueda obstruir el flujo de consciencia, entonces tampoco tiene un final. De hecho, el flujo de consciencia no tiene principio ni fin. Entonces, el individuo o el "yo" que se identifica con este flujo de consciencia tampoco tiene principio ni final.

Sin embargo, vemos que en este continuo hay espacio para un proceso de transformación. El principio es que hay una continuidad, pero siempre está cambiando. Pensemos, por ejemplo, en el cuerpo que poseemos en esta vida. Se admite que hay una continuidad puesto que se trata más o menos del mismo cuerpo, a lo largo de los años. Sin embargo, ocurre una transformación. Decimos que unas personas son jóvenes; luego cuando envejecen y su cuerpo cambia de apariencia, decimos que son viejas. Así, algunas características han cambiado, aunque hay una continuidad que nos permite reunir las diferentes etapas de la vida de estas personas. La continuidad y la transformación existen al mismo tiempo.

Del mismo modo, en términos de flujo de consciencia existe cierta continuidad entre el momento en que somos jóvenes y aquel en el que somos viejos. Al mismo tiempo habrá una etapa de la vida en la que sabemos muy pocas cosas y no hemos aprendido casi nada; luego otra en la que hemos sido educados, y este flujo de consciencia se ha enriquecido con conocimiento y experiencia. Por tanto, podemos identificar diferentes etapas o momentos en este flujo de consciencia. Desde un punto de vista más amplio, podemos decir que así como existe una etapa de consciencia y otra de ignorancia, también puede haber algunos casos en los que la consciencia está vinculada a un soporte físico humano y otros estados en los que la consciencia está asociada a otros tipos de forma física. También podemos hablar de diferentes estados respecto a la calidad del flujo de consciencia: puede estar oscurecido en grados distintos y también puede variar la preocupación por las emociones perturbadoras. Entonces, puede haber estados de consciencia, ya sean humanos, animales o de otros tipos, en los que, lentamente, estos factores mentales destructivos disminuyan hasta desaparecer, mientras que las cualidades positivas y contractivas prevalecen. En tal caso resulta evidente que se puede ir de un estado de ignorancia y confusión que caracteriza a los seres en el mundo condicionado, a un estado cada vez más iluminado, hasta que finalmente alcanzamos la iluminación –el conocimiento perfecto que caracteriza a la budeidad–. Nuestra consciencia también manifiesta esta cualidad dual de continuidad y transformación.

5. SUPERAR LAS CAUSAS DEL SUFRIMIENTO

Las cuatro nobles verdades

Podemos hacer dos observaciones a partir de la discusión que hemos mantenido hasta ahora:

- Existe una discrepancia entre nuestra percepción y la realidad, ya que las cosas están naturalmente vacías de existencia inherente, y sin embargo se manifiestan de forma dependiente, según la ley de la causalidad.
- Hay un ser o individuo que se identifica con los flujos de conciencia y que experimenta el placer y el dolor.

Estas dos observaciones nos llevan naturalmente a las enseñanzas sobre las Cuatro Nobles Verdades que dio el Buddha. El "yo" que se identifica con el flujo de consciencia, tiene la capacidad de experimentar sensaciones –una capacidad automáticamente acompañada de una aversión a las sensaciones desagradables y a un deseo por las placenteras–. Pero no basta tan sólo con sentir desagrado hacia el dolor o el sufrimiento, debemos eliminarlos activamente y, al eliminar el sufrimiento, conseguir la felicidad duradera. Las Cuatro Nobles Verdades muestran que hacer esto es posible:

- La *verdad del sufrimiento* se refiere a todo nuestro

dolor y sufrimiento indeseado, que sucede como resultado de causas y condiciones, y depende de ellas. ¿Cuáles son esas causas y condiciones?

- Estas constituyen lo que llamamos el *origen del sufrimiento*. Este origen tiene dos aspectos: 1) el *karma*, y 2) las aflicciones mentales o emociones perturbadoras. *Karma* significa "acción"; las emociones perturbadoras son estados mentales que motivan nuestras acciones, nos afligen y no nos dejan encontrar la paz interior.
- Si elimináramos por completo este tipo de sufrimiento, en esa *cesación del sufrimiento* encontraríamos la felicidad real y duradera.
- La felicidad duradera y genuina, que se alcanza al liberarse de todo lo que debe ser eliminado, no es algo que ocurrirá por sí mismo. Sólo podrá suceder si creamos las causas y condiciones adecuadas o, en otras palabras, esforzándonos. Y porque esta felicidad sólo se puede alcanzar esforzándose hablamos de la *verdad del camino*.

Así es como se explican las cuatro verdades. Puesto que conciernen a la originación dependiente, están conectadas con la ley de la causalidad: si perseguimos la meta de la felicidad, tenemos que identificar las causas que van a producirla; y si queremos evitar el sufrimiento, debemos identificar las causas que van a eliminarlo. Cuando decimos que el sufrimiento es el *resultado* que viene de un origen que es su *causa*, esto significa que está gobernado, así como todo lo demás, por las leyes de la originación dependiente. Todo acontece como resultado de causas y condiciones.

Entonces, la verdad de este origen del sufrimiento posee dos aspectos –el *karma* y las emociones destructivas–. El *karma*, o acción, se refiere a las acciones llevadas a cabo con una motivación específica. Una vez que el "yo" se identifica con el flujo de consciencia, aparecen las percepciones y las ideas, y en función de esas ideas, hay diversas motivaciones. Estos distintos tipos de motivación crean sus propias causas y condiciones; las acciones llevadas a cabo con una intención particular crean posteriormente nuevas condiciones propias, que también forman parte del proceso general de causalidad. Lo importante es que las acciones emprendidas con una motivación particular van a influir el proceso de causalidad de una forma específica, y puesto que la motivación que hay detrás de una acción constituye en sí misma una causa única, diferentes tipos de motivaciones van a suscitar diferentes tipos de resultados.

Lo que motiva las acciones que conducen al sufrimiento son las aflicciones mentales.

TRES TIPOS DE SUFRIMIENTO

Cuando hablamos del sufrimiento en el contexto de la verdad del sufrimiento, no nos referimos únicamente a las sensaciones dolorosas. A las sensaciones dolorosas se las llama el *sufrimiento obvio*, o el *sufrimiento del sufrimiento*. Pero también todos nuestros sentimientos impuros y ordinarios de placer y felicidad son asimismo, por su naturaleza misma, sufrimiento. Esto se conoce como el *sufrimiento por el cambio*. ¿De dónde vienen estos dos tipos de sufrimiento? Son el resultado del *karma* y de las emociones perturbadoras que los gobiernan y los controlan. A nuestra esclavitud al *karma* y a las emociones perturbadoras se le conoce como el *sufrimiento de lo condicionado, que todo lo permea*.

Todos estos tipos de sufrimiento son el resultado de acciones *samsáricas* ordinarias, ya sean positivas o negativas. Por cierto, también existen las *acciones sin mancha* que no perpetúan la existencia *samsárica*, sino que conforman una categoría diferente. Si nos limitamos a las acciones *samsáricas* ordinarias, podemos dividirlas en tres tipos: las no-meritorias, las meritorias y las que se denominan *intransferibles*.[1] Estos tres tipos de acciones posibles funcionan como causas y condiciones, dictadas por la motivación particular con la que fueron llevadas a cabo.

Entonces, la motivación que constituye el origen del sufrimiento son las tres aflicciones del apego, la aversión y la ignorancia. La raíz de todas estas es la ignorancia fundamental. Esto corresponde en realidad al primero de los doce vínculos de la originación dependiente: *la ignorancia que está confundida en cuanto a la naturaleza de la realidad*. Esta ignorancia es la base fundamental. Pero además existe un engaño posterior respecto al funcionamiento de la causa y el efecto, llamada *la ignorancia confundida sobre la causalidad*; es esto lo que nos lleva a acumular acciones *no-meritorias*, luego a padecer el sufrimiento del sufrimiento, y más tarde a renacer en los reinos inferiores, donde esta forma de sufrimiento es sumamente violenta y terrible.

La otra posibilidad es tener un cierto conocimiento del funcionamiento de la causa y el efecto, y liberarnos así del engaño suplementario respecto a la causalidad, pero aun así, seguir estando bajo el poder de la ignorancia fundamental que está confundida respecto a la naturaleza de la realidad misma. En este caso, podríamos acumular acciones *meritorias* o *no transferibles*, que darán como resultado un renacimiento en los reinos más altos de la existencia. En otras palabras, estas acciones nos proporcionarían las condiciones maravillosas de los reinos superiores; sin embargo, estos siguen estando dominados por el sufrimiento por el cambio y, en particular, por el sufrimiento de lo condicionado.

LA IGNORANCIA QUE ESTÁ CONFUNDIDA EN CUANTO A LA NATURALEZA DE LA REALIDAD

Todo esto, finalmente, se reduce a la ignorancia, o el engaño, es decir, a la ignorancia fundamental que está confundida sobre la naturaleza de la realidad. La verdadera naturaleza de la realidad, o la *talidad*, es lo que antes hemos llamado la *verdad última*. Entonces habíamos identificado dos niveles de verdad: la manera en que aparecen las cosas y la manera en la que verdaderamente son. Aquí no estamos hablando de cómo aparecen las cosas, sino de cómo son, en términos de su naturaleza absoluta y última. ¿En este caso, ¿cuál es la verdadera naturaleza de las cosas? Están vacías de cualquier existencia intrínseca. Pero esta no es la forma en que las cosas aparecen ante nosotros, o como las percibimos. Todas –desde nuestras propias experiencias interiores, hasta los fenómenos del mundo exterior– nos aparecen como si existieran de forma independiente y por sí mismas. Y la mente que las toma por ciertas, como si tuvieran algún tipo de existencia, constituye lo que llamamos la *ignorancia confundida sobre la naturaleza de la realidad*.

Entonces, hasta donde hemos visto, este aferramiento engañoso a la existencia verdadera, que es la base fundamental de las aflicciones mentales, es un estado mental engañado. La manera en que la mente percibe las cosas no corresponde con la forma en que son en realidad. Pero no se trata tan sólo de que no logremos reconocer cómo son verdaderamente las cosas. Aunque en realidad las cosas están vacías de existencia intrínseca, la mente ordinaria las percibe *como si* de verdad tuvieran tal realidad. De lo que se trata aquí es de una percepción completamente distorsionada y errónea.

No puede haber un contraste más marcado entre la mente

que percibe mal y se aferra a las cosas como si tuvieran una realidad intrínseca y la mente que percibe la vacuidad de la realidad intrínseca. Son dos modos de percepción diametralmente opuestos. Por el momento, la tendencia a percibir las cosas como si fueran reales está muy enraizada en nuestras mentes, porque estamos muy familiarizados con ello. Parece algo casi natural o instintivo. En cuanto vemos algo pensamos de modo automático: «Eso *está* realmente ahí. Realmente existe». Pero esa es sólo nuestra suposición. Cuanto más reflexionamos sobre la verdadera naturaleza de las cosas, menos claro empezará a resultar este tipo de suposición. Y cuanto más atentamente examinemos las cosas, menos anclada se volverá esta percepción.

Es verdad que reaccionamos casi instantáneamente, diciéndonos a nosotros mismos: «Claro que esto es real. Está aquí. De verdad me puede beneficiar o dañar. Funciona». Tan sólo estamos tomando las cosas sin examinarlas, y confiando en su apariencia. Si esta fuera una percepción precisa de las cosas, entonces cuanto más las investigásemos, más clara resultaría su realidad. Pero este no es el caso. Esto indica que nuestra percepción de las cosas como reales o como dotadas de una existencia inherente se fortalece únicamente por nuestra familiaridad con ella; una vez analizada y sometida al examen, no podrá sostenerse. Sólo puede darnos una apariencia de certeza, pero nunca una convicción profunda y genuina.

Ahora bien, una mente que percibe la carencia de verdadera realidad de las cosas, no estará en concordancia con la forma en que las cosas aparecen, mientras que una mente que piensa que las cosas son reales, sí que lo estará. Pero, a pesar del hecho de que la percepción de la falta de realidad verdadera simplemente no parece encajar con las apariencias, cuando se investiga y se examina para ver si corresponde o no a la verdadera naturaleza de las cosas, se adquiere una convicción firme. Esto implica que estas dos maneras de percibir son fundamentalmente opuestas. A una de ellas llegamos a través del razonamiento válido, mientras que a la otra, no. Y cualquier cosa a la que lleguemos a través de un razonamiento válido, se irá fortaleciendo cuanto más nos acostumbremos a reflexionar sobre ella.

DOS TIPOS DE AFLICIONES, DOS TIPOS DE ANTÍDOTOS

Pensemos ahora en las aflicciones o emociones perturbadoras. Podemos diferenciarlas en dos categorías:

- Las aflicciones vinculadas con visiones distorsionadas, y
- las aflicciones que no están asociadas a las visiones o creencias.

La ira y el deseo, por ejemplo, se cuentan entre las aflicciones que no se deben a las visiones distorsionadas. La "visión de la colección transitoria", las visiones extremas y las visiones erróneas se cuentan entre las aflicciones vinculadas a las visiones distorsionadas.[2] También se las conoce colectivamente como *inteligencia engañada*, porque tienen el poder de infundir un cierto grado de aparente certeza sobre las cosas.

Esta división de las aflicciones en dos tipos –las que están asociadas con una visión distorsionada y las que no están específicamente vinculadas a una creencia– se refleja, por supuesto, en sus antídotos respectivos. Por ejemplo, el antídoto contra la ira es la meditación sobre la bondad-amorosa, y el antídoto contra el deseo es la meditación sobre lo repulsivo. Ambos funcionan como antídotos porque son estados mentales completamente opuestos a las emociones perturbadoras en cuestión, y constituyen lo que llamamos los *antídotos de confrontación*. Cuando meditamos sobre el amor como antídoto contra la ira, estamos suprimiendo esa ira a través del amor. Es una manera de afrontar la emoción, pero no es lo mismo que un antídoto que elimine completamente la emoción.

Así pues, se distinguen dos tipos distintos de antídotos: los antídotos que actúan contra las emociones, y aquellos que las eliminan. En este caso, el amor disminuirá nuestra ira hasta cierto punto y, por tanto, se trata de un *antídoto de confrontación*. Pero la verdadera raíz de la ira es la ignorancia y el aferramiento a la idea de existencia verdadera, que proviene de la *inteligencia engañada*. De modo que, para liberarnos de esta distorsión en nuestras propia inteligencia y sabiduría, el antídoto que debemos aplicar es la sabiduría que consiste en la realización de la "ausencia del yo".

Ni la bondad amorosa, que es el deseo de que los seres sean felices, ni la compasión, que es el deseo de que se liberen del sufrimiento, se basan en esta realización de la "ausencia del yo". Por esta razón no pueden erradicar las aflicciones vinculadas con las visiones distorsionadas.

EL PODER ILIMITADO DE LA MENTE

Al mismo tiempo, hay otro aspecto que tenemos que comprender. El amor, la compasión y la realización de la ausencia de "yo" son cualidades de la mente. Se fundamentan en la mente. Así que son diferentes del atletismo, de la fuerza física o cualquier otra habilidad basada en el cuerpo. Por ejemplo, si consideramos una actividad como hacer hervir agua, el calor generado se basa una vez más en los elementos materiales burdos. Las cualidades de la mente no se apoyan en la materia física burda. Esto hace que exista una diferencia muy importante. Las propiedades de la materia física, como el calor del agua, o nuestra fuerza o nuestras habilidades físicas no se pueden desarrollar hasta el infinito, sino que están regidas por las limitaciones de la base física de la que dependen. Una vez que se retira el agua del fuego, se vuelve a enfriar, y su calor desaparece; no seguirá aumentando. Por otro lado, las cualidades que se basan en la conciencia, se pueden desarrollar sin límites: el soporte en el que se basan no degenera, no tiene ni principio ni fin. Esto significa que si ejercitamos e intentamos cultivar algunas cualidades de la mente, estas persistirán.

Por supuesto, en nuestra práctica podemos llegar a tener algunas experiencias positivas, pero si no las estabilizamos familiarizándonos con ellas, no durarán más que algunos días, semanas o meses. Desaparecerán como nuestra fuerza física cuando dejamos de hacer ejercicio, o como el agua cuando la sacamos del fuego. Pero una vez que logramos adquirir cierta estabilidad, las cualidades que nos esforzamos por desarrollar en nuestro entrenamiento se volverán propiedades naturales de nuestra mente, y permanecerán sin requerir ningún esfuerzo más por nuestra parte. Esto es lo que significa desarrollar una cualidad hasta su máximo grado –alcanzar el punto en el que una propiedad se ha vuelto tan familiar que simplemente se presenta sin que tengamos que realizar ningún esfuerzo.

Nuestros cuerpos físicos envejecen y pierden su fuerza. A pesar de todas las cremas anti-arrugas, píldoras y tratamientos rejuvenecedores de todo tipo, lentamente, las arrugas surcan nuestra cara y nuestro cabello se torna gris. Hagamos lo que hagamos para cuidar de nuestro cuerpo, con el tiempo envejecerá, y no podemos hacer nada para evitarlo. En el caso de la consciencia, hay algunos estados mentales con los que nos hemos familiarizado a lo largo de los años, y que prevalecen aunque envejezcamos o enfermemos. Si siempre hemos sido alegres y tranquilos, por ejemplo, seguiremos siendo alegres y tranquilos en nuestra vejez. Así, las cualidades de nuestro cuerpo desaparecerán con el tiempo aunque hagamos todo lo posible para evitarlo, mientras que las cualidades de la mente, si de verdad las hemos entrenado y hemos cultivado una familiaridad con ellas, seguirán ahí en tanto la mente misma continúe. Por eso podemos decir que las cualidades de la mente pueden desarrollarse infinita e ilimitadamente.

LA IGNORANCIA Y LAS AFLICCIONES SON PURIFICABLES

La consciencia misma, que se define como "mera claridad y conocimiento", está enteramente desprovista de cualquier tipo de mancha o de impureza. Cuando aparecen los pensamientos discursivos, surge el apego y la aversión hacia objetos que consideramos buenos o malos. Pero lo que subyace detrás de estos pensamientos es la mente que cree que los objetos son tan reales como parecen. En eso radica el fallo.

Sin embargo, la actitud de aferrarse a la idea de que las cosas son reales no es una propiedad inherente a la mente. Si lo fuese, entonces la mente no podría estar nunca libre de apego, aversión e ignorancia. Pero no es así. La esencia de la mente, es decir, su capacidad de cognición y de percatarse, nunca ha sido manchada por esas impurezas. Como se ha dicho: «la naturaleza de la mente es luz clara».[3]

Por eso podemos decir que:

- La naturaleza de la mente es luz clara, y
- las impurezas son sólo temporales.

Ahora bien, "temporales" no implica que esas impurezas no estuvieran antes aquí, y de repente aparecieran. Significa que pueden ser eliminadas si nos servimos de antídotos poderosos, y que de ninguna manera pueden manchar la conciencia en el nivel de su capacidad básica de cognición y de percatarse.

El punto clave aquí es que la ignorancia fundamental puede ser purificada. Podemos ponerle fin. Y al ponerle un fin a la causa, es decir al origen, también le ponemos un fin al resultado que es el sufrimiento. En otras palabras, puesto que la ignorancia fundamental puede eliminarse aplicando un antídoto poderoso, esto implica que también se puede eliminar todo el sufrimiento indeseado que esta nos causa. Básicamente, la sabiduría que comprende la ausencia de "yo" es el antídoto poderoso contra la ignorancia que es la causa del *karma* y de las aflicciones, y de todo lo que estas a su vez producen.

En cierto sentido, no es tan importante cuáles serán los efectos de algo, cuando empleando una fuerza poderosa es posible destruir su causa raíz y eliminar sus efectos. ¿Por qué? Porque los efectos sólo pueden ocurrir cuando está la causa. Al aplicar un antídoto poderoso a la causa, nos liberamos de ella, y una vez eliminada la causa, los efectos debidos a esa causa cesarán también. Por eso hablamos de la *verdad de la cesación*.

En general, la verdad de la cesación está en nuestro flujo mental; se refiere en particular a la maravillosa cualidad de la libertad que se produce al erradicar las aflicciones y emociones perturbadoras. Después de todo, nadie quiere sufrir, y cuando podemos usar un antídoto para liberarnos de la causa del sufrimiento, la libertad que nos confiere es realmente una cualidad maravillosa. Como cuando nos liberamos de algo que de verdad no deseábamos; se trata de algo muy valioso. Es un buen signo. Quizás no es lo que llamaríamos una verdadera sensación de placer, pero en realidad se trata de la felicidad auténtica y duradera.

LAS CUALIDADES DE LA LIBERTAD Y DE LA REALIZACIÓN

Hemos mencionado antes que esta cualidad de cesación y el camino que conduce a ella constituyen *la joya del Dharma*. Progresivamente, y por etapas, nos vamos liberando de los oscurecimientos, empezando con los más burdos o los más aparentes y aplicando antídotos cada vez más poderosos. Primero dirigimos nuestros antídotos hacia cualquier impureza que tengamos en nuestra mente, para que finalmente deje de surgir. Luego nos liberamos incluso de las tendencias latentes hacia estas aflicciones. De modo que, gradualmente, iremos desarrollando las cualidades de estar libre de estos oscurecimientos y de sus semillas. Hasta que no adquiramos todas las cualidades que comporta habernos liberado de todas las aflicciones y de todo lo que debe ser eliminado, debemos seguir entrenándonos en caminos cada vez más elevados.

Esto significa que hay una "etapa de entrenamiento" y finalmente una "etapa de no más entrenamiento", en la que hemos eliminado todo lo que tiene que desaparecer y alcanzado una de las diversas formas del despertar, en la cual ya no hay necesidad de ningún entrenamiento suplementario. Según el Mahayana, cuando alcanzamos la liberación última, no sólo de las emociones perturbadoras, sino también de los oscurecimientos cognitivos sutiles y las tendencias habituales causadas por estas, llegamos al nivel de la budeidad. Hasta que no alcanzamos esta etapa, uno debe practicar para liberarse de los oscurecimientos, empezando con los más burdos y aparentes. Así, esta liberación de los oscurecimientos va creciendo desde la ligera libertad que hay al principio, hasta una libertad cada vez mayor. Y desde el momento en que uno realiza la verdad del camino a fin de que se produzca una cesación genuina de una impureza en particular, se dice que eres un miembro de la «comunidad del Sangha de aquellos que se entrenan».

Entonces, para reunir todos estos hilos, tanto la joya del Sangha, constituida por los que se entrenan, como la joya de los Buddhas, es decir, los que están más allá del entreno, provienen del Dharma, con sus dos aspectos de cesación y del camino. Cuando hablamos de la joya del Sangha y la joya de los Buddhas, ¡no estamos haciendo ninguna distinción basada en cuán esplendidos se ven, o quién está sentado en un trono más alto, ni en lo impresionantes que son sus sombreros! La joya del Sangha y la joya de los Buddhas se explican en términos de las cualidades inmaculadas que manifiestan en sus corrientes mentales. Por eso la joya del Dharma es realmente la más importante de todas. Ya que sólo gracias a ella puede existir la joya del Sangha de los que se entrenan, y si existe un Sangha que se entrena puede existir un Sangha de aquellos que están más allá del entrenamiento.

Entonces, si lo pensamos realmente, podemos llegar a entender que la joya del Buddha no sólo se refiere a una gran figura histórica, sino que hay que explicarlo en términos de cualidades: las cualidades de la liberación de lo que debe ser eliminado y las cualidades de realización. Entender esto es fundamental. Desde esta perspectiva podemos ver que la joya del Dharma es la más importante de todas. Si el Sangha existe es porque se basa en el Dharma, y una vez que se ha completado el entrenamiento y se ha alcanzado la liberación última, esto crea la joya del Sangha más allá del entrenamiento, en otras palabras, la joya de los Buddhas.

Si tuviéramos que explicar el Buddha sólo en términos del esplendor de su apariencia, entonces, claro que él está coronado por una protuberancia que nosotros no tenemos. Si no, el Buddha Shakyamuni hubiera sido un simple monje, como lo fueron también Nagarjuna, Aryadeva y sus seguidores. Así que no parecen tan especiales comparados con muchos de los *lamas* de hoy, que realmente se ven muy esplendorosos. A menudo bromeo diciendo que en el pasado reciente, en el Tíbet, la gente solía juzgar a un *lama* o a un *Tulku* según cuántos caballos y sirvientes tenía a su alrededor. Si un *lama* llegaba seguido de una gran procesión, todos pensaban que debía tratarse de un gran maestro o de una encarnación importante, le presentaban ofrendas de incienso y todo tipo de regalos, y le hacían mucho caso. Pero después, si llegaba un simple peregrino, alguien verdaderamente instruido y realizado como Dza Patrul Rinpoche,[4] como mucho le daban un poco de harina de cebada cocida, pero más allá de eso nadie se habría fijado en él. Y una vez se hubiese marchado para seguir su camino, si algo faltase en casa seguramente habrían dicho: «¡Oh, seguramente se lo llevó ese peregrino! ¿Se le veía muy espabilado!».

LAS CARACTERÍSTICAS DEL "DHARMA"

Generalmente, cuando hablamos de las Tres Joyas –los tres objetos de refugio– las mencionamos en este orden: Buddha, Dharma y Sangha. Esto refleja el orden cronológico de su aparición. El Buddha, el maestro de las enseñanzas, fue el primero en aparecer. Luego, una vez alcanzada la iluminación, giró la rueda del Dharma, entonces apareció el Dharma de transmisión. Sus discípulos pusieron estas enseñanzas en práctica y manifestaron el Dharma de la realización. Gradualmente, conforme alcanzaron la verdad del camino de los sublimes, los *aryas,*[5] apareció la joya del Sangha. Por eso hablamos del Buddha, Dharma y Sangha.

Cuando decimos Dharma o las enseñanzas del Buddha, comprendemos que trata principalmente del *nirvana* o iluminación. De hecho, podríamos decir que la característica que define al Buddhadharma es el *nirvana*, que se describe como "la paz que da ir más allá del sufrimiento, la suprema liberación de las pasiones". Las prácticas de los tres entrenamientos superiores de la disciplina, la meditación y la sabiduría, que nos permiten alcanzar el *nirvana*, también forman parte de lo que llamamos el Buddhadharma, pero nuestra meta principal es alcanzar la liberación y lo que se denomina la bondad definitiva. Y siendo este nuestro objetivo final, para alcanzarlo, también buscamos obtener renacimientos favorables en los reinos más elevados de la existencia;[6] pero esto es sólo un objetivo temporal, una forma de obtener las condiciones que nos permitan alcanzar nuestro propósito final: la bondad definitiva.

Puesto que obtener estos estados elevados constituye un objetivo temporal en el camino, los métodos para alcanzarlos aparecen en las enseñanzas del Buddha. Pero no creo que sean lo que realmente caracteriza al budismo, porque en otras religiones también se encuentran enseñanzas sobre cómo alcanzar los reinos superiores. Está, por ejemplo, la instrucción de abstenerse de matar, que en las enseñanzas budistas forma parte de la disciplina de evitar las diez acciones negativas. Allí se enseña que debemos evitar quitarle la vida a los otros, evitar tomar lo que no nos ha sido dado, evitar la mala conducta sexual, y demás. Aunque simplemente abstenerse de matar no cuenta necesariamente como una práctica budista. La prohibición de matar se encuentra asimismo en muchas otras religiones, e incluso se encuentra en leyes seculares que no tienen nada que ver con la religión o con la espiritualidad. Recuerden que el Buddhadharma busca siempre y antes que nada la liberación. Por eso, si ustedes están observando la disciplina de evitar las diez acciones negativas a fin de obtener un renacimiento favorable, y si hacen esto específicamente para poder alcanzar la liberación, entonces se convierte en Buddhadharma. Por eso sostengo que el Buddhadharma trata principalmente del *nirvana*.

¿Qué es, pues, el *nirvana*? Cuando decimos que *nirvana* significa ir más allá del sufrimiento o trascenderlo, significa ante todo trascender las causas del sufrimiento, es decir, las aflicciones. Como hemos visto, todos los fenómenos están desprovistos de existencia verdadera; el aferrarnos a la idea de que son reales es la ignorancia que constituye la raíz del *samsara* y hace que nos mantengamos atrapados en la existencia cíclica. La base o fundamento de la liberación completa del *samsara* es el *nirvana natural*, es decir, el hecho de que todos los fenómenos están *naturalmente* vacíos de existencia inherente. Así, si podemos alcanzar el *nirvana* es porque corresponde a la verdadera naturaleza de las cosas, que llamamos el *nirvana natural*. Podemos liberarnos por completo de este ciclo de existencia *samsárica*, ya que la razón por la que estamos aquí no es otra que el engaño acerca de la verdadera naturaleza de las cosas.

Y gracias al *nirvana* natural son posibles los otros tipos de *nirvana* –el *nirvana* inferior, que se divide en *nirvana residual* y *nirvana no residual*, y el *nirvana* superior, el llamado *nirvana no estático*, que significa trascender tanto la existencia *samsárica* como la quietud limitada del *nirvana* inferior.[7]

Como hemos visto, podemos liberarnos de las aflicciones aplicando antídotos, y también podemos utilizar los antídotos para liberarnos de las tendencias habituales que crean estas aflicciones.

A la obtención del *nirvana* se la denomina también *victoria sobre los cuatro maras o fuerzas obstructivas*, que son las aflicciones, los agregados, la muerte y el deseo.[8] Cuando nos referimos al Buddha como el *Bhagavan* (en sánscrito) o *Chomdendé* (en tibetano), nos referimos al hecho de que él «venció (*chom*) a los cuatro y posee (*den*) las seis».[9] Lo más importante es que venció a las cuatro fuerzas obstaculizadoras. De hecho, el Buddha *Bhagavan* venció las formas burdas y sutiles de estas cuatro fuerzas obstaculizadoras. Los *arhats*, en cambio, sólo vencieron las formas burdas de los cuatro *maras*. La más formidable de estas cuatro fuerzas obstaculizadoras es la fuerza obstaculizadora de las aflicciones. Por eso debido a estas estamos bajo el control del Señor de la Muerte, por dar un ejemplo.

Así pues, reconocer que las aflicciones son nuestro auténtico enemigo, aplicarles antídotos y verlas no como cosas que uno se puede permitir, sino como algo que debemos superar, son las marcas distintivas del Buddhadharma. Esto es el budismo. Alguien que no ve las aflicciones como un enemigo, sino que se las permite, no puede ser considerado un practicante genuino del Buddhadharma.

En todos los vehículos de las enseñanzas –"los vehículos causales", "los vehículos del ascetismo védico" y "los vehículos de los métodos supremos y poderosamente transformadores"–[10] debemos aplicar antídotos a las aflicciones. Hay diferencias en la manera en que se aplican los antídotos. Las emociones se pueden enfrentar directamente a las emociones, o pueden ser transformadas con métodos hábiles para contribuir al bienestar de los demás, o se pueden liberar al reconocer su naturaleza. Sin embargo, todos esos enfoques consideran a las aflicciones como algo que debemos superar por medio de antídotos.

Como podemos ver, el Buddhadharma se ocupa principalmente de reconocer las aflicciones como nuestro verdadero enemigo, para luego aplicar antídotos contra ellas. Porque, cuando decimos que el Buddhadharma trata sobre alcanzar el *nirvana*, ¿qué es lo que nos impide alcanzarlo? Son las aflicciones. Por esto debemos vencerlas y superarlas. Cuando decimos que el *nirvana* es nuestro objetivo final, significa que no sólo debemos reconocer las aflicciones que nos impiden alcanzarlo, sino también volvernos expertos en su funcionamiento. Luego, al aplicar esa nueva comprensión sobre cómo funcionan, debemos evitar sucumbir o ceder ante ellas de ninguna manera.

TRES ETAPAS PARA SUPERAR LAS AFLICCIONES

El gran maestro Aryadeva, principal discípulo de Nagarjuna, explicó en su *Four Hundred Verses on the Middle Way* la forma de entrenarse mientras estamos en el camino:

> «Al principio, apártate de la no-virtud;
> en el medio, elimina las falsas ideas de "yo";
> al final, ve más allá de todas las perspectivas.
> Aquel que comprende esto es un sabio de verdad».[11]

1. Apartarse de la no-virtud

Nuestro objetivo principal es alcanzar la bondad definitiva, pero los oscurecimientos emocionales nos lo impiden. Sin embargo, no es posible aplicar simplemente los antídotos a estas aflicciones y eliminarlas de golpe, así, sin más. Es necesario practicar vida tras vida a fin de poder liberarnos por completo de ellas, de modo que lo primero que debemos hacer es asegurarnos de que tendremos un renacimiento positivo como base para la práctica. Por esa razón comenzamos por practicar la disciplina de evitar las diez acciones negativas, como un medio con el que alcanzar los estados más altos de la existencia. La "no-virtud" en la primera línea de la cita significa las diez acciones negativas y malsanas. Debemos apartarnos de esas acciones no-meritorias, es decir, contenernos para evitar una conducta negativa, motivada por las aflicciones. Como resultado de ello, renaceremos en los estados más altos de la existencia. Esa es la primera etapa.

2. Eliminar el concepto de un "yo"

Luego, en la segunda etapa, puesto que la liberación se obtiene aplicando antídotos a las aflicciones, necesitamos volvernos hábiles para lidiar con esas aflicciones. Las hay de diversos tipos, por supuesto, y podríamos aplicar un antídoto específico a cada una de ellas. Como hemos visto, hay antídotos para afrontar directamente cada una de las emociones, sofocándolas o reduciendo su intensidad durante un tiempo, pero no nos permiten erradicarlas por completo. Si examinamos de verdad qué es lo que constituye la raíz de una aflicción, y aplicamos el antídoto a esta causa fundamental y la eliminamos, descubriremos después que ese mismo antídoto puede prevenir automáticamente todas las otras aflicciones, ya sean burdas o sutiles. Así, dado que la raíz de nuestras aflicciones es nuestro aferramiento engañoso a una existencia verdadera, el texto dice: «en el medio, elimina las falsas ideas de "yo"». En otras palabras, debemos eliminar el aferramiento a un "yo" por medio de la meditación sobre la sabiduría que comprende la ausencia del "yo".

3. Más allá de todas las perspectivas

La tercera línea de Aryadeva, «al final, ve más allá de todas las perspectivas», indica que debemos deshacernos no sólo de las aflicciones, sino de las tendencias habituales que estas crean. Deshacerse únicamente de las aflicciones es suficiente para alcanzar la bondad definitiva que implica la liberación, pero no es suficiente para alcanzar el nivel último de la bondad definitiva que es la completa omnisciencia. Para alcanzar la omnisciencia necesitamos limpiar los oscurecimientos que obstruyen el conocimiento de todo lo que puede ser conocido. Por eso dice: «ve más allá de todas las perspectivas»; esto significa que debemos cultivar la visión de la vacuidad y acompañarla de una gran acumulación de mérito, como antídoto a los oscurecimientos cognitivos. Significa que debemos eliminar todas las visiones distorsionadas, así como sus tendencias habituales. Finalmente, Aryadeva afirma que si uno practica así, será «sabio de verdad».

LOS VEHÍCULOS SUPERIORES E INFERIORES

Entonces hay dos tipos de oscurecimientos que debemos eliminar: los emotivos y cognitivos. Ahora bien, el enfoque que se centra en abandonar los oscurecimientos emocionales –liberarse de ellos y alcanzar así la liberación en el nivel del *arhat*, sólo para uno mismo– se conoce como el *Vehículo Inferior.* Corresponde a los vehículos de los *sharavakas* y de los *pratyekabuddhas*. Este enfoque prioriza la búsqueda de la liberación para uno mismo; este camino se llama el Hinayana.

Hay también otro enfoque, que se basa en éste pero que va más allá, y aplica el antídoto a los oscurecimientos cognitivos, incluyendo las tendencias habituales producidas por los oscurecimientos emocionales. Este es el enfoque que busca el nivel último de la omnisciencia y la budeidad, y se llama el *Vehículo Superior* o Mahayana. En ambos casos, la palabra vehículo significa un medio para recorrer el camino.

Cuando hablamos de vehículos superiores o inferiores, nos referimos a la amplitud de la motivación, la grandeza de la conducta que debe practicarse, y la magnitud del resultado que se alcanza. El término *Vehículo Inferior* no se usa en las enseñanzas del propio Vehículo Inferior; sólo se emplea en los textos del vehículo del *bodhisattva*, por las diferencias que hay cuando se compara con el *Vehículo Básico* –la amplitud de la motivación, la amplitud de la conducta, como la generosidad, y la amplitud del resultado–. Si se le llama *Vehículo Inferior* es porque cuando se comparan ambos, el *Vehículo Básico* parece inferior.

Sin embargo, el término *Vehículo Inferior* no pretende ser peyorativo en forma alguna. A veces podría parecer que nosotros, como seguidores del *Vehículo Superior*, nos damos aires de grandeza y anulamos al *Vehículo Básico* diciendo que es inferior. Posiblemente algunas personas hagan este tipo de juicios sobre la escuela Theravada. Pero no es así en lo más mínimo. El Theravada proviene de Sthaviravada, uno de los grupos principales en los que se dividían las dieciocho escuelas tempranas del budismo.[12] Sería un grave error considerar a esta escuela de algún modo inferior. De hecho, el camino que se enseña en las escrituras del *Vehículo Básico* constituye el fundamento del camino que se enseña en el vehículo del *bodhisattva*. El enfoque del Mahayana está basado en las enseñanzas de los *sharavakas*; no se trata en absoluto de un camino totalmente dividido.

Según una de las maneras en que se dividen los diferentes vehículos, existen tres de ellos: el vehículo de los *sharavakas*, el de los *pratyekabuddhas*, y el de los *bodhisattvas*. Para simplificar podemos hablar de dos vehículos: el Vehículo Básico y el Mahayana. Entonces, dentro del Mahayana está el vehículo causal de las perfecciones trascendentes y el vehículo resultante *vajra* del *mantra* secreto, o Vajrayana. En el Tíbet, el país de las nieves, se encontraba el espectro completo de las enseñanzas del Buddha, que se compone del *Vehículo Básico*, del Mahayana y el Vajrayana.

Como dice el texto primordial del *Guhyasamaja Tantra*:

> «Exteriormente, mantén la disciplina de los *sharavakas*, mientras que interiormente te deleitas en la práctica de Guhyasamaja».

Como indica esta cita, existe la tradición de adherirse a la disciplina del Vinaya en la conducta exterior, mientras que interiormente se sigue el camino del *bodhisattva* y secretamente se aplica el Vajrayana. De este modo, un individuo puede practicar al mismo tiempo el *Vehículo Básico*, el Mahayana y el Vajrayana.

LAS TRES SABIDURÍAS

Cuando reunimos así todos los niveles de las enseñanzas, también debemos combinar los caminos del estudio y la práctica. Como se ha dicho:

> «La erudición no garantiza la santidad,
> ni tampoco la santidad garantiza la erudición».

Esto significa que debemos empezar por el estudio, con el fin de que al conocer las características del camino que queremos practicar, estemos preparados para cualquier escollo potencial, y tengamos una comprensión clara y completa de todo lo que esto implica. Esto se cumple estudiando textos y recibiendo enseñanzas y explicaciones de nuestros maestros y amigos del Dharma, para que desarrollemos *la sabiduría que nace del estudio*. Luego, podemos servirnos de esta comprensión o de la inteligencia con el objetivo de reflexionar sobre lo que hemos aprendido. Como señaló Tsongkhapa:

> «Al examinar a fondo, día y noche,
> con el razonamiento cuádruple, el sentido de lo que he escuchado,
> que yo disipe cada duda con el discernimiento preciso
> que nace de esta contemplación».[13]

Cuando analizamos y pensamos profundamente sobre lo que hemos escuchado, después de un tiempo empezamos a tener una comprensión propia de los puntos principales de la enseñanza, y adquirimos confianza en su verdad y en su validez. Esta confianza se basa en nuestro propio proceso de reflexión y en lo que hemos logrado comprender. Es algo muy diferente de un conocimiento teórico y de una fe ciega en lo que se dice en los textos y en las enseñanzas. Este es el momento en que empezamos a decirnos a nosotros mismos: «¡Ah!, esto es realmente cierto. Así es de verdad». Esto se conoce como la *sabiduría que nace de la reflexión*.

Si no tenemos más que la sabiduría que nace del estudio, podemos lograr cierta comprensión, pero no será estable. Por ejemplo, si escuchamos algo que nunca antes habíamos oído, nos puede confundir. Sin embargo, una vez que la sabiduría del estudio se ha convertido en la sabiduría que nace de la reflexión, tendremos más confianza y certeza, por haber reflexionado profundamente por nuestra cuenta. Y después, aunque escuchemos algo que no hayamos oído antes, tendremos la capacidad de reflexionar sobre ello y compararlo con nuestra propia comprensión. No caeremos directamente en un estado de confusión, ni empezaremos a dudar sobre todo lo que hemos oído antes. Si hemos examinado de verdad los puntos principales de las enseñanzas, y hemos logrado alguna comprensión de ellos, tendremos la capacidad de reflexionar sobre cualquier cosa nueva que escuchemos a la luz de esa comprensión. Podremos examinar lo que escuchemos, y juzgar por nosotros mismos si es válido o erróneo. Contaremos con la confianza suficiente para hacerlo. Esta es la *sabiduría que nace de la reflexión*.

Finalmente, conforme meditemos sobre estos temas de reflexión, que ya comprendimos como verdaderos, nuestra comprensión ganará en claridad, hasta que algún día se convierta en una confianza y en una certeza inquebrantables. Esta es la *sabiduría que nace de la meditación*.

Todo esto muestra la importancia de combinar el estudio, la reflexión y la meditación. Primero debemos estudiar los textos; esto es vital. Luego necesitamos reflexionar profundamente sobre lo que hemos estudiado. Finalmente, debemos integrar nuestra comprensión en nuestra experiencia a través de la práctica, para que verdaderamente nos conmueva y tenga un efecto profundo. Esta es la tradición que se practicaba antes en el Tíbet.

PROFUNDIZAR LOS NIVELES DE EXPERIENCIA

También podemos ver este proceso en términos de cómo se generan niveles de experiencia cada vez más profundos. Primero reflexionamos una y otra vez sobre lo que hemos estudiado. Después, a medida que adquirimos una confianza estable en nuestra comprensión a través de este proceso de reflexión, llega el momento en que comprendemos que si nos familiarizamos con esta comprensión a través de la meditación, seremos capaces de transformar nuestra mente. Por decirlo de otra forma, llegamos a entender que al meditar, lograremos obtener las cualidades de realización que se describen en las enseñanzas. Esto se conoce como *dominar las experiencias*.

Después, conforme continuamos con el proceso y nos familiarizamos poco a poco con esta comprensión, llegamos al punto en que, cuando practicamos correctamente, somos capaces de transformar nuestra mente, de modo que experimentamos de verdad lo que se menciona en los textos. Sin embargo, cuando no aplicamos deliberadamente la práctica, estas cualidades dejan de estar ahí. Esto se conoce como la etapa de la *experiencia a través del esfuerzo*.

Más adelante, a medida que seguimos integrando nuestra comprensión a través de la práctica constante y de la reflexión cada vez más profunda, alcanzamos el punto en que nuestras mentes se pueden transformar de manera automática, cuando nos topamos con las condiciones adecuadas, sean buenas o malas. Esta es la etapa en la que disfrutamos de la *experiencia sin esfuerzo*.

DISIPAR LAS CONCEPCIONES ERRÓNEAS

También podemos pensar en este proceso en términos de cómo disipamos las concepciones erróneas. Muy al principio tenemos una convicción inequívoca sobre lo que en realidad es un punto de vista erróneo y engañado. Pero ni siquiera lo cuestionamos; simplemente pensamos que las cosas son así. Luego, si empezamos a cuestionar este punto de vista, nuestra convicción disminuye y comenzamos a dudar de ella. En realidad existen tres tipos de duda: la duda incorrecta, la duda incierta, y la duda correcta. La primera implica empezar a pensar acerca de la verdad, pero aún dudando de que sea lo correcto. La segunda es más abierta, pero ambivalente e insegura sobre lo que es correcto e incorrecto. La tercera es cuando empezamos a creer en la verdad.

El siguiente paso, más allá de la duda, es cuando empezamos a adquirir una comprensión gracias al análisis y a la investigación. En ese momento, realmente empezamos a creer en la verdad. Pero todavía no tenemos la confianza que surge de la contemplación y el uso de la lógica auténtica. Más tarde, sin embargo, si aplicamos el razonamiento lógico, llegamos a una cognición válida gracias a lo que se conoce como una *inferencia válida*. Esto ocurre cuando hemos examinado algo desde todos los ángulos posibles y descartado absolutamente todas las alternativas; llegamos a la firme conclusión de que "es así": esa es la única posibilidad. Tenemos entonces una confianza completa en la validez de nuestra conclusión. Si seguimos mediando sobre esta comprensión, se convertirá en una experiencia clara y no-conceptual, y eso es lo que llamamos *percepción directa válida*.

PARTE II

ENCONTRAR SERENIDAD Y SOLTURA EN LA MEDITACIÓN DE LA GRAN PERFECCIÓN

6. LA TRADICIÓN ANTIGUA DE LOS *NYINGMAPAS*

En Tíbet existía el abanico entero de enseñanzas budistas, que se compone del Vehículo Básico, el Mahayana y el Vajrayana. A lo largo del tiempo, en función de fechas históricas y ubicaciones geográficas específicas, se formaron gradualmente distintas tradiciones. Todos los maestros que pertenecían a estas tradiciones transmitieron las enseñanzas completas del Buddha, pero en su expansión se desarrollaron ligeras diferencias de énfasis. En función de las fechas en que aparecieron, distinguimos las tradiciones tempranas (*Nyingma*) y las tardías (*Sarma*). Estas tradiciones tardías incluyen varias escuelas: los antiguos Kadampas, los Sakyapas, Kagyüpas, Jonangpas y los nuevos Kadampas, también llamados Gelukpas. Cada una de estas escuelas incorpora las enseñanzas completas del Vehículo Básico, del Mahayana y del Vajrayana; todas combinan igualmente los enfoques del *sutra* y *tantra*, y todas siguen la tradición filosófica del Camino Medio o Madhyamaka.

El texto que vamos a estudiar, y con el que vamos a establecer una conexión, pertenece a la escuela Nyingma de la traducción antigua. Al principio no pensaba basarme en un texto para dar estas enseñanzas, pues pensaba que sería mejor hablar de forma más general sobre el Dzogchen y el Mahamudra. Pero después de pensarlo más, decidí que podría ser mejor y más completo que enseñara a partir de un texto. El texto que he elegido lo escribió el omnisciente Longchen Rabjam. Fue un autor prolífico, cuyas obras, entre ellas los *Seven Treasuries*, van de lo más detallado y elaborado a lo más sucinto. *Encontrar serenidad y soltura en la meditación*, que forma parte de *The Trilogy of Finding Comfort and Ease*, es una de sus obras más concisas. Este invierno tengo la intención de recibir, de Kyabje Trulshik Rinpoche, las transmisiones de cada uno de los *Siete tesoros* de Longchen Rabjam; en estos momentos estoy recibiendo la transmisión del *Encontrar serenidad y soltura en la meditación,* y pensé que podría ser adecuado compartir con ustedes una explicación de este texto.

Como dije antes, puesto que la erudición no garantiza la santidad, ni la santidad garantiza la erudición, en todas las tradiciones tibetanas (Sakya, Geluk, Kagyü y Nyingma) se dice que una persona santa debe personificar tres cualidades: erudición, disciplina y bondad.[1] En toda la historia del Tíbet, siempre ha ocurrido que los grandes maestros, santos y eruditos de todas las escuelas, todos aquellos que contribuyeron significativamente a las enseñanzas, siempre reunían en sí tanto la erudición como los logros espirituales. En la escuela Nyingma, por ejemplo, estuvo Rongzom Chökyi Zangpo, un maestro extraordinariamente erudito. Fue un gran sabio, que floreció más o menos en el momento en que el gran Atisha viajó al Tíbet.[2] He recibido la transmisión de su comentario sobre el *Tantra de la esencia secreta*, que se llama *The Jewel Commentary*. También escribió un conocido texto llamado *Entrance to the Way of the Mahayana*. Rongzom Chökyi Zangpo fue uno de los mayores sabios, excepcionalmente erudito y realizado a la vez.

De la misma forma, el omnisciente Longchen Rabjam, que vivió antes que Tsongkhapa y al mismo tiempo que Butön Rinchen Drup,[3] fue también un gran erudito, como testimonian sus *Seven Treasuries*. En ellos se encuentra una gran amplitud de conocimientos, que abarcan todos los aspectos de las enseñanzas, desde el *sutrayana* y los temas de conocimiento ordinarios, hasta los más elevados niveles del *tantra*. Unos siglos más tarde vivió el omnisciente Jikme Lingpa, que parece que formalmente no estudió tanto, pero debido a las vastas y nobles cualidades que en efecto poseía, a través de la práctica logró hacer surgir de su interior la sabiduría e inteligencia innatas. Escribió el *Treasury of Precious Qualities* y sus dos auto-comentarios, que se conocen como "los dos carros": *The Charriot to Omniscience*, y *The Charriot of the Two Truths*, en los que se hacen numerosas referencias a las escrituras clásicas.

La tradición Nyingma ha tenido muchos maestros muy eruditos; no hace mucho aparecieron algunos maestros realmente extraordinarios, sobre todo en el Tíbet oriental. Por supuesto, todo el mundo conoce a Mipham Chokle Namgyal,[4] pero un maestro que tengo en muy alta estima es Dodrup Jikme Tenpe Nyima. Encuentro que sus escritos son simplemente impresionantes, realmente increíbles. No llenan muchos volúmenes, pero son de altísima calidad. Para mí, quizá incluso son mejores que los escritos del omnisciente Mipham, por la forma en que exponen las sutilezas de las enseñanzas y aclaran los puntos difíciles. ¡Dodrup Jikme Tenpe Nyima fue simplemente extraordinario!

Entre sus discípulos estuvo un gran maestro llamado Tulku Tsüllo, o Tsültrim Zangpo, un monje plenamente ordenado y un notable erudito. Escribió un comentario extenso del *Ascertainment of the Three Vows* de Ngari Panchen Pema Wangyal, que es bien excepcional, y también escribió manuales de instrucciones sobre el Dzogchen y un comentario de *The Aspiration Prayer of Kuntuzangpo*.[5] Parece que muchos de sus escritos estaban apenas finalizados cuando empezaron los problemas en Tíbet; los moldes de imprenta se prepararon pero se perdieron. Hace poco recibí una copia de la compilación de sus escritos que se han podido recuperar hasta ahora.[6] Así, es un hecho que hubo muchos practicantes extraordinariamente eruditos en la escuela Nyingma de la traducción antigua.

ENCONTRAR EL EQUILIBRIO ENTRE ESTUDIO Y PRÁCTICA

A veces se piensa que los estudiantes *Kagyü* del Mahamudra y los practicantes *nyingma* del Dzogpachenpo no necesitan estudiar los grandes tratados clásicos. Se cree que esto es más del dominio de los *sakyapas* y *gelukpas*. Muchos piensan que la práctica principal de los practicantes del Mahamudra y Dzogchen consiste en sentarse en meditación y quedarse como una estatua sin vida, como observó el gran Quinto Dalai Lama. Pero esto es incorrecto. Y sería igual de incorrecto pensar que los enfoques Sakya y Geluk no son más que estudio. El estudio solo no es suficiente; es esencial integrar lo que uno ha aprendido y aplicarlo en la práctica. Si no, como a veces digo, existe el peligro de acabar como el *geshe* de la famosa historia, que sabía mucho de debate, pero no dejó que las enseñanzas penetraran en la base de su carácter, y que acabó renaciendo como un fantasma con cabeza de burro. Así, el enfoque escolástico no basta por sí solo; debemos integrar el significado de lo que hemos aprendido.

Como dijo Gunthang Tsang:[7]

> «Erudito, por haber estudiado muchas enseñanzas y
> haberlas investigado con todo detalle.
> Venerable, por haber aplicado el significado de lo que
> has aprendido a tu flujo mental.

> Bondadoso, por haber dedicado todo esto para beneficio de las enseñanzas y de los seres».

Como esto indica, es importante combinar estas tres cualidades: erudición, disciplina y bondad. Tsongkhapa escribe:

> «Despojado de Dharma, a pesar de haber escuchado muchas enseñanzas;
> Este es el error de no tomarse las enseñanzas como un consejo personal».[8]

Como dice, debemos esforzarnos con empeño en la práctica, y tomarnos todas las enseñanzas a modo de consejos personales, en vez de dejarlas sólo en el ámbito de las teorías académicas.

Por supuesto que la historia nos habla de grandes practicantes de las enseñanzas Mahamudra y Dzogchen, que no estudiaron nada de los textos clásicos, y que a base de dedicarse a la práctica de la meditación con un entusiasmo excepcional, «alzaron la bandera de la victoria de la práctica espiritual» y alcanzaron niveles de realización muy elevados. Es cierto que han existido tales practicantes excepcionales, maestros como el gran Señor de los *yoguis*, Milarepa. Pero estos fueron individuos que ya se habían entrenado en el pasado, y así despertaron sus predisposiciones *kármicas*. ¡No eran como nosotros, que hemos hecho hasta ahora tan poca cosa! Si intentáramos practicar y progresar al igual que hicieron ellos sin «encender la lámpara del estudio», como he dicho creo que nos sería extremadamente difícil.

LOS ENFOQUES GENERAL E INDIVIDUAL

Algunos maestros eruditos han establecido una distinción entre el enfoque más general, que ve las enseñanzas como un todo, y el enfoque específicamente adaptado a cada individuo. Desde el punto de vista general, es de una importancia vital tener cierta comprensión de las enseñanzas en conjunto, estudiando las obras de maestros como los Seis Ornamentos y los Dos Supremos.[9] Como ejemplo de enseñanzas adaptadas para ciertos individuos, podemos pensar en Milarepa y en cómo enseñaba a sus discípulos, que ya habían alcanzado un gran nivel de realización, con una instrucción en pocas palabras para despertar su potencial. Un maestro como Milarepa, que contaba con la capacidad de leer las mentes de los demás, no necesitaba presentar las cosas de forma más general. Podía dar de inmediato una instrucción especialmente adaptada para un individuo dado. Así eran muchas de sus canciones de realización: en unas pocas palabras condensan una instrucción, y consiguen transmitir directamente la experiencia misma, sin necesitar explicaciones detalladas.

Cuando se dan semejantes consejos, crudos y desnudos, según las necesidades específicas del estudiante, fácilmente pueden surgir en su mente la experiencia y realización genuinas. Saraha y muchos de los grandes *siddhas* de la India enseñaban precisamente así, con canciones de realización llamadas *dohas*. Estas canciones se pueden categorizar como enseñanzas destinadas a individuos específicos, mientras que las obras de Nagarjuna y Aryadeva, Asanga y Vasubandhu, Shantideva, Dignaga, Dharmakirti y demás constituyen presentaciones más generales de las enseñanzas en su globalidad, con la intención de transmitir una comprensión general.

Este mismo principio se encuentra en las cuatro escuelas

de budismo tibetano. Cada una de ellas tiene una forma más general de enseñar, presentando las enseñanzas como un conjunto, y también un método específico para adaptarlas al individuo. Si tomamos por ejemplo la escuela Kadampa, vemos que contiene tres tradiciones de enseñanza: las escrituras Kadam, el camino gradual Kadam, y las instrucciones esenciales Kadam. Creo que podemos decir que las instrucciones esenciales Kadam tienen más que ver con el enfoque específico para el individuo, mientras que las escrituras Kadam, que se basan en instrucciones extraídas de los grandes textos clásicos, están más relacionadas con el enfoque general de las enseñanzas.

Esto que acabo de explicar es un punto importante, que debemos entender. Si no, podríamos decir cosas como: «Yo soy *kagyüpa*, o soy *nyingmapa*; no hace falta que estudie tantos libros, simplemente me voy a concentrar en lograr las prácticas y conseguir los *siddhis* directamente». Por supuesto que puede ser que alguien alcance tales logros con esta actitud, pero uno debe ir con gran cuidado. Si no, existe el peligro de no tener ni idea de cómo alcanzar estos logros.

Por otra parte, es posible estudiar los grandes textos clásicos y perderse por completo en las palabras, sin sacar ningún verdadero beneficio de ellas, volviéndose orgulloso y adoptando una actitud competitiva frente a los demás. Si no tenemos grandes conocimientos, seguro que no es el momento de empezar a compararnos con los demás, ni de inflar nuestra importancia. ¡Sólo cuando realmente sabemos algo de forma segura nos podemos permitir un poquito de orgullo! De lo contrario, no hay ninguna razón para ello. Pero ocurre que algunas personas piensan que saben algo y se vuelven engreídas. A esto se le llama «bajar los dioses al nivel de los demonios»,[10] o convertir la medicina en veneno.

Para volver a lo que decíamos antes, la erudición no

garantiza la santidad, ni la santidad garantiza la erudición. Por eso debemos poner nuestro esfuerzo en combinar las tres cualidades: erudición, disciplina y bondad.

7. EL CARÁCTER ÚNICO DE LA GRAN PERFECCIÓN

ENCONTRAR SERENIDAD Y SOLTURA EN LA MEDITACIÓN DE LA GRAN PERFECCIÓN

Ahora llegamos al texto, *Encontrar serenidad y soltura en la meditación de la Gran Perfección,* del omnisciente Longchen Rabjam. Tradicionalmente se dice que en Tíbet hubo tres emanaciones de Mañjushri, el Buddha de la sabiduría: Longchen Rabjam, Sakya Pandita y Tsongkhapa. A principios de los años sesenta, cuando aún eran pocos los monasterios que se habían reconstruido en la India, Drakyap Rinpoche[1] construyó un pequeño templo en Bylakuppe, en el Sur. Él dijo que dentro del templo había puesto tres estatuas de estas tres emanaciones de Mañjushri. Pensé que era algo maravilloso, porque Longchen Rabjam, Sakya Pandita y Tongkhapa son universalmente reconocidos entre los mayores eruditos de la tradición tibetana.

El título de este texto es *Encontrar serenidad y soltura en la meditación de la Gran Perfección*. Primero se da el título en sánscrito: *Mahasandhi dhyana vishranta nama*. Este texto no se originó en la India; lo compuso el mismo Longchen Rabjam en tibetano. Pero al darle un título en sánscrito, indica que la enseñanza tiene sus orígenes en los *sutras*, *tantras* y en las enseñanzas de los grandes maestros indios del pasado.

En relación al título, *Encontrar serenidad y soltura en la meditación de la Gran Perfección*, hay muchas maneras de explicar la Gran Perfección, el Dzogpachenpo. Una de ellas, por ejemplo, es a través de la Base, Camino y Fruto del Dzogpachenpo. Pero la manera más importante de entender la Gran Perfección es en términos de la «esencia, naturaleza y energía compasiva», según las cuales la esencia es la pureza primordial, y la naturaleza es la presencia espontánea. Dicho de forma muy sencilla, esto se refiere al hecho de que todos los fenómenos del *samsara*, el *nirvana* y el camino son, en su propia naturaleza, la conciencia de *rigpa* que es el Buddha primordial, Samantabhadra, y nunca están fuera de la amplitud primordial de la budeidad. Esta conciencia de *rigpa* que es Samantabhadra, es la mente innata y fundamental de luz clara.

TOMAR LA SABIDURÍA PRIMORDIAL COMO CAMINO

En la tradición Nyingma se enseña una secuencia de nueve vehículos: los vehículos de: 1) los *sharavakas*, 2) los *pratyekabuddhas*, 3) los *bodhisattvas*; los tres *tantras* externos del 4) *kriya*, 5) *upa* y 6) *yoga tantra*; y los tres *tantras* internos del 7) *mahayoga*, 8) *anuyoga*, y 9) *atiyoga*. Los primeros ocho vehículos, del primero hasta el *anuyoga*, son sistemas que se apoyan en la mente ordinaria. Se dice que toman la mente ordinaria como camino. El noveno vehículo, *atiyoga*, que corresponde al Dzogpachenpo, toma como camino la sabiduría primordial.

Hay muchas formas de interpretar este término, *sabiduría primordial*. Se puede entender, por ejemplo, como la «sabiduría inmaculada de los *aryas*».[2] Sin embargo, cuando aquí decimos «tomar la sabiduría primordial como camino», nos referimos a la conciencia inmutable de *rigpa*, que es «exactamente igual antes que después».[3] Este *rigpa* inmutable es Samantabhadra, el Buddha primordial. Aun si seguimos en el *samsara*, esta base, esta naturaleza fundamental no puede ser alterada por las efímeras manchas del pensamiento discursivo. Ni los fenómenos del *samsara* ni sus causas, los vientos *kármicos* y patrones de pensamiento ordinario, han podido nunca manchar ni corromper la pureza de *rigpa*.

Puede que deseemos alcanzar la iluminación con nuestra mente ordinaria, pero si lo examinamos cuidadosa y profundamente, nos daremos cuenta de que el nivel burdo de nuestra conciencia ordinaria no continúa hasta la budeidad. Sólo la mente innata y fundamental de luz clara está presente en el nivel de la omnisciencia; y lo que en el Dzogchen se llama la conciencia de *rigpa*, el Buddha primordial Samantabhadra, debe entenderse como esta mente innata y fundamental de luz clara. Es la base de la que surge todo *samsara* y *nirvana*, y siempre ha sido primordialmente libre. Esta es la sabiduría primordial que el Dzogpachenpo toma como camino. Por ello el texto del *Encontrar serenidad y soltura en la meditación de la Gran Perfección* empieza así:

«¡Homenaje al glorioso Samantabhadra!».

Ahora bien, aunque digamos que los primeros ocho vehículos son sistemas que se basan en la mente ordinaria, de hecho los vehículos séptimo y octavo, el *mahayoga* y el *anuyoga*, tienen enfoques que trabajan con la mente innata y fundamental de luz clara. Pero lo hacen indirectamente, usando técnicas para hacer que se manifieste esta luz clara, como el *yoga* de las deidades de la fase de generación, y el *yoga* de los canales, vientos energéticos y esencias. Por ejemplo, en el *Guhyasamaja Tantra*, que se sigue en la tradición de la nueva traducción, se explica sobre todo cómo trabajar con los vientos energéticos o *prana*, como método para hacer surgir la mente innata y fundamental de luz clara. El *Kalachakra Tantra* enseña a centrarse en los puntos vitales de los canales, vientos energéticos y esencias a fin de hacer que se manifieste «la sabiduría co-emergente del gran gozo inmutable». El *Chakrasamvara Tantra* es parecido. De hecho, todos los *tantras* del *yoga* más elevado de la tradición tántrica de la nueva traducción siguen este principio. Estos enfoques toman como camino la mente innata y fundamental de luz clara, pero usan técnicas que se basan en la mente burda y ordinaria para hacer que se manifieste esta mente innata y fundamental de luz clara. En cambio, el Dzogpachenpo no utiliza nada más que la mente innata y fundamental de luz clara, que está presente hasta la budeidad misma. No usa en absoluto a la mente ordinaria, burda y adventicia.

Esta mente ordinaria, burda y adventicia continúa hasta que se disuelven las tres apariencias de apariencia, aumento y logro. No sigue hasta la iluminación. Si lo explicamos siguiendo la terminología del *Guhyasamaja*, una vez que uno ha realizado la auténtica luz clara, después de atravesar las tres apariencias de las etapas de disolución y las tres apariencias del proceso de inversión, entonces las tres apariencias no pueden volver a surgir. Como explica el maestro Nagabodhi en su *Analysis of Action*,[4] hasta que se purifiquen las tres apariencias, por mucha generosidad que practiquemos, incluso abandonando nuestros brazos, piernas y cabeza, y por mucho que observemos la disciplina o nos entrenemos en cualquier otra práctica, no podremos alcanzar la iluminación. Pero una vez que estas tres estén purificadas, no hay duda de que alcanzaremos la budeidad. En cuanto cesan los estados burdos y adventicios de la mente (que seguirán mientras existan estas tres apariencias), amanece la sabiduría de la omnisciencia. Por esto, el nivel de conciencia que permanece hasta el momento de alcanzar la omnisciencia, sólo puede ser la mente innata y fundamental de luz clara.

La mayor parte de los caminos funcionan a base de invertir la manera en que surgen estas tres apariencias, pero el carácter único del Dzogchen es que sólo se basa en la mente innata y fundamental de luz clara. Esta es la característica especial y profunda del Dzogchen. Las enseñanzas Dzogchen hablan también con mucha precisión de *rigpa*, y hacen muchas distinciones sutiles para categorizarlo. Así hablan del «*rigpa* esencial», del «*rigpa* de la base», del «*rigpa* de la presencia espontánea que todo lo abarca, que es el estado último de libertad» y del «*rigpa* resplandeciente». La base del ser y las apariencias de esta base se distinguen del *rigpa* resplandeciente, que está presente en las apariencias que surgen de la base, pero no es exactamente igual al *rigpa* esencial.[5] Sin embargo, todas estas variedades de *rigpa* son iguales en el sentido de ser, en su esencia, libres de todo pensamiento adventicio.

Por tanto, el método que permite hacer que se manifieste la mente innata y fundamental de luz clara consiste en alcanzar el *rigpa* esencial a través del *rigpa* resplandeciente, que es esencialmente igual al *rigpa* de la base. Esto se fundamenta en el hecho de que todos los niveles de conciencia, hasta el nivel más burdo de la mente ordinaria y confundida, están impregnados de un aspecto de *rigpa*, o de la luz clara, y que esto nos lo puede mostrar un maestro experimentado en quien tengamos fe y devoción. Cuando las circunstancias se juntan adecuadamente de esta manera, y en verdad reconocemos la naturaleza de este *rigpa*, entonces podemos tomar *rigpa* y nada más como fundamento de nuestra práctica, y usar el *rigpa* último de la base como camino. Esto es lo que se llama «tomar la sabiduría primordial como camino».

Así no estamos limitados al nivel de la mente ordinaria, burda y confundida; ni es este un método que use la mente ordinaria para hacer que se manifieste la mente innata y fundamental de luz clara. En vez de eso, utiliza la experiencia de un aspecto de la mente innata y fundamental de luz clara *misma* para hacer cada vez más clara la experiencia de la luz clara de la base. Por eso, es más profundo que los enfoques del *mahayoga* y del *anuyoga*.

Cuando hablamos ya sea de los *tantras* de la nueva tradición de traducción, o del *mahayoga* y el *anuyoga*, el método para lograr que se manifieste la mente innata y fundamental de luz clara, consiste en hacer que cesen los patrones de pensamientos ordinarios. Entonces, durante el tiempo en que se experimenta la mente innata y fundamental de luz clara, los pensamientos ordinarios están latentes. De la misma forma, mientras se manifiestan los pensamientos ordinarios, la mente innata y fundamental de luz clara está latente. Pero aquí, en el Dzogchen, aunque el *rigpa* de la base esté igualmente latente, podemos reconocer el *rigpa* resplandeciente incluso en mitad de las turbulencias de pensamientos y emociones, siempre y cuando tengamos cierta experiencia que nos dé la capacidad de reconocerlo correctamente. Hay una forma de mostrar el *rigpa* en su desnudez, sin que se vea arrastrado por los pensamientos ordinarios. Dicho en pocas palabras, al permanecer inmunes al aferramiento y al no permitir que la conciencia persiga los objetos del pensamiento, podemos revelar o mostrar nuestro *rigpa* y dejar que encuentre su propia estabilidad. Esto es lo que se llama «tomar como camino la sabiduría primordial», y esta es la característica profunda y específica del Dzogchen.

UN PUNTO CRUCIAL DEL DZOGPACHENPO

Dicho sencillamente, el espacio básico en el que se logran los tres *kayas* o los cuatro *kayas* de la budeidad,[6] es la mente innata y fundamental de luz clara. Como los demás enfoques, el Dzogchen hace que esta mente innata y fundamental de luz clara se manifieste. Sin embargo, la manera en que lo logra no es usando la mente ordinaria y burda, si no utilizando el aspecto consciente de la mente innata y fundamental de luz clara, y llevándolo a la experiencia. Esta es la característica extraordinaria, profunda y única del Dzogchen.

El gran Quinto Dalai Lama, en sus *Words of the Vidyadharas*,[7] dijo:

> «Las aserciones huecas de ciertos orgullosos eruditos,
> que anhelan la budeidad fuera de sí mismos,
> son como los rituales para exorcizar demonios hacia el Este.
> Viendo esto, el gran secreto para liberar los agregados impuros en un cuerpo de luz,
> es una característica especial de la Antigua Tradición».[8]

Los canales, vientos energéticos y esencias del cuerpo existen en formas burdas, sutiles y extremadamente sutiles. A base de centrarnos y penetrar en los puntos vitales de estos canales, vientos energéticos y esencias extremadamente sutiles, podemos hacer que el cuerpo material y burdo de carne y sangre se disuelva sin dejar ningún resto material.

Esto no es sólo historia antigua. Hace apenas dos años, un gran *lama* llamado Khenpo Achung lo logró, en la provincia de Nyarong en Tíbet oriental. De joven había viajado a Lhasa y había estudiado varios años en el monasterio Sera, donde posiblemente recibió enseñanzas sobre Vajrayogini por parte de Trijang Rinpoche. Pero su práctica principal, desde una edad temprana, fue el Dzogchen. También era practicante de Vajrakilaya, y era reconocido como uno de los poseedores de las enseñanzas sobre Vajrakilaya de Dudjom Rinpoche. Más tarde, con los problemas que hubo en Tíbet parece que pasaba mucho de su tiempo simplemente recitando *mantras mani*. Hace dos años murió en su residencia en Nyarong. Antes de morir, se cubrió con sus ropas e indicó a sus seguidores que no tocaran su cuerpo hasta pasados siete días de su muerte. Cuando hubo pasado este tiempo, miraron, y lo único que quedaba eran las ropas. No había nada más; incluso su pelo y sus uñas se habían desvanecido. Esto ocurrió con certeza. Uno de sus estudiantes vino a verme a la India y me contó exactamente lo que había ocurrido. Y su amigo espiritual, que creo que se llamaba Nyarong Lama Drime Özer, también confirmó los hechos.[9]

Así que esto no es sólo historia antigua, ni son sólo cuentos. Es algo que algunos han podido ver con sus propios ojos. Pero no es algo que se logre con facilidad; es el fruto de una vida dedicada enteramente a la práctica, con un esfuerzo concentrado y focalizado en un sólo punto, tras haber abandonado las preocupaciones mundanas y los asuntos ordinarios. No deben imaginarse que alcanzar la iluminación del cuerpo de arco iris de la Gran Perfección sea algo que se pueda lograr así, sin más. De hecho es extremadamente difícil.

El Quinto Dalai Lama sigue diciendo:

> «Este no es un intento de llevar a cabo la liberación a base de engañar a otros,
> dando avispadas interpretaciones, inventadas después de apenas leer los textos,
> como si intentáramos trasvasar de un recipiente vacío a otro.

> Puesto que tengo cierta confianza y experiencia
> al aplicar las instrucciones desnudas directamente a mi mente,
> no escribí esto con una mente afligida, expuesta a preocupaciones mundanas,
> sino con una intención noble, pura como la Luna de otoño:
> el deseo de que estas profundas instrucciones permanezcan tanto como el Buddhadharma mismo,
> para beneficiar a los afortunados que, como yo mismo, tengan fe».[10]

Aprecio mucho, y me producen alegría los logros extraordinarios del Quinto Dalai Lama, y de todos los grandes maestros de Tíbet que sostuvieron, conservaron y difundieron las enseñanzas de las distintas tradiciones, sin ningún sesgo. Aunque posiblemente nos sintamos incapaces de seguir su ejemplo, podemos considerar que intentamos seguir sus pasos, y esforzarnos en ello.

En este texto, él habla también de la pureza primordial y de la perfección espontánea. Dice que *primordialmente puro* significa que nunca ha sido manchado por faltas, y *espontáneamente perfecto* significa que las cualidades iluminadas siempre han estado completas.[11]

Parece que hay dos maneras de explicar la pureza primordial, que según el Quinto Dalai Lama «nunca ha sido manchada por faltas». La primera es según el Camino Medio, común al *sutra* y al *tantra*; en este contexto significa que está libre de toda construcción conceptual, como los ocho extremos.[12] La segunda explicación se refiere a la pureza de la mente innata y fundamental de luz clara, que nunca ha sido manchada por pensamientos ordinarios y efímeros.

Cuando en el texto se explica la perfección espontánea en el sentido de «las cualidades iluminadas que siempre han estado completas», se indica que el potencial de lograr los cuatro *kayas* ya está entero en la mente innata y fundamental de luz clara, así como el potencial de conocer los objetos es parte intrínseca de la mente ordinaria, que es «clara y conocedora». Es, simplemente, su naturaleza. El *rigpa* seguirá presente cuando se alcancen los cuatro *kayas*, y una vez que hayan cesado los patrones habituales ordinarios del *samsara*, asociados con las tres apariencias. Esto es lo que se indica al decir que «las cualidades iluminadas siempre han estado completas».

Todo esto significa que los cuatro *kayas* se manifestarán de verdad en cuanto se madure plenamente el potencial que ya está presente. En otras palabras, no habrá que crearlas de nuevo. Pero esto no significa que los *kayas* estén realmente presentes ahora mismo en nuestras mentes. Son lo que llamamos cualidades del espacio de la base, que es diferente de las cualidades del fruto. Este potencial de los cuatro *kayas*, que está completo dentro de la naturaleza búdica o *sugatagarbha*, corresponde a lo que llamamos las cualidades del espacio de la base. Cuando estas cualidades del espacio de la base se perfeccionan, se vuelven las cualidades del fruto. De esta forma, «las cualidades iluminadas siempre han estado completas».

A esto el gran Quinto Dalai Lama añade:

> «Puesto que todos los fenómenos del *samsara* y del *nirvana* son perfectos en este vehículo de perfección espontánea y natural, lo llamamos la *Gran Perfección Natural*. Esta situación natural, que nunca ha sido manchada por las impurezas de los pensamientos ni de las emociones, se señala directamente. Es un punto crucial y profundo de la Gran Perfección, un aspecto único que no se encuentra en las tradiciones de vacuidad intrínseca o extrínseca del Madhyamaka,[13] ni en el Mahamudra y demás, es la terminología secreta que establece distinciones claras y precisas

> sobre la realización directa y desnuda, y nunca confunde la mente ordinaria con *rigpa*. Esto no es solamente un punto crucial y profundo; si lo entendemos completamente y en profundidad, no es otra cosa que la intención última de los tantras de la nueva traducción».

Lo que esto implica es que *rigpa* es equivalente al estado que surge cuando, siguiendo la tradición tántrica de la nueva traducción, uno consigue parar todos los vientos kármicos y estados de pensamiento ordinarios, impuros, sutiles y extremadamente sutiles, que están asociados con las tres apariencias.

El Quinto Dalai Lama continúa con una cita del *Kalachakra Tantra conciso*:

> «El *vajra* del espacio, sin objeto ni aspecto, permea el espacio, mientras también permanece en el centro del cuerpo».

Y del *Hevajra Tantra*:

> «La sabiduría suprema mora en el cuerpo.
> Aquellos que están oscurecidos por la negrura de la ignorancia,
> pretenden que la budeidad se encuentra en algún lugar fuera del cuerpo.
> Pero es en el cuerpo donde mora, aunque el cuerpo no es su causa».

LA VACUIDAD DOTADA DE TODOS LOS ATRIBUTOS SUPREMOS

El Quinto Dalai Lama habla de la vacuidad intrínseca, y esto debe entenderse correctamente. Como dije antes, cuando hablamos de la vacuidad de los fenómenos, esto no significa que estén vacíos de algo más, al igual que una cosa puede estar vacía de otra, sino que se refiere al hecho de que están por su propia naturaleza vacíos de existencia real. En sus escritos, el glorioso Chandrakirti cita este verso del *Sutra de la pila de joyas*:

> «La vacuidad no hace vacíos a los fenómenos. Los fenómenos mismos son vacuidad».[14]

Así que no se trata de que una cosa esté vacía de otra, sino que las cosas son vacías por naturaleza propia. Dicho de otra manera, no se trata de la ausencia de un objeto negado, que sería diferente de la base de tal negación, sino de que el objeto negado no se encuentra en la base misma. Si lo consideramos detenidamente, podemos entender que la visión genuina de la vacuidad intrínseca, la visión del Camino Medio, común al *sutra* y al *tantra*, es el antídoto directo que elimina los oscurecimientos, tanto en el Vehículo Básico como en el Mahayana.

Sin embargo, cuando hablamos de alcanzar realmente la omnisciencia, la vacuidad se explica como en esta cita del *Kalachakra Tantra*:

> «Cuando analizamos los agregados, encontramos que son vacuidad,
> desprovistos de toda sustancia, como un bananero hueco;
> pero esta forma de vacuidad no es igual que la vacuidad
> dotada de todos los atributos supremos».[15]

Hay varias maneras de explicar las primeras dos líneas, pero según Khedrup Norsang Gyatso,[16] se refieren al proceso de analizar los agregados usando argumentos lógicos, como el «ni uno, ni varios», y de reconocer la vacuidad que es la simple negación de la verdadera existencia. Cuando meditamos sobre ello, funciona a modo de antídoto contra el percibir las cosas como reales, y nos puede ayudar a superar este aferramiento a su carácter real.

Pero la meditación sobre esta vacuidad, por sí sola, no nos puede llevar al fruto último de la omnisciencia. Para alcanzarla debemos cultivar la «vacuidad dotada de los atributos supremos». En las enseñanzas del *Kalachakra Tantra* se explica que esto significa que la mente que medita sobre la vacuidad debe estar impregnada de «gozo inmutable». Además, debemos meditar sobre la «vacuidad dotada de atributos». La «vacuidad desprovista de aspectos» no es suficiente por sí sola. Para alcanzar la omnisciencia debemos combinar la vacuidad con aspectos y la vacuidad sin aspectos.

Así, aunque el texto habla de la «vacuidad intrínseca», ni siquiera la visión genuina de la vacuidad intrínseca es suficiente a la hora de alcanzar la omnisciencia. Para concluir, repasemos estas palabras del Quinto Dalai Lama:

> «Un punto crucial y profundo de la Gran Perfección, un aspecto único que no se encuentra en las tradiciones de vacuidad intrínseca o extrínseca del Madhyamaka, ni en el Mahamudra y demás, es la terminología secreta que establece distinciones claras y precisas sobre la realización directa y desnuda, y nunca confunde la mente ordinaria con *rigpa*».

Homenaje a la naturaleza primordial

El texto de *Encontrar serenidad y soltura en la meditación de la Gran Perfección* sigue ahora con este verso de homenaje:

> «¡Homenaje a la naturaleza primordial, esfera de pureza igual al espacio,
> Dharma supremo e inmutable, completamente libre de toda elaboración conceptual,
> luz clara de la naturaleza de la mente, esencia del despertar,
> base perfecta, más allá de toda transición o cambio!».

Aquí la «naturaleza primordial» significa que la mente innata y fundamental de luz clara no es algo que se haya creado recientemente, sino que es nuestra naturaleza original. La «esfera de pureza igual al espacio» se refiere al aspecto de esencia vacía, la base de la que surgen todos los fenómenos del *samsara* y *nirvana*. La comparación con el espacio se hace porque el espacio es el más fundamental de los elementos, del cual surgen todos los demás. Primero hay espacio, luego viento, fuego, agua y tierra. Cuando los elementos se disuelven, lo hacen en el orden inverso: tierra, agua, fuego, viento y, finalmente, espacio. Pienso que aquí la analogía es que, así como el espacio es la base de la que surgen los demás elementos, esta es la base de la que surgen todos los fenómenos del *samsara* y el *nirvana*. Se la llama «esfera de pureza» porque, aunque aparezcan fenómenos impuros, su esencia nunca puede ser manchada por estas impurezas.

«Inmutable» significa que está más allá de todo cambio. Pero esto no es exactamente lo mismo que ser permanente. A veces se dice que la mente innata y fundamental de luz clara es «no compuesta». Cuando hablamos de la «luz clara y no compuesta», según Dodrupchen Jikme Tenpe Nyima y muchos otros eruditos, no nos referimos a algo que haya sido creado al juntarse las debidas causas y condiciones. Es «no compuesto», no en el sentido de ser permanente y estático, sino en el de no haber sido creado por causas y condiciones. Y también es permanente, en el sentido de que se trata de una continuidad permanente que siempre ha estado primordialmente presente, desde tiempos sin inicio. Por eso también usamos la palabra *permanente* para hablar de la actividad iluminada de los buddhas, porque tiene esta continuidad sin fin.[17]

La frase «completamente libre de toda elaboración» se refiere en primer lugar a ser libre de las elaboraciones conceptuales que deben ser negadas. Cuando hablamos de la *unión de la conciencia y de la vacuidad*, esto significa que la sabiduría de *rigpa* es vacía en su naturaleza propia. Y puesto que su naturaleza propia es vacía, está más allá de toda elaboración conceptual o imputación mental, que deben ser negadas. Podemos decir de otra manera que cuando se alcanza la mente innata y fundamental de luz clara, se manifiesta el *rigpa* de la base, y por tanto todas las elaboraciones de las «apariencias de la base» se pacifican naturalmente.

La luz clara es la naturaleza de la mente, en su esencia limpia de toda mancha. Para resumir, cuando todas las elaboraciones conceptuales de las apariencias de la base se aquietan, la base misma se hace visible y evidente. Y cuando el *alaya*[18] se purifica completamente de esta manera, las dos verdades se comprenden en un mismo instante, y los estados de meditación y post-meditación se funden en uno.

Como dice el verso, esto es lo que llamamos «luz clara», y es la «naturaleza de la mente», porque es la naturaleza básica en la que se fundamentan todos los estados efímeros de la mente. Se la llama «esencia del despertar», porque en última instancia, el «despertar» significa la mente innata y fundamental de luz clara. Es la «base perfecta, más allá de toda transición o cambio».

La sabiduría de consciencia propia que se conoce a sí misma

Después del homenaje viene un verso que expresa la intención del autor y la razón por la que escribe el texto:

> «Para que puedas alcanzar la sabiduría de tu propia conciencia que se conoce a sí misma,
> la mente deslumbrante de sabiduría de todos los Victoriosos,
> he reunido el néctar de los *tantras*, las transmisiones orales y las instrucciones esenciales,
> y ofrezco esta explicación siguiendo el modo de la práctica.
> ¡Escucha bien!».

La expresión *sabiduría de la conciencia propia que se conoce a sí misma* se encuentra tanto en los *sutras* como en los *tantras*, pero parece que hay algunas ligeras diferencias en la forma de entenderlo en los diferentes textos. El significado que es común a los *sutras* y a los *tantras* es la mente iluminada de los buddhas, la sabiduría en la que la naturaleza de la realidad se esclarece directamente. Esto se describe como «la mente deslumbrante de sabiduría de todos los Victoriosos». El significado especial de la *sabiduría de la propia conciencia que se conoce a sí misma,* que es específico de los *tantras* internos, es que se refiere al estado último del Dzogpachenpo, la sabiduría de la mente innata y fundamental de luz clara. Longchenpa dice que, para que podamos realizar la sabiduría de nuestra propia conciencia que se conoce a sí misma, ha reunido el néctar de los *tantras*, de las transmisiones orales y de las instrucciones esenciales, lo que significa que ha juntado los puntos esenciales respectivamente del *mahayoga*, el *anuyoga* y el *atiyoga*. Y explica que no lo ha hecho como un ejercicio teórico, si no que es algo que se puede llevar a la práctica. Con este verso, además de explicar su intención al escribir este texto, anima a los estudiantes que estén preparados a que estudien estas enseñanzas.

Como se explica en la interpretación común al *sutra* y al *tantra*, se puede decir que la sabiduría de nuestra propia conciencia que se conoce a sí misma se refiere a la perfección trascendente de la sabiduría, *prajñaparamita*, que es la "madre" que da luz a los cuatro tipos de hijos "sublimes": los *sharavakas*, *pratyekabuddhas*, *bodhisattvas* y *buddhas*, como se menciona en el homenaje del *Ornament of Clear Realization*:

> «A ti rindo homenaje, madre de todos los buddhas, de todos los Oyentes y *Bodhisattvas*».

Incluso para alcanzar el despertar de un *shravaka* o de un *pratyekabuddah*, es necesario tener la visión de la vacuidad y reconocer la sabiduría de la propia conciencia que se conoce a sí misma. Si consideramos el estado de liberación, vemos que es estar libre de las ataduras de las emociones perturbadoras. La raíz de las emociones perturbadoras es el engaño que consiste en aferrarse a las cosas como si fueran reales. Y el antídoto inequívoco para este es hacer surgir en la propia mente la sabiduría que comprende la vacuidad. Cuando se desarrolla plenamente esta sabiduría que comprende directamente la vacuidad, actúa como antídoto contra todo tipo de aferramiento al "yo".

Esta es la visión auténtica del Camino Medio, desde el punto de vista del *sutra* y el *tantra*. Pero esta visión, por sí sola, no es capaz de contrarrestar los oscurecimientos cognitivos más sutiles. Según el punto de vista de las enseñanzas más elevadas del *yoga tantra*, incluso la sabiduría que comprende la vacuidad dotada de todos los atributos supremos, los medios hábiles de las Seis Perfecciones trascendentes motivadas por la *bodhichitta*, no son capaces de actuar como antídoto contra los oscurecimientos cognitivos más sutiles. Para superar estos oscurecimientos cognitivos más sutiles, las tendencias habituales de la transferencia de las tres apariencias, uno debe alcanzar la mente innata y fundamental de luz clara, que está más allá de estas apariencias. Esta luz clara es el único antídoto contra las formas más sutiles de oscurecimiento cognitivo. Por tanto, para alcanzar la sabiduría de la omnisciencia, debemos hacer que se manifieste el *rigpa* que es Samantabhadra, la mente innata y fundamental de luz clara. Parece que esta es la forma con la que se explica en todas las tradiciones antiguas y nuevas de *tantra*.

Longchenpa continúa diciendo:

> «Sobre cumbres montañosas, en bosques apartados, en islas y otros lugares semejantes,
> sitios que sean agradables para la mente y adecuados para la estación,
> cultiva un *samadhi* tranquilo, concentrado y firme:
> la luz clara, que está libre de la más ligera elaboración conceptual.
>
> Esto se logra naturalmente cuando se juntan tres factores puros:
> el sitio ideal, el individuo y el Dharma que se va a practicar».

Estas son las tres divisiones principales del *Encontrar serenidad y soltura en la meditación de la Gran Perfección*:

- el lugar donde se lleva a cabo la práctica,
- el individuo que practica, y
- el Dharma mismo que se va a practicar.

8. EL ENTORNO Y LOS LUGARES PROPICIOS PARA LA MEDITACIÓN

Cuando empezamos a meditar, nuestras circunstancias externas, el lugar donde estamos y quién nos acompaña, pueden ejercer una influencia importante que nos ayude o nos obstaculice la práctica. Una vez que nos familiarizamos más con la práctica y alcanzamos una cierta seguridad y estabilidad, las condiciones externas dejan de afectarnos. Como el entorno externo de la práctica es tan importante para los principiantes, esto se explica aquí de forma detallada.

Longchenpa empieza con una descripción de los lugares para la práctica:

> «Antes que nada, el sitio debe ser apartado y agradable,
> un lugar propicio para la práctica espiritual en las diferentes estaciones».

Primero describe el lugar ideal en términos de las cuatro estaciones:

> «En el *verano*, medita en moradas más frescas
> y en sitios más frescos,
> en lugares próximos a glaciares o sobre cumbres montañosas y otros semejantes,
> en residencias sencillas de cañas, de bambú o de paja.

> En el *otoño*, adecua tu dieta, tus vestimentas y tu conducta,
> y permanece en una región y en una residencia de temperatura moderada,
> como un bosque o la ladera de una montaña o una edificación hecha de piedra.
>
> En el *invierno*, permanece en algún lugar cálido a una menor altitud,
> como un bosque, una cueva rocosa o una hondonada,
> y modifica tu dieta, tu vestido, la ropa de tu cama y lo demás.
>
> En la *primavera*, permanece en las montañas o en los contornos de un bosque,
> en una isla desierta o en edificaciones con una temperatura benigna y uniforme,
> donde la dieta, la ropa y la conducta estén correctamente armonizadas; esto es de crucial importancia».

Luego explica por qué son beneficiosas ciertas ubicaciones particulares:

> «Existe una importante interconexión entre lo externo y lo interno,
> así que mantente en lugares apartados que inspiren y eleven el ánimo».

Esto me recuerda a la máxima: «un buen lugar, con buena compañía...». En otras palabras, necesitas un sitio que encuentres agradable y atractivo, donde estés apartado de las distracciones y el entorno te haga sentir confortable y a gusto.

> «Muy alto en las montañas, la mente se vuelve clara y expansiva,

> ideal para refrescar la pesadez mental y para practicar la fase de generación».

En efecto, se dice que cuando practicamos en lugares elevados como las cumbres montañosas, la mente se vuelve clara y expansiva. Esto lo podemos comprobar nosotros mismos; cuando vamos a sitios con vistas panorámicas, nuestra mente se vuelve más expansiva, abierta y lúcida. Por supuesto que cuando se aconseja practicar arriba, en las montañas, ¡no se trata de ir demasiado alto, y acabar con dolor de cabeza o mal de altura!

Lugares así –dice– son particularmente adecuados para evitar la pesadez mental, es decir, la falta de brillo y entusiasmo. Por supuesto que hay distintos grados de pesadez, burda y sutil. A veces es algo así como sentirse descorazonado; o puede tomar la forma de una falta de entusiasmo e inspiración, un estado indiferente y letárgico en el que la mente no está fresca y alerta. Se dice que los lugares montañosos son buenos para disipar estos estados de pesadez.

El texto continúa:

> «Las regiones nevadas ayudan a que el *samadhi* sea claro y la conciencia sea brillante y lúcida;
> son lugares ideales para cultivar *vipashyana* con la menor cantidad de obstáculos.
>
> Los bosques producen quietud en la mente y ayudan a desarrollar estabilidad mental;
> son lugares ideales para cultivar *shamatha* con un sentido de serenidad.
>
> Al pie de acantilados rocosos, sentimos vívidamente la impermanencia y el desencanto;

> con claridad e inspiración, nos ayuda a lograr la unión de *shamatha* y *vipashyana*.
>
> En las riberas de un río, la atención se concentra con facilidad, y rápida y nuevamente sentimos el deseo de escapar del *samsara*.
>
> Los cementerios al aire libre son lugares poderosos para una realización súbita;
> se dice que son ideales para las fases de generación o culminación».

Los cementerios, al aire libre o no, son lugares poderosos porque nos hacen sentir aprensión y miedo, y podemos usar esta experiencia de miedo para adentrarnos en la comprensión de la naturaleza de la mente. Se vuelven un catalizador de nuestro progreso en la práctica.

> «Las aldeas, mercados, casas vacías, árboles solitarios y sitios semejantes,
> que son frecuentados por humanos y demonios no humanos,[1]
> son fuente de distracción para los principiantes y pueden producir muchos obstáculos,
> pero para los practicantes estables, sirven como apoyo, y se consideran como supremos».

Para los principiantes, los lugares concurridos o misteriosos como estos son fuente de distracción y, por tanto, de obstáculos. Pero para el que ha logrado cierto nivel de estabilidad en su práctica, sitios así pueden traer nuevos retos y estímulos, y de esta manera ayudar a profundizar en la experiencia y la realización.

«Los templos y altares, habitados por espíritus *gyalpo* y *gongpo*, pueden perturbar la mente e incitar pensamientos de ira y aversión.

Las cuevas en la tierra y lugares semejantes, frecuentados por demonios femeninos *senmo*,
incitan el deseo apasionado y producen una excesiva pesadez y agitación.

Los árboles solitarios y otros lugares, habitados por *mamos* y *dakinis*,
las rocas y espolones de las montañas, donde viven los *mutsen* y los *theu'rang*,
se dice que contribuyen a la confusión mental y producen toda suerte de obstáculos.

Las tierras de los parias, *nagas*, *nyen* y espíritus locales,
a orillas de los lagos, o en praderas, bosques y lugares semejantes,
adornados por hermosas flores, plantas y árboles,
parecen placenteros al principio, pero luego demuestran ser perturbadores.

En breve, todos los sitios y moradas que parezcan ser agradables al principio,
pero no tanto cuando llegas a conocerlos, son lugares de logros inferiores.
Mientras que aquellos que parecen atemorizantes y desagradables al principio,
pero demuestran ser agradables una vez que te has acostumbrado a ellos,
son poderosamente transformadores, y producen grandes logros sin obstáculos.

> Y todos los demás lugares fuera de estos extremos, constituyen sitios neutrales, ni beneficiosos ni perjudiciales.
>
> Como nuestras mentes se ven afectadas por los lugares en los cuales permanecemos,
> esto puede hacer que nuestra práctica se fortalezca o se debilite,
> por ello se dice que es de crucial importancia examinar los sitios de práctica».

Esta es la principal razón por la que vamos de peregrinación, por ejemplo. Los lugares donde nuestro amable maestro, el Buddha, llevó a cabo sus actividades iluminadas, o los sitios que los grandes eruditos y maestros realizados del pasado han visitado y en los que han practicado, todos han recibido su bendición y se han vuelto sagrados. Sobre esto el *Ornament of Clear Realization* dice:

> «El despertar y los sitios dignos de veneración».[2]

Esto significa que cualquier sitio habitado por *bodhisattvas* que hayan alcanzado el "camino de la meditación"* se vuelve un lugar sagrado. Esto se conoce como la «transmisión de las bendiciones del individuo al lugar». También los lugares pueden transmitir su bendición a otras personas. Primero un lugar se vuelve sagrado por la presencia de seres espiritualmente realizados que transmiten allí sus bendiciones. Cuando, más tarde, principiantes como nosotros nos acercamos a este lugar, recibimos sus bendiciones. Y, debido al poder del que se ha

* Sobre los cinco caminos y las diez etapas del camino del boddhisattva, *véase* Philippe Cornu, *Dictionnaire encyclopédique du Bouddhisme*, París, Seuil, 2001, pp. 596-600 y pp. 676-678. (*N. de los T.*)

impregnado el lugar, cualquier acción virtuosa que realicemos allí tendrá aún mayor fuerza.

> «Más aún, existen cuatro clases de lugares basados
> en las cuatro actividades:
> lugares *apacibles*, donde la mente se concentra y
> se aquieta de manera natural,
> lugares *expansivos*, encantadores para la mente,
> imponentes e inspiradores,
> lugares *magnetizantes*, donde la mente se siente cautivada
> y genera apego,
> y lugares *airados*, donde la mente es perturbada
> por sensaciones de miedo y pavor».

Esto se refiere a cuando tenemos que llevar a cabo ciertos tipos de actividades: apacibles, expansivas, magnetizantes o airadas. Si las realizamos en los lugares de tipos correspondientes, es más probable que se logren.

> «Pueden hacerse clasificaciones adicionales, incontables y
> más allá de toda medida,
> pero en este contexto, para el *samadhi*, los lugares apacibles
> son los mejores,
> y así, temiendo excederme en las palabras, no abundaré más
> sobre este punto».

Ahora, el texto trata del tipo de *residencia*, o cabaña de meditación, en la que debemos permanecer:

> «En estos lugares apacibles, la morada de meditación
> debería estar aislada,
> ya que esto propiciará el desarrollo de la concentración
> en la mente.

> La morada ideal es aquella que está abierta por los lados y tiene una vista despejada».

Aquí se hace una distinción entre la práctica de día y la de noche; esta segunda se puede también referir al retiro en la oscuridad completa.

> «Para el *yoga* de la noche, practica dentro de una "casa oscura" circular,
> en un lugar elevado, y en medio de la habitación central,
> con tu almohada hacia el Norte, acostado en la postura del *nirvana*».

Semejante tipo de habitación oscura para la meditación se menciona también en las enseñanzas sobre los Seis Yogas relacionadas con el *Kalachakra Tantra*. Las entradas de luz deberán estar completamente tapadas, pero es importante que la habitación tenga buena ventilación, si no puede ser peligroso para la salud. Este verso también describe las paredes de la casa y termina dando la postura para el *yoga* del sueño.

> «El sitio para practicar el *yoga* de la luz durante el día,
> deberá tener una temperatura moderada y una entrada,
> con una vista amplia y panorámica hacia glaciares,
> cascadas, bosques o valles,
> y el cielo vasto y abierto, frente al que la mente
> se vuelva clara y resplandeciente.
>
> Para cultivar el *shamatha*, una choza solitaria
> rodeada por una cerca
> es el lugar ideal en que la quietud de la mente
> surge naturalmente.

Para el *vipashyana*, es importante tener una vista despejada e inspiradora,
y estar constantemente animado y en sintonía con las estaciones.

Las áreas a baja altura y sombreadas, como bosques y barrancos,
son ideales para practicar *shamatha*, mientras que las regiones más elevadas,
como montañas nevadas, son ideales para *vipashyana*;
es importante que conozcas estas diferentes especificaciones.

En pocas palabras, se dice que cualquier región o morada para retiros,
donde surjan el sentido de renuncia y el desencanto, donde la atención esté bien concentrada,
y el *samadhi* se fortalezca, cualquier lugar semejante de actividad virtuosa,
es igual al lugar donde se alcanzó el corazón del despertar,
mientras que cualquier lugar en el que las virtudes disminuyan, las aflicciones mentales aumenten,
y uno sucumba a las distracciones y los asuntos de esta vida,
es una guarida demoníaca de acciones perversas, que debe ser evitada a toda costa por el sabio.

Como estos puntos fueron enseñados por Padmasambhava, deberían ser aprendidos por todos aquellos que deseen alcanzar la liberación».

Así concluye la primera sección de Encontrar serenidad y soltura en la meditación de la Gran Perfección, *que explica los lugares adecuados para cultivar el* samadhi.

Por supuesto que, en nuestro caso, debemos practicar la meditación dondequiera que estemos viviendo, y no hay verdadera razón para que tengamos que irnos a una "casa de meditación" separada a fin de practicar. Pero estas consideraciones son muy importantes de cara a los que están «alzando la bandera de la victoria de la práctica». Para aquellos que, como nosotros, tengamos que quedarnos en un sitio concreto en función de nuestro trabajo y otros compromisos, no hay mucho más que hacer. Francamente, creo que lo mejor es que cada uno se quede en su comunidad, y busque seguir una carrera que guarde armonía con el Dharma, sin implicarse en acciones negativas y dañinas. Lo más maravilloso sería encontrar una manera de ganarnos la vida sirviendo a la comunidad; pienso en concreto en los trabajos de los maestros, o del área de la salud. Pero hay muchos profesionales que dan servicio a la comunidad, y formas de ayudar directamente a los demás. Si podemos llevar así nuestras vidas, comportándonos siempre éticamente y guardando el Dharma en nuestras mentes, entonces es seguro que nuestras vidas aportarán una verdadera contribución al bien de la sociedad. Creo que esto es muy importante.

Si podemos llevar a cabo de la mejor manera posible el Dharma, como cualquier proyecto digno, será maravilloso. Pero si resulta que no podemos hacerlo de la mejor manera posible, no debemos rendirnos y ya no hacer nada. Por supuesto que sería ideal si pudiéramos dedicar nuestra vida entera a la práctica del Dharma. Si tenemos la posibilidad, deberíamos hacerlo. Pero si en nuestra situación actual esto no es posible, no se trata de abandonarlo del todo y no hacer nada; esto sería un error. Sea lo que sea lo que nos proponemos alcanzar, si logramos hacerlo al cien por cien, será de primera clase. Pero si esto no es posible, hacer aunque sea sólo un uno por ciento, ya representa algún progreso en la dirección correcta.

En raras ocasiones, cuando se juntan todas las causas necesarias, el *karma* y las oraciones de aspiración, algunas personas pueden progresar súbitamente en los caminos y etapas. Para las demás personas, sin embargo, este es un proceso gradual, en el que uno recorre las diez etapas y los cinco caminos gradualmente, paso a paso. Esto muestra cómo debemos eliminar los oscurecimientos paso a paso, empezando por los más burdos; e igualmente debemos generar los estados mentales que contrarrestan estos oscurecimientos, desarrollándolos poco a poco, empezando por los estados más débiles hasta que se vuelvan fuertes y poderosos.

Así que, para practicar el Dharma, no hace falta que cambiemos nuestra apariencia externa. Como se dice en las enseñanzas del *lojong*: «cambia tu actitud, pero permanece natural».[3] Esto es importante. Hemos de desarrollar y reforzar el poder de nuestras mentes, día a día, pero es mejor que nos quedemos con nuestras ropas y aspectos externos habituales. Si empezamos a cambiar radicalmente nuestro aspecto, existe el peligro de que nos impliquemos demasiado en las ocho preocupaciones mundanas.[4] Siempre estamos pensando en estas ocho preocupaciones mundanas, y mientras esto ocurra, no es muy buena idea empezar a cambiar nuestro aspecto externo. Es mucho mejor que sigamos con las costumbres y convenciones comunes, y pongamos el esfuerzo en transformar nuestra mente, poco a poco, durante meses y años, para volvernos cada vez más positivos, felices y serenos.

Esto tenemos que hacerlo durante toda nuestra vida, y especialmente en las últimas etapas de esta. Cuando llegamos a la edad de la jubilación, no debemos quedarnos sentados, esperando morir. Sería mucho mejor dedicar nuestro tiempo a centrarnos en la práctica. Conozco muchas personas que al llegar a una edad avanzada, se comportan como si la vida les quedara por detrás, y no hubiera nada más que hacer. Creo que esta actitud es un poco necia, porque, aunque se hayan jubilado, ¡no están muertos todavía! Sólo han llegado a la primera jubilación, no a la segunda, que es la jubilación grande cuando ya es demasiado tarde. ¡Es lo que se podría llamar una jubilación permanente! Pero entre la primera y segunda "jubilación", hay una verdadera oportunidad para practicar, porque, como mencionaba antes, aunque el cuerpo envejezca, si hemos desarrollado las facultades de la mente, su claridad y visión permanecen, y nos dan la oportunidad de practicar de forma vasta y profunda.

9. EL PRACTICANTE INDIVIDUAL

La segunda sección del texto de Longchenpa trata del meditador o practicante. Empieza explicando que debemos purificar nuestras mentes siguiendo las etapas del camino común:

> «En segundo lugar, como individuo que asume la práctica, debes tener fe, perseverancia, sentido de renuncia y de desencanto».

La fe y la perseverancia son cualidades clave. El sentido de renuncia nace al darnos cuenta de que, mientras estemos atrapados por las garras de las aflicciones, no podemos esperar lograr nada que sea realmente significativo o positivo. Al hacernos conscientes de lo hueca que es una vida así, nos sentimos llenos de un anhelo urgente de escapar de esta situación sin sentido, y librarnos de ella definitivamente, de una vez por todas. Esto es lo que quiere decir un sentido de renuncia. Una vez que tenemos esta determinación de liberarnos, entonces, por muy cómodas que se pongan las circunstancias de nuestra vida, y por muy atractivas, abundantes y lujosas que sean nuestras posesiones, siempre tendremos conciencia de que, tarde o temprano, se van a agotar o a terminar. Además de eso, sabremos que no son ellas la clave de nuestra verdadera felicidad, porque están gobernadas por el *karma* y las aflicciones. El reflexionar sobre esto despertará en nosotros un sentimiento natural de fatiga, y la tristeza de la desilusión. Para resumir, entonces, debemos tener fe, renuncia y este sentido de desilusión.

> «Debes sentirte entristecido y hastiado del *samsara*, y esforzarte por alcanzar la libertad.
> Al renunciar a las preocupaciones de esta vida y buscar la eventual iluminación,
> debes dejar muy atrás las distracciones y las ocupaciones, y tener pocas aflicciones mentales».

Cuando tenemos auténticas ganas de esforzarnos, vida tras vida, por el objetivo último de la liberación y la omnisciencia, nos sentimos inspirados para evitar las distracciones y preocupaciones externas, y dejarlas muy atrás. Al mismo tiempo dejaremos de sucumbir a las aflicciones mentales. Cuando surjan debido a la ausencia de sus antídotos, no nos abandonaremos a ellas ni nos dejaremos llevar. Sintiéndonos hastiados, intentaremos apartarnos de ellas. Cuanto más nos acordemos de cómo las emociones perturbadoras o aflicciones están en la raíz de todo nuestro sufrimiento, más nos dará esto la fuerza mental para no abandonarnos a ellas. Si nos negamos a abandonarnos a ellas, entonces, aunque nos encontremos con las causas que habitualmente las provocan, las emociones perturbadoras ya no surgirán tan fácilmente; y cuando surjan, no serán tan fuertes. Esta es la razón por la que el texto aconseja que tengamos «pocas aflicciones mentales».

> «Sé pausado y tolerante, y ten una percepción pura y gran devoción.»

Entonces nos volveremos naturalmente más pausados y relajados, porque tendremos una perspectiva muy a largo plazo.

No estaremos pensando en los gozos y las penas pasajeros de esta vida solitaria, sino mirando hacia adelante, a largo término. Esto hace que nos volvamos automáticamente más abiertos de mente, y tengamos mayor discernimiento. Al reconocer que mientras estemos sujetos al *karma* y a las emociones perturbadoras, no podremos encontrar la verdadera felicidad, giramos la vista hacia el estado de liberación. Y no sólo esto, sino que miramos aún más allá, hacia el logro de la iluminación completa y del bienestar de todos los seres, infinitos como el espacio mismo. Empezar a pensar de esta manera, nos aporta naturalmente un sentimiento de valor y alegría.

Si todos los días pensamos en lograr el bienestar de los demás, esto dará sentido a nuestras vidas. Nuestras vidas se volverán útiles, y seremos útiles para los demás. Con el tiempo, nuestros pensamientos buscarán naturalmente el beneficio de los demás. Y dice:

> «De forma general, medita sobre la bondad de todos los seres.
> Y, particularmente, entrénate a percibir puramente a todos aquellos que practican el Dharma».[1]

Si queremos a todos los seres infinitos del universo, y los consideramos como cercanos y preciosos, creo que de forma natural tendremos una percepción pura, y devoción.

El verso siguiente dice:

> «También estabilidad mental, y un profundo respeto
> por las enseñanzas.
> ¡Practicantes como estos alcanzarán la liberación
> suprema!».

Los practicantes de la meditación necesitamos estas cualidades como base o fundamento, pero no basta con poseerlas, simplemente. Debemos esforzarnos mucho por desarrollarlas. El Buddha, nuestro bondadoso maestro, y también los grandes maestros de la India y Tíbet que fueron sus seguidores, todos se esforzaron con gran empeño. Siguieron a sus maestros y se aplicaron con un esfuerzo y perseverancia enormes. Así es como continuamente profundizaron en sus comprensiones y logros, y recorrieron los caminos y las etapas. Nosotros debemos hacer lo mismo. Puede que en este momento no contemos con una gran capacidad, pero si sabemos a la larga lo que hay que adoptar y lo que hay que abandonar, aunque nuestra práctica sea relativamente débil ahora, tendremos la perspectiva de un objetivo claro, *a largo plazo;* así sabremos hacia dónde nos dirigimos, y cómo llegar allí. Ahora mismo, a corto plazo, en nuestra práctica tratamos de juntar las causas y condiciones correctas para poder lograr nuestro objetivo a largo plazo.

Así es como identificamos al individuo que constituye el "soporte" adecuado de cara a la práctica.

CÓMO SEGUIR A UN MAESTRO ESPIRITUAL

«Debes servir, de la mejor forma posible, a un noble maestro.»

En el corazón mismo del camino hacia la iluminación, se encuentra el saber cómo seguir a un maestro espiritual. En cualquier sistema educativo, incluso a la hora de aprender las habilidades que necesitamos para una sola vida, un principio clave es el de estudiar con un profesor. Él nos guía, y nosotros debemos esforzarnos en nuestros estudios; así es como aprendemos. De la misma manera, para seguir el camino hacia la liberación y la omnisciencia necesitamos a un maestro que nos muestre el camino; y por nuestra parte debemos mostrar interés y esmerarnos. Por eso, al decir «debes servir, de la mejor forma posible, a un noble maestro», el texto está reconociendo lo mucho que debemos confiar en el maestro, y al describirlo como "noble", indica que este debe estar perfectamente cualificado.

El *Ornament of Mahayana Sutra* señala que un maestro deberá tener diez cualidades:

> «Uno deberá seguir a un maestro espiritual que sea disciplinado, pacífico, sereno,
> dotado de cualidades especiales, entusiasta, rico en conocimiento sobre las escrituras,
> con una elevada comprensión de la naturaleza de la realidad, hábil con la palabra,
> la personificación misma del amor e incansable».[2]

Cuando Tsongkhapa explica este verso en *The Great Treatise on the Stages of the Path to Enlightenment*,[3] dice que aquellos que no han puesto sus propias mentes bajo control no pueden guiar a otros. Así, los que deseen guiar a otros deberán empezar por disciplinar sus propias mentes. Y para disciplinar la mente –asegura– no basta con alcanzar una o dos cualidades positivas y etiquetarlas como cualidades genuinas de la realización; es necesario disciplinar la mente según las enseñanzas generales del Buddha. El enfoque que concuerda con las enseñanzas generales del Buddha es la práctica de los tres entrenamientos: disciplina, meditación y sabiduría. La cita se refiere a ellos al describir al maestro como «disciplinado, pacífico y sereno»,[4] respectivamente.

Pero el haber simplemente practicado el triple entrenamiento no es en sí mismo una cualificación suficiente para guiar a otras personas. Un maestro genuino debe también tener una buena comprensión de las diversas categorías de las enseñanzas. Por ello dice la cita: «rico en conocimiento sobre las escrituras», lo que significa que debe haber estudiado muchas enseñanzas.

Un maestro debe ser bondadoso con los demás, y tener un verdadero interés por su bienestar. Si un maestro no mantiene una actitud de cuidado y amor por los demás, no importa cuán erudito pueda ser, ni con cuánta profundidad sea capaz de explicar las enseñanzas. Si el maestro no está motivado por la compasión y por un anhelo profundamente altruista, será difícil que tenga algún impacto sobre las mentes de los demás, o que les produzca algún efecto. La compasión es vital. Y por supuesto, esta compasión debe estar acompañada de sabiduría. No estamos hablando de una compasión simplista; tiene que ser una compasión que esté combinada con una visión profunda y directa de la naturaleza de la realidad, o por lo menos con una buena comprensión intelectual de ella. Generar la compasión basada en una comprensión genuina es un medio extremadamente poderoso para alcanzar ya sea la liberación o la omnisciencia. Por eso el texto dice que el maestro deberá ser una persona realizada y compasiva. También debe ser «hábil con la palabra» e «incansable», es decir, que tenga paciencia para seguir enseñando sin cansarse ni frustrarse. Un auténtico maestro espiritual debe contar con todas estas cualidades.

El Buddha consideraba como extremadamente importante a la persona que nos enseña lo que hay que abandonar y lo que hay que adoptar; por ello especificó, de forma detallada, los requisitos con los que debe cumplir un maestro. Dio descripciones muy completas, desde las enseñanzas básicas sobre las cualidades del maestro que se encuentran en el código monástico o Vinaya, hasta las enseñanzas del Vajrayana sobre las capacidades que debe tener un maestro *Vajra* para dar una transmisión de poder. Debido a la importancia central del maestro, el Buddha habló detalladamente de esto en las enseñanzas del *sutra* y del *tantra*.

Así que es esencial que sigamos a un maestro que cumpla con todos los requisitos necesarios. Es tarea nuestra examinar al maestro y ver si posee o no estas cualidades. No debemos considerar inmediatamente a alguien como nuestro maestro, y empezar enseguida a recibir instrucciones; debemos comenzar por examinar al individuo en cuestión. Y necesitamos conocer algo sobre las enseñanzas del Buddha, para poder evaluar por nosotros mismos cuáles son las cualidades de un auténtico maestro. Entonces, cuando nos planteemos seguir a cierta persona como nuestro maestro, deberemos investigar con el fin de ver si posee o no en realidad estas cualidades.

A veces digo en broma que debemos espiar a nuestro maestro. Debemos mirarlo por delante, por detrás, por arriba y por abajo. Realmente sería un error no hacer esto. Si no, es posible que al principio tengamos mucha fe, pero en algún momento, más tarde, cuando algo vaya mal, perderemos nuestra fe y pensaremos: «¡Oh no, me equivoqué!». De hecho el maestro no ha cambiado; si era una persona ordinaria desde el principio, simplemente siguió siéndolo. Somos nosotros los que nos equivocamos al no investigarlo. Deberemos comprobar si un maestro está siguiendo o no un enfoque que concuerda con las enseñanzas generales del Buddha. Si hemos llevado a cabo esta investigación, si nos lo hemos pensado, y decidimos que el maestro es genuino, entonces deberemos seguirlo.

Sin embargo, para empezar podemos considerar al maestro simplemente como a un amigo del Dharma, y escuchar sus enseñanzas. No hay ningún problema en esto. Y no es muy grave si, más tarde, decidimos apartarnos de nuestro amigo espiritual. Pero si decidimos de golpe que alguien es nuestro maestro, y luego perdemos la fe, esto no es muy bueno. Así que desde el principio deberemos asegurarnos de que esto no vaya a ocurrir.

En las enseñanzas sobre cómo seguir a un maestro espiritual, se dice que es importante seguir al maestro con devoción, y ver como positivo todo lo que hace. Esto se refiere a una relación espiritual genuina entre un maestro auténtico y un estudiante que también posea las cualidades de un auténtico discípulo. Esto es crucial en el camino Vajrayana del *mantra* secreto, donde la práctica del *guru yoga* tiene una importancia especial. La devoción focalizada en el maestro desempeña un papel vital en las prácticas del Dzogchen y del Mahamudra; es esencial para poder alcanzar la realización y asumir la mente innata y fundamental de luz clara en nuestra experiencia. En este punto, la devoción hacia el maestro se vuelve supremamente importante. Por supuesto que sería maravilloso si pudiéramos practicar de esta manera, incluso como principiantes, pero no es indispensable que lo hagamos.

Empezando por el Vinaya, todos los niveles de la enseñanza del Buddha describen cómo seguir a un maestro. En el Vinaya se dice que si el maestro nos pide que hagamos algo que no concuerde con el Dharma, debemos negarnos.[5] Incluso después de haber aceptado a alguien como nuestro maestro, si dice algo que contradice las enseñanzas, no debemos aceptarlo. Aquí no dice que tengamos que ver de forma positiva todo lo que hace el maestro. En los *sutras* del Mahayana también se indica que debemos seguir lo que dice el maestro, siempre y cuando sea virtuoso, pero no debemos seguir lo que dice si es algo malsano. Si el maestro que nos guía dice algo que concuerda con las enseñanzas generales, debemos ponerlo en práctica; pero si dice algo que no concuerda con las enseñanzas generales, no hay que ponerlo en práctica. Debemos cumplir las cosas virtuosas que el maestro nos indique que hagamos, pero no cuando nos pida que hagamos algo que parezca extraño o poco virtuoso. Incluso en el contexto de los *tantras* del *yoga* más elevado se dice:

> «Si no puedes razonablemente hacer lo que el *guru* te pide, discúlpate con palabras educadas y respetuosas».[6]

En cualquier caso, debemos distinguir por nosotros mismos lo que es correcto y lo que es incorrecto. No hay que pensar que no hay lugar para hacer nuestras propias evaluaciones independientes de lo que es correcto y lo que es incorrecto, usando la inteligencia y el discernimiento. Repito esto porque pienso que es un punto importante que deben comprender.

En el pasado existieron maestros y discípulos legendarios como Tilopa y Naropa, o Marpa y Milarepa, y algunas de sus acciones fueron poco convencionales, pero se trataba de maestros con niveles de realización excepcionales. Y sus discípulos tenían todas las cualidades del estudiante genuino. Personalmente, creo que es muy difícil comparar los *gurus* y los estudiantes de hoy en día con los grandes maestros y discípulos del pasado.

Esta es la razón por la que el Buddha enseñó sobre esta cuestión de forma tan precisa y detallada. Para resumirlo, al principio debemos examinar y ver si el maestro posee o no todos los requisitos necesarios. Luego, incluso después de haber aceptado a alguien como nuestro maestro, debemos seguir comprobando si hay algo que esté en conflicto con las enseñanzas generales del Buddha, y si lo hay, debemos considerarlo como un error.

Nuestro texto continúa:

> «Debes servir, de la mejor forma posible, a un noble maestro».

Hay principalmente tres maneras de servir y complacer a un maestro cualificado. La primera consiste en hacer ofrendas materiales; la segunda en servir al maestro y realizar tareas para él, y la tercera es poner sus enseñanzas en práctica. De estas tres, la más importante es poner las enseñanzas en práctica. Esto significa que debemos confiar en un maestro auténtico, que tenga todas las cualidades de los tres entrenamientos y que ya haya alcanzado la omnisciencia, o por lo menos esté bastante avanzado en el camino hacia la omnisciencia y la budeidad. Cuando un maestro así nos indica que no nos dejemos atrapar por las aflicciones y que centremos nuestra mente en la liberación y la omnisciencia, si podemos poner en práctica estas instrucciones con entusiasmo y con todo nuestro corazón, esta será la mejor forma de complacer al maestro. Es la mejor ofrenda que podemos hacer a los buddhas y a los *bodhisattvas*. No puede haber mejor manera de acumular mérito y de purificar los oscurecimientos, ni mejor práctica para esta vida y las siguientes.

LA MEDITACIÓN
LA FUERZA DE LA FAMILIARIDAD

> «Y purificar tu mente mediante el estudio, la reflexión y la meditación.»

Cuando se habla de "meditación", como en este verso, en el contexto de «estudio, reflexión y meditación», la palabra tiene un sentido de familiarización. Debemos desarrollar una familiaridad con el entrenamiento y acostumbrarnos a él. Por el momento estamos a merced de la mente ordinaria, y esta está controlada por las aflicciones. Pensamos que queremos ser felices, pero no hacemos lo que nos puede llevar a la felicidad. No queremos sufrir, pero las causas mismas del sufrimiento, las aflicciones, nos arrollan y toman el control de nuestra mente. Hemos de encontrar una forma de hacernos cargo de nuestra mente.

Por mucho que veamos con gran claridad lo desastrosas que son las aflicciones, al mismo tiempo somos presa de ellas. Podemos saber que algo no es correcto, pero aun así actuamos, hablamos y pensamos equivocadamente. Por esto debemos encontrar una forma de traer nuestra mente bajo control. Para esto hay, por supuesto, muchos métodos. Pero, sigamos el que sigamos, debemos evitar que la mente tome el camino equivocado, y hacer que tome el correcto. Tenemos que fortalecer la tendencia virtuosa de la mente (que puede que por ahora sea muy débil), y la única forma de lograrlo es entrenándola de forma que la tendencia a la virtud se haga cada vez más familiar. Este es el único enfoque; no hay otra manera. Ya se ha dicho: «la forma de volverse hábil en algo es acostumbrarse a ello».

Cuanto más familiar es algo, mayor es su fuerza. La razón por la que ahora mismo las aflicciones entran tan fácilmente en nuestras mentes, y con tanta fuerza, es porque ya estamos muy acostumbrados a ellas. Por tanto, la única forma de reforzar el poder de los antídotos de estas emociones perturbadoras consiste en familiarizarnos una y otra vez con estos antídotos, para acostumbrarnos cada vez más a ellos.

Así pues, la *meditación* en realidad significa hacer que nuestras mentes estén cada vez más familiarizadas con lo positivo, a fin de llevar a cabo una transformación y poder lograr nuestros objetivos a corto o largo plazo. Para que esto ocurra en realidad –como ya dije– debemos empezar por pensar en nuestro objetivo, sea cual sea, y llegar a una decisión, personal y firme, de que se trata de algo realmente valioso y que merece la pena. Esto significa que hemos de llevar a cabo un proceso de *reflexión* y contemplación. Pero antes de poder hacer esto, tenemos que contar con una idea clara de lo que ello implica y lo que no, de los beneficios y los inconvenientes, y así sucesivamente, lo cual significa que debemos haber *estudiado*. Por ello está claro que los tres tipos de sabiduría –la sabiduría que proviene del estudio, la sabiduría que proviene de la reflexión, y la sabiduría que proviene de la meditación– se deben desarrollar en el orden correcto.

El texto dice que debemos «purificar nuestras mentes» gracias al estudio, la reflexión y la meditación. A veces usamos este término *purificar* en el sentido de purificar las impurezas o negatividades u oscurecimientos. En estos contextos significa limpiar o eliminar algo completamente, hacer que no exista. ¡Pero aquí no estamos hablando de eliminar la mente! De lo que se trata es de entrenar la mente y purificarla para que pase de estar sin disciplina y fuera de control, a estar disciplinada y bajo control. A veces también se habla de «purificar y refinar la naturaleza intrínseca de la realidad misma», lo cual significa hacer patente lo que antes no era.

El texto sigue diciendo:

> «En particular, deberías pasar tus días y tus noches aplicándote de manera diligente a las instrucciones esenciales del linaje oral».

Como ya hemos visto, debemos purificar la mente gracias al estudio, la reflexión y la meditación. La purificación de la mente al máximo, en este contexto, se logra con el estudio, la reflexión y la meditación sobre las instrucciones esenciales más profundas del linaje oral. Al entrenarnos, desarrollamos una gran familiaridad con ellas. Esto hace referencia a la práctica del Dzogpachenpo, en la que *rigpa* y la mente ordinaria se separan claramente.

> «Sin que las preocupaciones ordinarias te distraigan ni por un solo instante,
> aplícate de manera diligente al significado más profundo.»

Con la expresión «preocupaciones ordinarias» puede referirse a muchas cosas: las preocupaciones de esta vida, las de la vida siguiente, el pensar exclusivamente en nuestro bienestar, el aferrarse a las cosas como si fueran reales, y demás. El significado es un poco diferente según se use en el contexto de los *sutras* o de los *tantras*. Pero en cualquier caso, este verso indica que debemos concentrarnos enteramente en la práctica, sin dejar que nuestra mente se distraiga con cuestiones ordinarias y mundanas, aunque sea por un instante.

INTEGRAR LA ENSEÑANZA COMPLETA DEL BUDDHA

Luego, en nuestra práctica tenemos que saber cómo reunir e integrar los diferentes niveles de las enseñanzas:

> «Sin transgredir jamás los preceptos de los *sharavakas*, *bodhisattvas* y *vidyadharas*,
> con tu mente bajo control, ayuda a los demás en cualquier forma que puedas,
> e incluye cualquier cosa que experimentes en el camino hacia la liberación».

Este es un punto muy importante. Este verso indica, de forma muy concisa, que nuestra práctica debe integrar todos los aspectos y niveles de la enseñanza del Buddha. Los preceptos de los *sharavakas* son los votos del *pratimoksha*, de la liberación individual. Debemos mantener estos votos, y también los votos del *bodhisattva*, y los votos del *vidyadhara* en el Vajrayana. Dicho de forma sencilla, deberíamos ser lo que se llama un *vidyadhara con los tres niveles de compromiso*.

Cuando hablamos de los nueve vehículos sucesivos, no se trata sólo de una descripción abstracta de las enseñanzas. Es fundamental que los comprendamos por nosotros mismos, para luego aplicarlos a la práctica. Así es como se explica en algunos de los manuales de instrucción: tenemos que encontrar la manera de practicar estos nueve vehículos sucesivos, por nosotros mismos. En otras palabras, es posible que un mismo individuo practique los nueve *yanas* al mismo tiempo, juntos. Estos manuales no dicen que uno deba practicar primero el vehículo de los *sharavakas*, y luego pasar al de los *pratyekabuddhas*, y así sucesivamente. Lo que dicen, en cambio, es que debemos seguir un enfoque que tiene ciertos aspectos en común con el camino de los *sharavakas* y el de los *pratyekabuddhas*. Por ejemplo, cuando se dice que debemos practicar las verdades comunes del camino de los *sharavakas*, esto hace referencia a las Cuatro Nobles Verdades con sus dieciséis aspectos, como la impermanencia, y con los treinta y siete aspectos de la iluminación. La práctica que es común al camino de los *pratyekabuddhas* es la contemplación sobre los doce vínculos de la originación interdependiente,[7] tanto en orden directo como inverso. También debemos practicar lo que se enseña en el vehículo de los *bodhisattvas*: la *bodhichitta*, cuya raíz es la bondad amorosa y la compasión, así como las Seis Perfecciones trascendentes. Incluida en ellas, en relación con la práctica de la perfección trascendente de la sabiduría, está la visión de *shunyata* o vacuidad. Lo mismo ocurre con la práctica de los *tantras* inferiores: no se practica cada uno de ellos por separado. Tomamos los elementos de cada uno, todos los puntos cruciales, y los integramos en nuestra práctica.

En la práctica del Dzogchen tomamos la sabiduría como camino; es un camino sin esfuerzo que trasciende los enfoques que se basan en la mente ordinaria. Sin embargo, aun así los puntos cruciales de estos enfoques inferiores deben estar completos y plenamente integrados dentro del enfoque del Dzogchen. Todos los puntos cruciales de los diferentes niveles de las enseñanzas deben estar completos en el Dzogchen; cuando lo están, esto constituye la característica especial del Dzogchen, que lo hace tan profundo y tan poderoso.

No es necesario precisar que si vamos a practicar todos los niveles de las enseñanzas de esta manera, necesitamos tener cierto conocimiento y comprensión de estos diferentes niveles.

> «Como principiante, es muy importante que garantices
> tu propio bienestar,
> protegiendo tu mente en un lugar solitario, abandonando
> las distracciones y las ocupaciones,
> evitando situaciones desfavorables y subyugando las
> aflicciones mentales con los antídotos apropiados.
> Asegurándote de que tu visión y tu conducta estén
> en armonía, dedícate de manera entusiasta a la meditación.
> Cada vez que surja cualquiera de los cinco venenos
> ordinarios, en ese mismo instante,
> atrápalo con la atención y, sin distracción, aplica los antídotos».

Aunque siempre generemos la motivación de la *bodhichitta*, y tomemos el compromiso de obrar para el beneficio de todos los seres sensibles del universo entero, aun así, como principiantes, en nuestra práctica debemos primero centrarnos en *nosotros mismos*, y poner todo nuestro esfuerzo en afinar la conducta de nuestro cuerpo, palabra y mente, y en hacer que nuestra mente sea más pacífica y esté más controlada.

Por esto tenemos que ir con cuidado, con el fin de no dejarnos atrapar por distracciones y ocupaciones, y distanciarnos de las condiciones adversas, cuando pretendemos dedicarnos a «apaciguar las aflicciones mentales». Intentamos evitar las circunstancias que provocan las aflicciones, y cuando aun así las encontremos, debemos asegurarnos de que las aflicciones no van a poder arrastrarnos.

Como dice el texto, nuestra visión y nuestra conducta deben estar en armonía. Podemos describir la visión como aquella del Camino Medio, que es común al *sutra* y al *tantra*, o como la visión de la unión de la conciencia pura y la vacuidad. De una forma u otra, desde el punto de vista absoluto se explica que todas las apariencias, en su profusión y variedad, no nos traen ni daño ni beneficio. Sin embargo, debemos seguir teniendo un gran cuidado y ser muy meticulosos en nuestras acciones. La visión debe reforzar la conducta. Si comprendemos de verdad los puntos cruciales de la visión del Camino Medio que es común al *sutra* y al *tantra*, vemos que está, como ya mencioné, muy estrechamente relacionada con la originación dependiente. La vacuidad implica la causalidad. Así, la comprensión de la visión debería hacernos más cuidadosos y meticulosos en nuestra conducta.

El texto menciona el surgir de los «cinco venenos ordinarios», que son la ignorancia, el aferramiento, la ira, el orgullo y la envidia ordinarios.[8] Cuando aplicamos la visión o la práctica del *yoga* de las deidades, podemos transformar una emoción perturbadora en sabiduría. Pero cuando una emoción no ha sido transformada de esta manera, se la llama *ordinaria*.

Una emoción perturbadora o una aflicción mental es un estado mental que perturba y aflige la mente, y socava nuestra experiencia de paz interior. Nos debilita y nos hastía; genera sufrimiento e insatisfacción. Esta es la definición general de las aflicciones. Cuando surgen, nos hacen perder toda nuestra paz mental.

Luego están los tipos particulares de aflicción, como los cinco venenos mentales. El texto indica que en el momento en que uno de los cinco venenos surge en nuestra mente, debemos reaccionar como si un enemigo hubiera invadido nuestra mente, y sin la menor vacilación, sin dejar pasar ni un momento, aplicar algún antídoto o medida contraria.

La explicación que da el Dzogchen sobre cómo los cinco venenos surgen como sabiduría es quizás la más clara de todas. En general, este tema es bastante arduo y difícil de entender. Pero es así: la naturaleza de los cinco venenos está permeada por un aspecto de conciencia, o luz clara. Por tanto, si no hay aferramiento ni apego, y si a través de este aspecto consciente de luz clara podemos reconocer la naturaleza de la emoción –su naturaleza última e intrínseca–, amanecerá como sabiduría. Hay mucho que pensar sobre esto.

LA ATENCIÓN, LA VIGILANCIA Y LA METICULOSIDAD

> «Con meticulosidad, vigilancia introspectiva, moderación y un sentido de dignidad, pon tu mente bajo control.»

Para intentar asegurarnos de que la conducta de nuestro cuerpo, palabra y mente no degenere, y esté correctamente disciplinada y controlada, los instrumentos principales que debemos poner en práctica son la atención y la vigilancia introspectiva. Y como base para estas, necesitamos la meticulosidad, porque sin ser meticulosos, nunca podremos desarrollar la atención ni la vigilancia.

Tomemos el ejemplo de un buen monje. Incluso en sus sueños tendrá esta idea: «soy un monje», y si tiene la *meticulosidad* que acompaña este pensamiento, cada vez que surja algo inapropiado, él pensará: «¡Oh!, esto no es correcto», y se corregirá gracias a la atención. Luego se asegurará de que esto no vuelva a ocurrir, observándose a sí mismo, observándose con *vigilancia*. Por eso la meticulosidad es de una importancia crucial.

Es la vigilancia la que comprueba y observa, para ver si las acciones de nuestro cuerpo, palabra y mente son virtuosas o no. Entonces, imagina que estamos a punto de hacer algo inapropiado. De golpe nos damos cuenta de que está mal, y elegimos no actuar, por nuestro sentido de ética personal. Esto es lo que se conoce como *moderación*. Por otro lado, si reconocemos que algo está mal y evitamos hacerlo por consideración hacia los demás, esto es lo que se llama un *sentido de dignidad moral*. Al practicar de ambas maneras, con moderación y con un sentido de dignidad moral, durante un período largo de meses y años, podemos aprender a disciplinarnos y llevar nuestra mente bajo control.

LAS OCHO PREOCUPACIONES MUNDANAS

> «Observa la igualdad de la alabanza y la crítica, la aprobación y la desaprobación, la buena y la mala reputación,
> porque son como simples sueños o ilusiones, y no tienen existencia verdadera.»

Este verso hace referencia a las ocho preocupaciones mundanas: querer ser alabados y no querer que nos critiquen; querer felicidad y no querer sufrimiento; querer ganancias y no querer pérdidas, y querer fama y aprobación y no querer rechazo y deshonor. Todos experimentamos estas cosas, ¿no es verdad? Incluso los animales probablemente lo sienten en alguna pequeña medida.

Creo que todos nosotros estamos particularmente preocupados por mantener una buena reputación. Por ejemplo, cuando estoy sentado aquí sobre este trono, de vez en cuando, por algún lado, en algún rincón de mi mente, surge el pensamiento: ¿qué tal lo estoy haciendo? ¿Cómo van a reaccionar ante esto? ¿Me van a alabar? O quizás no... ¡Oh, esto no entró bien! ¿Me van a criticar? En cuanto ocurre esto, tengo que corregirme y decir: mira, estoy aquí sentado en este trono para transmitir las enseñanzas del Dharma, no debo dejar que me afecten de esta manera las ocho preocupaciones mundanas.

Así, nos damos cuenta de que las expectativas, miedos y pensamientos discursivos de todo tipo aparecen en nuestra mente. Incluso monjes muy puros pueden a veces albergar, en algún rincón de sus mentes, un interés por ver si algunos les dedican o no unas palabras de alabanza. O peor que esto, pueden empezar a intentar impresionar a los demás, para recibir ofrendas, o para que les inviten a realizar rituales. Este tipo de pensamientos son realmente deleznables. Aun cuando hagamos algo virtuoso, las ocho preocupaciones mundanas se nos pueden acercar sigilosa y discretamente, buscando la manera de colarse.

Como dice *The Way of the Bodhisattva*, las alabanzas y la buena reputación no pueden hacer nada para mejorar nuestra salud o longevidad.[9] ¡Quizá si muchas personas nos alabaran podríamos hacernos un poco más ricos! Pero aparte de esto, las alabanzas no nos hacen ni vivir más años, ni tener mejor salud, ni nos ayudan de ninguna otra forma. Y si alguien nos critica, esto no nos hace enfermar, ni empeora nuestra salud, ni acorta nuestra vida. No nos afecta de ninguna forma sustancial.

Si nos detenemos a pensar de verdad sobre las alabanzas y las críticas, veremos que no tienen la menor importancia. Que recibamos alabanzas o críticas no tiene ninguna relevancia. Lo único que realmente importa es que contemos con una motivación pura, y dejemos que la ley de causa y efecto sea nuestro testigo. Si somos realmente honestos, podemos ver que no cambia nada si recibimos alabanzas y elogios. El mundo entero puede cantar nuestras hazañas, pero si hemos hecho algo mal, deberemos sufrir las consecuencias; no podemos escapar de ellas. Si actuamos solamente basándonos en una motivación pura, por mucho que todos los seres de los tres reinos nos critiquen y nos regañen, ninguno de ellos podrá hacernos sufrir. Según la ley del *karma*, cada uno de nosotros es responsable individualmente de sus acciones.

Así es como podemos poner punto final a este tipo de pensamientos, viendo que son completamente insustanciales, como sueños o ilusiones mágicas. Cuando alguien nos alaba, y nos encendemos de placer, es porque pensamos que es beneficioso que nos alaben. Pero esto es igual que pensar que un arco iris o un sueño tiene alguna consistencia propia. Por mucho que las alabanzas y los elogios parezcan traer beneficio, en realidad no traen ninguno. Pueden parecer convincentes, pero son tan irreales como la ilusión de un mago. Por esto Longchenpa aconseja:

> «Aprende a tolerarlas con paciencia, como si fuesen meros ecos».

De la misma manera, cuando alguien nos dice algo desagradable o doloroso, debemos aprender a ser pacientes y tolerantes, y recordarnos que las palabras son como los meros sonidos de un eco, igualmente insustanciales e irreales.

10. EL "YO" Y LA AUSENCIA DE "YO"

LLEGAR A LA RAÍZ DEL APEGO Y DE LA AVERSIÓN

El verso siguiente dice:

> «Y corta de raíz la mente que se aferra a un "yo" o a un ego».

Tenemos que eliminar nuestro aferramiento a la creencia en un ego o un "yo", y para esto se vuelve extremadamente importante la visión profunda de la vacuidad. Como mencioné antes, la raíz de todas las aflicciones y de los problemas que provienen de ellas es el aferramiento a un "yo" o a un ego. Como dice Chandrakirti en *Introduction to the Middle Way*:

> «Viendo que todas las aflicciones y faltas
> nacen de la visión de la colección transitoria,
> y que el "yo" es el objeto de esta visión,
> el yogui se embarca en refutar al "yo"».[1]

Todas nuestras faltas aparecen como resultado de nuestro aferramiento a la realidad de un "yo". Vamos a examinar el proceso de desarrollo del apego o de la aversión. En el caso del apego, nos fijamos en algo agradable, y deseamos poseerlo y no perderlo nunca. Con la aversión, se trata de algo desagradable, y deseamos librarnos de ello. Ahora bien, tanto si sentimos apego como aversión, lo atribuimos a ciertas propiedades de los objetos mismos, y nunca pensamos en el papel de nuestra percepción. Pensamos que los objetos de nuestro apego o aversión son intrínsecamente buenos o intrínsecamente malos. Esto nos lleva a creer que no hay ninguna posibilidad de que cambien de estatus. Si, por ejemplo, vemos a alguien o algo como muy malo hoy, y como bueno al día siguiente, apenas podemos creérnoslo. Pensamos que es imposible. Esto ocurre porque cuando tuvimos nuestra reacción inicial de apego o aversión, pensamos que estábamos reaccionando a las propiedades intrínsecas que existen con independencia de cualquier otra cosa. Una propiedad verdaderamente autónoma nunca podría cambiar. Si algo fuera bueno, debería seguir siendo bueno y nunca podría cambiar. Y si algo fuera malo, siempre debería serlo. Tenemos tendencia a ver las cosas de esta manera, y esto provoca que generemos apego hacia las cosas que vemos como buenas, y aversión hacia las que consideramos malas.

Además de creer que los objetos de nuestro apego y aversión son intrínsecamente buenos o malos, si también pensamos que algo es bueno porque me va a beneficiar a *mí*, o que algo es malo porque me va a perjudicar a *mí*, esto es aún peor. En estos casos, el sentimiento de un "yo" que se beneficia por aquello que consideramos bueno, o que es perjudicado por aquello que consideramos malo, es extremadamente fuerte.

Así que no sólo creemos que el objeto de nuestro apego o de nuestra aversión es real, y que es intrínsecamente bueno o malo, sino que además creemos que el "yo", el que siente el apego y la aversión, y que es beneficiado o perjudicado, es también real. Esto nos lleva a crear una separación entre el "yo" y lo "otro", y a sentir apego hacia nosotros mismos y hacia todo lo que percibimos que está de nuestro lado. Y de forma recíproca, experimentamos aversión hacia aquello que percibimos como "otro", o como opuesto a nuestros intereses.

Por tanto, para reducir el apego y la aversión, podemos examinar las características desagradables de los objetos de nuestro deseo, o las cualidades positivas de los objetos que odiamos. O podemos examinar las desventajas de la ira y la aversión, ver cómo estas en realidad nos dañan, y usar esto como inspiración a la hora de cultivar la paciencia y la tolerancia. Estos son los tipos de técnicas que podemos utilizar para disminuir nuestro apego y aversión. Pero si pensamos detenidamente en eso, nuestra tendencia a sentir apego y aversión se apoya realmente en la creencia de que los objetos mismos son realmente como los percibimos, y que hay un verdadero "yo" que se beneficia o que es perjudicado por ellos. Esta creencia arraigada de que tanto las cosas como el "yo" son reales es la que dispara nuestras reacciones de apego y aversión.

EL SENTIDO DEL "YO"

Sin embargo, si reflexionamos profundamente sobre los objetos que provocan nuestro apego y aversión, llegaremos a ver que no son reales de la forma en que en principio nos lo parecieron. De forma similar, si reflexionamos profundamente sobre el "yo" que supuestamente se beneficia o es perjudicado por estos objetos, descubriremos que no podemos encontrar un tal "yo". Entonces, cuando estos dos, los objetos y el "yo", dejen de parecernos tan reales y sólidos, ya no habrá una base para nuestro apego y aversión. Lo que inicialmente parecía ser una base muy sólida y estable se empezará a desmoronar, y la veremos como insustancial y falsa.

Debemos realmente tomarnos un tiempo para reflexionar sobre esto. Debemos examinar lo que pasa por nuestra mente cuando sentimos apego o aversión. Lo primero que descubriremos es que hay un fuerte sentido de nuestro ego, un sentido de "yo existo"; y no sólo un sentido de "yo existo", sino que además este "yo" es independiente de cualquier otra cosa.

En la tradición filosófica general del Buddhadharma, se habla de los «Cuatro Sellos que son la marca de las enseñanzas del Buddha». Estos son:

> «Todos los fenómenos compuestos son impermanentes.
> Todo lo que está contaminado es sufrimiento.
> Todos los fenómenos están vacíos y están desprovistos de un "yo".
> El *Nirvana* es paz verdadera».

- Como vimos anteriormente, las cosas son impermanentes porque dependen de causas. Los agregados, como todos los fenómenos condicionados, dependen de ciertas causas, lo cual significa que ellos también son impermanentes.

- Entonces, la causa principal de la existencia de los agregados es la ignorancia. El hecho de que estén causados por la ignorancia significa que son, sin excepción y por su propia naturaleza, sufrimiento. Todo lo que llega a la existencia como resultado de la ignorancia se dice que está "contaminado", y es sufrimiento por su propia naturaleza.

- El tercero de los Cuatro Sellos dice: «todos los fenómenos están vacíos y desprovistos de un "yo"». Como acabamos de explicar, todo lo que está contaminado es sufrimiento, pero es posible liberarse de este sufrimiento. La razón es la siguiente: si sufrimos, es debido a la ignorancia a la que estamos sujetos, pero esta ignorancia que nos hace sufrir no es básicamente nada más que una percepción incorrecta de las cosas. Consideramos a las cosas como reales cuando, de hecho, no lo son. En realidad todos los fenómenos están vacíos y están desprovistos de un "yo". Si nos ceñimos a la presentación general que es aceptada por todas las escuelas budistas, el estar «desprovistos de un "yo"» se refiere sobre todo a la ausencia de toda identidad personal y concreta. El sentido de un "yo" y de lo "mío" que atribuimos a los fenómenos, en realidad está ausente de los fenómenos mismos. Esto significa que la ignorancia que constituye el fundamento de nuestras aflicciones puede ser eliminada.

- Y una vez que la hemos eliminado, la paz que resulta de ello es felicidad genuina y duradera. Esto es lo que queremos decir con «el *Nirvana* es paz verdadera».

Todas las escuelas del budismo aceptan esta noción de la ausencia de "yo". Todas están de acuerdo en decir que la causa raíz de todo nuestro sufrimiento y nuestras aflicciones es un fuerte aferramiento a un sentimiento de "yo". Para decirlo de forma sencilla, afirman que no hay ningún ego o individuo que exista independientemente de los agregados. Si reflexionamos profundamente sobre esto, con el tiempo puede que vaya gradualmente minando y reduciendo nuestro fuerte apego a semejante ego, a un "yo" que exista independientemente de los agregados y los controle. La simple comprensión del hecho de que este "yo" independiente no existe, puede disminuir nuestra tendencia a creer en él.

Cuando se clasifican las escuelas filosóficas de la antigua India, y se distingue entre los budistas y los no budistas, aquellos que propugnan la creencia en un "yo" de este tipo se categorizan como no budistas, mientras que aquellos que buscan refutar esta creencia en un "yo" se consideran budistas. De hecho, en las enseñanzas se dice: «la aserción o la refutación del fundamento de la visión del "yo" es lo que separa a los seguidores del Buddha de los que no lo son».[2]

EL DESEO O APEGO

Tomemos un ejemplo de la vida cotidiana para examinar el deseo o apego. Imaginad que vamos de compras y vemos algo que queremos comprar. Lo que ocurre seguidamente se desarrolla en dos etapas. Primero, en el momento de ver el objeto, lo percibimos simplemente como algo bueno. En este punto todavía no hay apego. Hay ya el sentimiento de que el objeto es real, pero no hay aferramiento. Luego, *en el momento siguiente* empezamos a pensar sobre este objeto. Nos decimos: «¡Umm, esto es bonito! Necesito algo así. Y me va bien, también». En ese instante, es como si nuestra mente fuera absorbida por el objeto. Parece casi que nos aspira la mente. Esto es lo que llamamos apego. Luego, impulsados por este deseo y apego, compramos el objeto. Una vez que es nuestro, esta nueva posesión parece aún más atractiva. Es el mismo objeto, pero como ahora lo tratamos como algo relacionado con nosotros, algo que poseemos, parece aún más precioso y deseable.

Ahora imagina que entras en una tienda y ves un objeto

de gran belleza, pero por alguna razón, de golpe se cae al suelo y se rompe en mil pedazos. Sentirás un ligero susto y decepción, pero es poco probable que te altere mucho. En cambio, si ya has pagado por el objeto, si lo has comprado, y luego se cae al suelo y se rompe, sientes un sobresalto, casi como un golpe en el corazón. En cuanto empezamos a tratar un objeto como algo íntimamente relacionado con nosotros y con nuestro sentido del "yo", nos sentimos mucho más firmemente apegados a él.

Si lo piensan, verán que está muy claro. Al principio la mente evalúa las cosas en términos de bueno y malo, pero en cuanto empezamos a tratarlas desde nuestro sentido del "yo", entonces surgen el apego y la aversión. Una vez que sentimos apego, es fácil sentir aversión y agresividad, con una igual intensidad. Porque con el deseo viene la ira. Cuando estamos apegados a nosotros mismos y a nuestros intereses, sentimos el mismo grado de aversión y hostilidad en cuanto sospechamos que estos intereses están en peligro, o que están siendo perjudicados.

EL DAÑO PROVOCADO POR LA IRA Y EL ODIO

Sin embargo, lo que realmente nos daña es la ira. El verdadero daño y la verdadera violencia es la que nos inflige la ira misma. En el momento en que sentimos ira, nuestra mente se agita y se pone molesta. La incomodidad mental que nos provoca la ira llega incluso a transformar toda nuestra apariencia física. Nos cambia la cara, adoptamos un aspecto feroz y desagradable. Nuestra respiración se vuelve irregular y acelerada. Toda nuestra forma de hablar cambia, nuestras palabras se transforman en ladridos rudos y maliciosos. Esta es la verdadera violencia: lo que nos provoca nuestra propia ira. Entonces, en el mismo momento que nos sentimos miserables, agredimos y hacemos daño a los demás. Pero quien inflige todo este daño es nuestra ira.

En comparación con la ira, el deseo parece algo bastante gentil y agradable, incluso amistoso, pero en realidad el deseo es el que nos permite sentir ira y aversión.

No es necesario mencionar que el deseo y la agresión no sólo representan problemas desde un punto de vista espiritual. Nos causan toda clase de dificultades, tanto individualmente como a la sociedad en general. No cambia nada el lugar en el que esté la gente, que vivan en un pueblo pequeño o en una ciudad enorme, en Occidente o en Oriente, o que sean ricos o pobres. Si consideras a alguien que está constantemente atormentado por el apego y la aversión, y lo comparas con alguien que sienta menos deseo y agresividad, el que tiene menos será con toda seguridad más feliz y sereno; no hay ninguna duda. La persona que es presa de un fuerte apego y aversión nunca se encontrará realmente asentada y feliz. Pueden ver los efectos sobre la vida familiar, en casa. Con alguien que esté más relajado, toda la familia se hallará también más serena, y no habrá tantas discusiones ni desacuerdos. Pero con alguien que sea temperamental, y que se vea impulsado por fuertes sentimientos de aferramiento y hostilidad, todos los demás miembros de la familia se verán afectados, y habrá interminables problemas y peleas. Esto es algo que podemos observar directamente, en nuestra experiencia de vivir en sociedad.

Si lo consideras con detenimiento, verás que es imposible cumplir todos los deseos que surgen de nuestros sentimientos fuertes de apego y aversión. Son insaciables. Examina la ira: cuando nos enrabiamos, no podemos destrozar todas las cosas ni a todas las personas que nos están irritando. Si algún insecto nos molesta, podemos aplastarlo y quizá sentirnos mejor, o darnos un minúsculo sentido de triunfo, pero ¡hay tantas cosas que atizan nuestra irritación y nos hacen enfadar! No podemos destrozar el mundo entero. De hecho, no hay nadie en toda la historia del mundo que haya podido satisfacer todos los impulsos provocados por el apego y la aversión.

Mientras estés dominado por el apego y la aversión descontrolados, es absolutamente imposible que seas feliz. Pero, aparte del gozo y del bienestar, hay otro significado de la palabra *felicidad*, que es el contento o satisfacción. Cuando estamos satisfechos, podemos relajarnos y sentirnos a gusto. Mientras estemos insatisfechos, la felicidad se nos escapa. Y los que impiden que encontremos esta satisfacción son el apego y la aversión. Cuanto más figuren en nuestra vida, más difícil será que encontremos la satisfacción. Así podemos ver que en lo personal, son realmente el apego y la aversión los que nos causan el mayor daño. Si observamos a los demás, también podemos ver que realmente el deseo y el odio son la fuente de todo conflicto y de toda riña; no son las personas en sí mismas. Por ello es crucial que distingamos entre los individuos y su apego y aversión.

Como ya hemos observado, las aflicciones nos agitan y perturban la mente, lo cual provoca consecuencias a nivel psicológico, y nos vuelve mucho más vulnerables a los problemas de salud. Hay pruebas muy claras de esto. A menudo cito una investigación psicológica que demostró que las personas que usan más a menudo en sus conversaciones las palabras "yo", "mí" y "mío" –en otras palabras, que están más intensamente preocupadas por sí mismas– corren un mayor riesgo de tener enfermedades cardíacas.[3] Esto es un hallazgo bastante significativo.

Cada vez que el deseo y el odio nos controlan, esto realmente nos atormenta la mente. Imagina, por ejemplo, que un día acabamos de trabajar y volvemos a casa. Cuando llegamos, simplemente nos relajamos y nos tomamos un descanso. Esta es nuestra ocasión de refrescarnos. Aun así, podemos estar sentados con comodidad en casa, solos, sin que nadie nos pueda molestar, pero si nuestra mente está inquieta, no podremos descansar ni relajarnos. Por la noche daremos vueltas en la cama sin poder dormir. Como último remedio, puede que recurramos a las pastillas, a los somníferos. Después conforme más nos desesperamos, nos volvemos auto-destructivos, y empezamos a tomar alcohol o drogas, incluso sabiendo que nos hacen daño. Cuando la mente está asolada por el apego y la aversión, nuestra vida se puede convertir en una desgracia.

Hay una historia que a veces cuento, medio en broma, medio en serio. Imaginemos que al lado de casa tenemos un vecino al que, por una razón u otra, no le caemos bien, y siempre intenta discutir o meterse con nosotros. Si dejamos que nos incite a sentir resentimiento y animosidad, estos sentimientos no tendrán ni el más mínimo efecto dañino sobre él. Pero tienen un efecto inmediato sobre nosotros: nos roban la paz mental. Al cabo de un tiempo no podemos pensar en otra cosa. Perdemos el apetito; o si nos apetece comer, la comida pierde su sabor. Nos cuesta dormir. Si viene un amigo de visita, no conseguimos olvidar nuestro mal humor, y todo lo que logramos pensar es: ¿por qué tiene que venir este a molestarme? El resto de nuestros amigos oye hablar de esto, y se sorprenden de nuestro cambio de carácter, y de que ya no seamos una agradable compañía. Uno tras otro dejan de venir a vernos, y al poco tiempo ya no recibimos visitas. Finalmente nos quedamos solos, dando vueltas a nuestros pensamientos sombríos. Ya no somos ni capaces de salir afuera y disfrutar de las flores del jardín. Aprisionados en nuestra soledad, desbordados de ira y resentimiento, descorazonados y deprimidos, el pelo se nos pone gris y nos hacemos viejos antes de hora.

Si ocurre esto, ¡el vecino estará encantado! Es exactamente lo que él quería: hacernos daño. Cuando vea cómo nos hemos vuelto solitarios, tristes y deprimidos, va a aplaudir y pensar, ¡lo he conseguido!

Pero ¿que ocurre si, aun cuando el vecino hace todo lo que puede para dañarnos, nosotros seguimos serenos y tranquilos, comemos y dormimos bien, y continuamos viendo a nuestros amigos y disfrutando de todos los placeres de la vida? Será él el que se exaspere. Además de que seguimos con buena salud, la intención dañina de nuestro vecino ha sido desactivada.

Finalmente, lo único que puede lograr la ira es perturbar nuestra mente; nunca puede dañar a nuestro adversario.

Además, es completamente inútil enfadarse. Tengo un ejemplo que es bastante cómico. Imagina que mantienes un palo en la mano. Pierdes los estribos, y estás tan alterado que, queriendo golpear a alguien, lo más que puedes hacer es pegar indiscriminadamente en todas direcciones. Puede que le des a cualquier cosa; quizá golpees tu propia pierna. En cambio, si estás muy centrado, con una sonrisa confiada en tus labios, y apuntas con cuidado, seguro que le darás justo a tu objetivo, sin fallar.

EL APEGO Y LA AVERSIÓN: LAS IMPLICACIONES MÁS AMPLIAS

Está claro que el apego y la animosidad son exclusivamente dañinos, y nada más. Pero algunas personas piensan que estas emociones tan poderosas de deseo y odio le dan color a la vida, y la hace excitante. Sin ellas –piensan–, la vida sería aburrida, carente de color y vitalidad. A veces tendemos a admirar a las personas que tienen mucho deseo y agresividad; nos imaginamos que son individuos fuertes y hábiles, que saben realmente cuidar de sus seres queridos y confundir a sus enemigos. Pero si reflexionamos cuidadosamente sobre esto, es como dijo Nagarjuna:

> «Hay algún placer en rascarse un escozor,
> pero es aún más agradable no tener ninguno.
> De la misma forma, podemos encontrar algún placer en los deseos mundanos,
> pero de la libertad de todo deseo proviene un gozo aún mayor».[4]

Esto es así, y no es algo que necesariamente tenga que ver con la religión. Es una simple realidad de la vida. Las aflicciones, y en particular el deseo y la aversión, nos amargan la vida. Nos perturban y provocan todo tipo de problemas.

En la sociedad moderna, todos aceptamos que la falta de conocimiento es perjudicial, y hacemos todo lo que podemos para remediarlo, asegurándoles una buena formación a nuestros hijos. Las personas están de acuerdo en que es de una importancia vital que los niños vayan a la escuela y en los países desarrollados de hoy en día, la gente que no sabe leer se encuentra excluida de todo tipo de oportunidades. Resulta difícil sobrevivir siendo analfabeto, o sin tener una formación; la falta de conocimiento y formación es la causa raíz de la pobreza y la miseria. Por esto dedicamos tanto esfuerzo y tantos recursos a la educación. Sin embargo, cuando el apego y la aversión nos crean también tantos problemas en la vida, ¿por qué no nos enfrentamos a ellos, para intentar reducirlos, de la misma forma en que queremos erradicar la ignorancia con la educación? Pienso que esto merece una consideración atenta.

Por supuesto, podemos decir que el deseo y el odio son naturales, simplemente, y que son características con las que nacemos. Pero lo mismo ocurre con la ignorancia; no nacemos ya educados. Así que no hay diferencia. Las otras especies se han quedado más o menos igual durante millones de años, pero la humanidad ha llegado a ver la ignorancia como una falta, y hemos trabajado duro por educarnos y formarnos. En cierto sentido, esto nos ha hecho la vida mucho más complicada, y nos ha dado mucho más de qué preocuparnos; las consecuencias no han sido todas positivas. Pero el identificar la ignorancia como una falta es claramente correcto. Necesitamos eliminar la ausencia de conocimiento y la educación deficiente. Pero igual que la ignorancia nos puede crear muchos problemas en la vida, estos otros estados negativos de la mente, el apego y la aversión, también son responsables de inmensos sufrimientos, y por ello en el ámbito de la sociedad debemos encontrar maneras de tratar con ellos. Aquí no estoy hablando desde un punto de vista religioso o espiritual; esta es una cuestión de la sociedad en general.

LA VERDADERA PACIENCIA Y TOLERANCIA

Cuando nos enfadamos con alguien, suele ser por algún daño que nos han hecho. Pero lo que realmente ayuda en este tipo de situación, es hacer una distinción clara entre las acciones cometidas, y la persona que las cometió. Esto guarda relación con el desarrollo de la paciencia o tolerancia. La cualidad más importante, de lejos, para evitar que nos enfademos o que generemos resentimiento hacia aquel que nos está dañando, es la paciencia.

Ahora bien, no se debe malentender la paciencia como el

aceptar pasivamente los malos tratos de los demás, sin afrontarlos. Debemos comprender esto correctamente; como dije antes, muchas personas creen que aquellos que muestran emociones fuertes de apego y aversión son fuertes y capaces, porque se defienden a sí mismos. Podríamos pensar equivocadamente que estar libre del deseo y de la ira, cultivar la compasión y practicar la paciencia tan sólo significan aguantar los abusos físicos y verbales de los demás. Pero no se trata de esto. No debemos aceptar los malos tratos de nadie; al contrario, hay que enfrentarse a ellos y actuar con el fin de pararlos. Al mismo tiempo, sin embargo, no deberíamos sentir ninguna ira o malicia hacia la persona que nos está haciendo daño.

Hay razones específicas para sentir compasión hacia esta persona. Tenemos que reflexionar un poco sobre este tema. Cada vez que nosotros hacemos algo mal, y luego sentimos remordimientos y pedimos disculpas por lo que hemos hecho, hacemos una distinción entre el error y la persona que lo ha cometido, que somos nosotros. En cambio, cuando son otras personas las que nos dañan, no hacemos tan fácilmente esta separación entre la acción y el que la realiza. Tomamos la acción dañina como excusa para enfadarnos con la persona que la hizo. En vez de esto, deberíamos hacer la misma distinción, como hacemos cuando se trata de nosotros mismos.

Una vez más, al igual que consideramos nuestra propia acción dañina como un error, debemos comprender que, siendo víctima de sus emociones perturbadoras como el deseo y la ira, la otra persona también está cometiendo un error. Esta es la razón por la que deberíamos sentir compasión. Por nuestra experiencia propia sabemos exactamente cómo es, lo terriblemente mal que uno se siente cuando está abrumado por sentimientos compulsivos de aferramiento y animosidad. Si recordamos que esto es lo que le está pasando a la otra persona, sentiremos compasión por la que nos está haciendo daño.

Esta es la verdadera paciencia y tolerancia. Al mismo tiempo, si sus acciones son injustas e injustificadas, deberíamos enfrentarnos a ellas, afrontarlas y tratar de pararlas.

LA AUSENCIA DE "YO" PERSONAL: LA VACUIDAD DEL "YO" Y DE LO "MÍO"

En las enseñanzas del Buddha, la forma de evitar el apego y la aversión no consiste simplemente en ver sus faltas y evitarlas por un tiempo, si no en ir a la raíz misma: el apego o aferramiento al sentido de un "yo" o ego. Hay distintos tipos de aferramiento, pero en este caso significa el agarrarse a la noción de un "yo" que existe de forma sustancial, y que es de alguna forma autónomo o independiente de los agregados psicofísicos, pero que los controla. Así es como parece ser el "yo", y el creer que es de la forma que parece ser es lo que llamamos *aferramiento al* "yo".

Por tanto, empezamos por establecer que este fundamento autónomo de nuestro aferramiento al "yo", no existe. Luego nos vamos acostumbrando cada vez más a esto, reflexionando y pensando profundamente sobre ello, una y otra vez. En algún momento, aunque la noción de un "yo" siga surgiendo de manera testaruda debido a lo fuertemente habituados que estamos a ella, llegamos a un punto en que somos capaces de darnos cuenta de que, por mucho que busquemos a este "yo" o ego, nunca podemos encontrarlo en ningún sitio, desde la coronilla hasta las plantas de los pies. Si de verdad hubiera algún tipo de "yo" autónomo que estuviera en control de los agregados, deberíamos poder encontrarlo en algún sitio, ya sea en el cuerpo o bien en la mente, en algún lugar entre los diferentes estados de conciencia, burdos y sutiles. Pero nos resulta demasiado difícil encontrarlo. Ver que este "yo" independiente que parece estar allí, en realidad no existe, provoca un impacto sobre nuestro aferramiento al "yo"; lo desgasta y lo reduce.

Entre las escuelas filosóficas del budismo, los Vaibhashikas y los Sautrantikas entienden la ausencia de "yo" sólo en el sentido de la ausencia del "yo" personal, la vacuidad del "yo" y de lo "mío". No hablan de la vacuidad de todos los fenómenos. Como dije anteriormente, esta visión de la ausencia de "yo" del individuo ayuda a reducir el aferramiento a la noción de "yo", y también disminuye el apego y la aversión que están relacionados con el sentido de un "yo" –el resultado de ver las cosas como "mías" y considerarlas buenas o malas–. Pero esto no basta para desgastar el apego y la aversión estableciendo la ausencia de cualquier identidad intrínseca en los *objetos* mismos del apego y la aversión.

LA AUSENCIA DE "YO" DE LOS FENÓMENOS: LA VISIÓN DE SÓLO MENTE

Además de la ausencia de "yo" del individuo, las visiones filosóficas más elevadas de las escuelas de Sólo Mente y del Camino Medio hablan de la ausencia de "yo" de los fenómenos. Establecen que incluso los fenómenos de nuestra experiencia, como los agregados, no son reales y sólidos de la forma en que parecen serlo. Hay muchas etapas y muchos niveles en este proceso. El enfoque de la escuela de Sólo Mente consiste en analizar los fenómenos de nuestra existencia cotidiana, como los agregados psicofísicos, dividirlos en sus partes componentes hasta la partícula más minúscula, y mostrar que, en todo eso, no hay nada que se pueda encontrar. Esto nos lleva a cuestionar nuestra idea cotidiana de que las cosas son reales, sólidas y sustanciales. En otras palabras, empezamos a cuestionar la idea de que las cosas y los eventos externos tienen una realidad intrínseca propia, por su propia cuenta, independientemente de nuestras proyecciones subjetivas. Este proceso nos conduce a la conclusión de que los fenómenos son de la misma naturaleza, de la misma sustancia que la mente que los percibe.

Esto nos ayuda a superar el apego y la aversión, quitándole fuerza a la presuposición de que las cosas poseen sus propias cualidades auténticas e intrínsecas de bondad o maldad, que serían de alguna forma independientes de toda proyección de la mente. La pregunta surge entonces: ¿si los fenómenos no son intrínsecamente reales, por su propia cuenta, de qué manera existen? La respuesta es que surgen como resultado de las tendencias habituales implantadas en nuestra conciencia. Esto es un poco difícil de entender.

Se dice que hay cuatro tipos de tendencias habituales: las de la expresión, las de tipo similar, la visión del "yo", y los vínculos de la existencia condicionada.[5]

Vamos a poner en relación estos cuatro tipos con nuestra percepción de esta flor que está aquí frente a mí. Cuando analizamos la flor, encontramos que no hay nada intrínseco en ella. Podemos entonces preguntarnos qué es lo que realmente es. Según esta presentación, tanto la mente que percibe la flor como la flor percibida por la mente surgen de las tendencias habituales almacenadas en la *conciencia base de todo*. Hemos percibido flores similares en el pasado, y cuando estas percepciones cesaron, se volvieron tendencias habituales almacenadas en la conciencia base de todo. Cuando se encuentran con las condiciones adecuadas, estas tendencias habituales se activan –surgen en parte con el aspecto del objeto percibido, y en parte con el aspecto de la mente que percibe–. El objeto percibido y la mente que percibe son de la misma sustancia. Los dos surgen de la misma causa o semilla que los perpetúa. Y puesto que tanto el aspecto subjetivo como el objetivo de la percepción provienen de la misma semilla, decimos que son de la misma identidad. Es así como llega a haber percepción, al despertarse las *tendencias habituales de tipo similar.*

Luego la base o razón por la que la etiquetamos como "flor", es la huella de la *tendencia habitual de expresión*. Aquí se vuelve un poco complicado, porque habitualmente se dice que esta base del etiquetar existe según sus propias características. En cualquier caso, hay cierta base o fundamento para este acto de etiquetar, pero no hay algo que exista por su propia cuenta, que es lo que nos parece a nosotros. Nuestro aferramiento a la idea de que es de la forma que parece ser es la *tendencia habitual de la visión del "yo"*, y también la *tendencia habitual de las ramas de la existencia condicionada*; pero es sobre todo la tendencia habitual de la visión del "yo". Así es como se explica que una simple cognición implica a varias huellas distintas, de diferentes tipos de tendencias habituales.

Por ejemplo, el hecho de que esta flor aparezca como una flor se basa en la tendencia habitual de tipo similar. Cuando la etiquetamos como una flor, esto se basa en la tendencia habitual de expresión. La impresión de que esta base a la que aplicamos la etiqueta de "flor" existe por su propia cuenta proviene de la tendencia habitual de la visión del "yo". Esta impresión es falsa; es lo que estamos negando, en otras palabras, lo que debemos refutar.

En cualquier caso, si refutamos la existencia de los objetos externos, debemos encontrar una explicación alternativa para todos los fenómenos del *samsara* y el *nirvana*. Así, según la explicación de la escuela de Sólo Mente estas apariencias son aspectos de conciencia que surgen debido a la activación de tendencias habituales. Se vuelve complicado cuando explicamos el proceso detalladamente, pero lo importante es que estas apariencias no son más que la mente que se percibe a sí misma, y sus percepciones. De esta manera es como la escuela de Sólo Mente explica la ausencia de "yo" de los fenómenos. Y esta explicación es útil, porque cuando vemos que estos objetos que nos hacen sentir apego y aversión, no existen de forma independiente de nuestra percepción, entonces se reduce nuestro apego y nuestra aversión. Aun así, como son defensores de la existencia verdadera, los seguidores de la escuela de Sólo Mente hacen una distinción entre los objetos externos, que no existen realmente, y la mente interna y perceptiva que sí que existe intrínsecamente por su propia cuenta.

LA AUSENCIA DE "YO" DE LOS FENÓMENOS: LA VISIÓN DEL CAMINO MEDIO

Podemos examinarlo más profundamente aún. Según los textos del Camino Medio, en los fenómenos conocibles no hay tal separación entre las categorías de lo externo y lo interno; tanto los objetos externos percibidos, como la mente que los percibe, se encuentran desprovistos de toda existencia verdadera o intrínseca. El apego y la aversión son estados mentales, y se demuestra que todos los estados mentales están desprovistos de verdadera realidad.

Así, gracias a la meditación sobre la ausencia de "yo" del individuo, se reduce el aferramiento al "yo"; y luego con la meditación sobre la ausencia de "yo" de los fenómenos, y al comprender que ninguno de los fenómenos de nuestra experiencia existe realmente, empezamos a ver las cosas más como ilusiones. Empezamos a perder nuestra impresión habitual de que las cosas son tan sólidas y fijas, y también la idea de que aquello que es bueno sólo puede ser bueno, y aquello que es malo no puede nunca ser más que malo. Es así como la realización de la ausencia de "yo" corta la raíz del aferramiento al "yo".

11. LA VIDA, LA MUERTE Y LA PRÁCTICA

Volvamos ahora al texto de Longchenpa:

> «En breve, sin transgredir jamás el Dharma en todo
> lo que hagas,
> trae tu mente bajo control, no hagas daño a los demás».

La forma de evitar «transgredir el Dharma en todo lo que hagamos» con el cuerpo, palabra y mente consiste, como dijimos anteriormente, en cultivar la atención, la vigilancia introspectiva y la meticulosidad, de forma que lo que hagamos no dañe a los demás de ninguna manera.

> «Y sin sucumbir, ni por un instante, a las aflicciones mentales,
> dedica tus días y tus noches a la virtud; ¡esto es crucial!»

> «Hoy en día, que las personas son tan indisciplinadas,
> es vital que primero alcances tu propio bienestar
> permaneciendo en soledad.»

Hay muchas personas difíciles y perturbadoras hoy en día, como dice Longchenpa, y puede ser muy difícil lograr el beneficio de los demás. Por eso es más importante que alcancemos nuestro propio bienestar en el aislamiento y en la soledad. Para ilustrarlo dice:

> «Igual que un ave no puede volar sin sus dos alas,
> el bienestar de los demás no puede lograrse sin las
> facultades superiores de percepción;
> así que esfuérzate con empeño por alcanzar tu propio bienestar,
> mientras que mentalmente consideras el de los demás.
>
> Sin permitir que tu mente sea engañada por los *maras*
> tortuosos de la distracción y las ocupaciones,
> es vital que te apliques a la práctica».

Si nuestros esfuerzos por beneficiar a los demás son superficiales, y nos dejamos engañar y llevar por las fuerzas obstaculizadoras de la distracción, puede que presumamos de estar practicando el Dharma o logrando algo beneficioso para los demás, pero en realidad no será así. Por muy noble que parezca todo, en realidad no estaremos haciendo nada valioso. Longchenpa llama a esto el estar «engañado por los *maras* tortuosos de la distracción y las ocupaciones».

EL MENSAJE DE LA IMPERMANENCIA Y DE LA MUERTE

> ¡No seas tú mismo la causa de que te arrepientas en el momento de la muerte!

En el curso de nuestra vida puede que intentemos impresionar a otras personas y alardear de nuestras hazañas y cualidades, tapando nuestros fallos. Hasta cierto punto puede funcionar, y puede que los demás se lo crean. Pero cuando se acerca la muerte, no hay lugar para semejantes engaños. No tenemos ninguna fuerza o poder que pueda arreglar la situación; no hay riqueza o recurso con el que podamos sobornar a nadie; de hecho no podemos hacer nada. Cuando la muerte se aproxima, cada uno de nosotros tiene que pensar larga y profundamente, y examinar su mente con total sinceridad. Debemos preguntarnos: ¿Qué he hecho de mi vida? ¿Ahora que voy a morir, que verdadera confianza tengo? ¿Qué sentido de logro? Si al preguntarnos estas cosas no encontramos nada, ¡será que hemos sido bastante necios! En palabras de Longchenpa: «¡No seas tú mismo la causa de que te arrepientas en el momento de la muerte!».

> «Por tanto, inspecciona tu mente, haz que esté lista ahora.»

La expresión tibetana usada en esta frase transmite un sentido de preparar la mente, haciendo que esté lista y maleable como un campo que ha sido preparado, a punto para sembrarlo y que crezca la cosecha.

> «Y considera esto: Si fueses a morir ahora mismo, ¿qué sería de ti?
> Sin ninguna seguridad acerca de adónde irías o qué podría ocurrir,[1]
> pasar tus días y noches en las garras de la confusión y la distracción,
> es dilapidar y hacer que las libertades y ventajas carezcan de sentido.
> Por tanto, medita acerca del significado esencial, solo y en solitario.
>
> Porque es ahora cuando realmente necesitas una estrategia a largo plazo.»

En otras palabras debemos empezar a practicar ahora, para que podamos lograr de verdad el objetivo último, a largo plazo.

> «¿Cómo puedes estar seguro de adónde irás en el futuro?
> ¡Debes aplicarte a la práctica de manera diligente,
> hoy mismo!»

Debemos apreciar la oportunidad extraordinaria de practicar el Dharma que nos brinda esta preciosa vida humana, y la libertad que nos da de dedicarnos a lo que realmente tiene sentido. Lo que más nos ayuda a hacer el mejor uso de esta oportunidad es la meditación sobre la impermanencia.

Hay dos niveles de impermanencia: la impermanencia sutil del cambio momento a momento, y la impermanencia más obvia del cambio. Este verso se refiere a la segunda forma, que es más visible.

La muerte llega sin duda para todos nosotros. Una vez que hemos nacido, la muerte es inevitable. Y cuando llega, nada de lo que tengamos, nuestras riquezas y posesiones, nuestros parientes y amigos, nuestra fama y reputación, nada de esto nos podrá ayudar en lo más mínimo. Esto está suficientemente claro. Una vez que hemos muerto, no dejamos simplemente de ser, como una flor que se marchita. Como hemos visto anteriormente, la conciencia continúa. Quizá no acepten con completa certeza que hay vidas futuras, pero pienso que también sería muy difícil descartar por completo la posibilidad. ¿Qué razones pueden aducir para negar las vidas futuras? ¿El hecho de que no todo el mundo cree en ellas? ¿O que no han podido comprobar que existen con sus propios ojos? Quizá estas son las únicas razones. Pero si no aceptan la posibilidad de vidas futuras, tampoco pueden aceptar la de las vidas pasadas; y sin embargo hay claros testimonios de personas que recuerdan sus vidas pasadas. También hay algunos que pueden predecir sus vidas futuras. De alguna forma tendrían que poder explicar estos fenómenos.

Asimismo hay razones para creer en las vidas pasadas, pero no hay mucha base posible para descartar completamente la posibilidad de que existan, aparte del hecho de que nosotros no tenemos experiencia directa de ellas –y esto es sólo una razón para dudar, no para excluir completamente la posibilidad–. Creo que podemos decir que hay más pruebas a favor de la existencia real de las vidas pasadas, que en contra. Además, no hay ninguna prueba concreta que nos obligue a descartar que sean posibles. Creo también que si nos negamos a aceptar las vidas pasadas y futuras, entonces tenemos que aceptar la noción de "producción sin causa".[2] Deberemos, pues, decir que el universo surgió espontáneamente sin causa alguna, y habrá muchas preguntas a las que no podremos dar respuesta.

Por otro lado, si hay vidas pasadas y futuras, lo único que nos puede beneficiar de cara al futuro son las tendencias habituales virtuosas que generemos ahora en nuestro continuo mental, porque este continuo de conciencia es lo que continúa. Cualquier cosa que se relacione con el nivel del cuerpo físico, por muy útil que pueda sernos en esta vida, no nos aportará ningún beneficio en el futuro. Hasta aquí está claro.

De todas formas, tanto si aceptamos la existencia de vidas pasadas y futuras como si no, la muerte es algo que todos tememos y que ninguno de nosotros desea. Y por mucho que no la queramos, con toda certeza nos va a llegar. El hecho de que algo que no deseamos vaya a ocurrir nos crea ansiedad y miedo. Pero puesto que sabemos que es inevitable, sería mejor que la aceptáramos y nos reconciliáramos ya con ella. Deberíamos aceptar que el hecho de que vamos a morir es simplemente una realidad natural de la vida. También es un hecho que vamos a hacernos viejos. Si nos negamos a aceptar estas realidades, y preferimos no pensar en la muerte porque nos resulta demasiado desagradable, cuando llegue el día en que vayamos a morir, experimentaremos un gran miedo y pánico. En cambio, si pensamos ya en la muerte, en como es, en lo que implica el proceso de morir, y en qué tipo de pensamientos conviene que tengamos mientras morimos, todo esto nos ayudará a prepararnos para el momento de la muerte, y disminuirá nuestros miedos y ansiedades innecesarias.

Así que, tanto si creemos en las vidas pasadas y futuras como si no, el aceptar la certeza de la muerte y pensar en ella por adelantado, sólo puede traernos beneficio. Si no pensamos nunca en ella, al final sólo podemos esperar un tremendo miedo y sufrimiento.

La muerte es segura, pero el momento de la muerte es incierto. Por eso debemos pensar en lo que nos va a ocurrir después de la muerte, y tenemos que prepararnos para morir buscando qué nos puede ayudar. Esta es la forma de reflexionar sobre la muerte y el proceso de morir.

El texto continúa:

> «Estas apariencias ilusorias del *samsara* son como senderos traicioneros.
> Mantén esto en mente: debes encontrar los métodos para liberarte.
> Porque si permaneces engañado, vagarás por siempre en la ilusión».

Ahora que hemos obtenido la maravillosa oportunidad de una existencia humana con sus libertades y ventajas y que podemos esforzarnos por alcanzar nuestro objetivo último, si no sacamos todo el partido de esta oportunidad, habremos perdido nuestro tiempo y echado a perder esta ocasión, y «vagaremos por siempre en la ilusión».

> «Así que, despierta la perseverancia y guarda esto en tu corazón.
> El océano de las aflicciones mentales y el mar del aferramiento a uno mismo son difíciles de atravesar,
> pero ahora que posees la nave de las libertades y las ventajas, ¡utilízala para llegar a la orilla lejana!»

Ahora debemos liberarnos de este océano del *samsara*, con sus turbulentas olas de las aflicciones mentales, y del inmenso mar del aferramiento a uno mismo, tan difícil de cruzar, que constituye la raíz de estas aflicciones. Tenemos la oportunidad que nos brindan las libertades y ventajas de esta vida humana; por eso debemos esforzarnos por lograrlo.

> «Ahora que, por la fuerza de tus méritos, has obtenido esta rara oportunidad–el acceso a los caminos de la liberación y la iluminación, tan difíciles de encontrar–,
> ¡esfuérzate con profunda sinceridad para conseguir el beneficio y la felicidad!»

Ahora tenemos la maravillosa oportunidad de encaminarnos hacia la liberación y la omnisciencia; este es el fruto del mérito que hemos acumulado durante muchas vidas en el pasado. Así que ahora que tenemos la posibilidad de asegurar nuestra felicidad durante muchas vidas por venir, debemos despertar nuestra perseverancia, entusiasmo y diligencia, desde lo más profundo de nuestro corazón, para lograr el bienestar y la felicidad últimos.

> «La vida es transitoria y cambia de un momento a otro,
> y nos engañamos hábilmente con distracciones,
> postergando la práctica virtuosa.»

Mientras llenamos el tiempo con preocupaciones que parecen muy importantes, pero que realmente carecen de significado, la vida pasa volando, a toda velocidad. Las distracciones siempre son ingeniosas y hábiles en el momento de engañarnos. Y mientras, día tras día, una y otra vez vamos postergando nuestras actividades virtuosas. Según va discurriendo la vida, puede que pasemos cada vez más tiempo intentando ganar dinero y avanzar en nuestra carrera profesional, y el tiempo que dedicamos a la práctica espiritual va disminuyendo. Pensamos que deberíamos dedicar más tiempo al trabajo, y por ello nos levantamos más pronto y nos quedamos hasta más tarde trabajando por las noches, y lo que reducimos para encontrar este tiempo es la práctica espiritual. Gradualmente llegamos a olvidarnos de la práctica espiritual y a disminuir su importancia. Esto puede ocurrir, ¿verdad que sí?

> «Como nos hemos acostumbrado durante mucho tiempo al engaño.»

Fundamentalmente, las causas del engaño son el aferramiento a la verdadera existencia y el aferramiento al "yo". Estos dos aferramientos son tan sólidos e inquebrantables como un diamante, y todos nosotros los llevamos en el corazón. Hasta ahora, de hecho, los hemos adoptado como nuestro refugio. No hay ni un solo ser vivo, ni siquiera un insecto minúsculo que no quiera ser feliz; pero el que adopta, como fuentes de refugio, el aferramiento a la verdadera existencia y el aferramiento al "yo", nunca puede alcanzar la felicidad.

Ahora, llegados a este punto, podemos ver el error del aferrarse al "yo". Hemos visto cómo esta actitud de aferrarse a un "yo" donde no lo hay, es errónea. Hemos visto que el aferramiento al "yo" es la raíz misma de los diversos miedos del *samsara*. Podemos ver cómo hemos depositado nuestra confianza en el aferramiento a la existencia verdadera y en el aferramiento al "yo", y cómo todo lo que hemos hecho hasta ahora ha sido abandonarnos completamente a ellos, en cuerpo y alma. Lo que necesitamos ahora es un cambio completo de actitud.

> «A cada instante caemos naturalmente en las aflicciones mentales.»

Hasta ahora hemos estado tan afianzados en nuestros hábitos, que las acciones negativas, las aflicciones y la falta de control sobre nuestra mente se han vuelto naturales, instintivas para nosotros, como una segunda naturaleza.

> «E incluso si nos aplicamos al mérito y a la virtud,
> encontramos que estos no surgen con facilidad.»

El intentar poner en práctica los antídotos a la negatividad y las acciones virtuosas que nos permitirán alcanzar la felicidad temporal y última, puede parecer una lucha, como si quisiéramos nadar a contracorriente. En cambio, las acciones negativas que nos resultan tan completamente naturales, son más como dejarse flotar y llevar por la corriente.

> «Por tanto, ¡esfuérzate por evitar los sufrimientos
> producidos por tus propias acciones!»

Es ahora mismo cuando hemos de aplicarnos, con esfuerzo, para asegurarnos la felicidad duradera.

> «En los estados del *samsara* no podemos encontrar
> ni la más leve alegría.
> Si lo piensas, los sufrimientos de la existencia
> condicionada son imposibles de soportar.

> Por tanto, aplícate ahora mismo a los medios para obtener la libertad.»

Nuestros aferramientos engañosos a la verdadera existencia y al "yo" son tanto la raíz como los capitanes de nuestras aflicciones. Mientras estemos bajo su dominio, seguiremos experimentando una forma de sufrimiento tras otra, hasta el mismo fin del universo. Esto lo podemos observar en nuestra propia experiencia, hasta el día de hoy.

> «Si no te dedicas seriamente al significado esencial,
> el estado de ocio y el Dharma intermitente no te traerán beneficio».

Debemos hacer uso de esta oportunidad y perseverar. Es muy poco probable que practicar el Dharma ocasionalmente durante algunos meses, o incluso llevar a cabo un retiro de tres años, sea suficiente para llevarnos a la completa iluminación. Deberemos perseverar eón tras eón, para alcanzar el objetivo final, la liberación y la omnisciencia.

> «Así que desarrolla un fuerte sentido de hastío por todo lo que es impermanente,
> y, sin distraerte ni un instante, ¡genera entusiasmo por la práctica!
> ¡Si comprendes esto desde el comienzo mismo,
> alcanzarás con rapidez la condición de un ser sublime!
> Al lograr tu propio bienestar, el bienestar de los demás acaecerá naturalmente,
> y encontrarás el camino supremo de liberación de los estados del *samsara*.

Cuando todo lo que haces está acorde con el Dharma, entonces, eres alguien que posee la base para alcanzar la iluminación.»

Esto concluye la segunda sección, que es una explicación acerca del practicante individual, el meditador, tomado de *Encontrar serenidad y soltura en la meditación de la Gran Perfección*.

12. EL DHARMA QUE SE VA A PRACTICAR: LOS PRELIMINARES

La tercera sección de *Encontrar serenidad y soltura en la meditación de la Gran Perfección* trata del Dharma que se va a practicar.

Esta sección se divide en tres partes: A) las prácticas preliminares, B) la práctica principal, y C) las prácticas finales.

A. Las prácticas preliminares

Los preliminares generales y específicos

> «La reflexión sobre la impermanencia y el sentimiento de desencanto constituyen los preliminares generales.»

El meditar sobre la impermanencia, reflexionar sobre los sufrimientos del *samsara* y contemplar los efectos del *karma* –la ley de causa y efecto– constituyen las prácticas preliminares generales. Esto es lo que nos motiva para buscar la liberación. Como vimos anteriormente, debemos tener una cierta comprensión de por qué el *nirvana*, el «ir más allá del sufrimiento», es la característica clave de las enseñanzas del Buddha; esta comprensión se puede obtener de los preliminares generales.

> «Que contrarrestan radicalmente nuestro apego a las cosas de esta vida.»

Puesto que nuestra motivación en estos preliminares no se limita al interés por obtener mejores renacimientos, si no que abarca el deseo de alcanzar la liberación, entonces debemos abandonar el apego a las cosas de esta vida, y a las de las vidas futuras también. Esto corresponde a los caminos de los seres de capacidades inferiores y medias.[1] Tal como hemos visto, los preliminares generales nos pueden llevar a mejores renacimientos y al bienestar definitivo de la liberación; sin embargo, es el preliminar específico que consiste en generar la *bodhichitta*, mencionado seguidamente en el texto, el que constituye la causa para que podamos alcanzar el nivel último de la omnisciencia. Vamos ahora a examinar la *bodhichitta* con más profundidad. El texto continúa:

> «Y la compasión y la *bodhichitta* son los preliminares específicos
> que transforman toda práctica espiritual en el camino del Mahayana.»

Aquí la secuencia es que, al principio, tenemos que poner fin a nuestro apego al *samsara*, y empezar a practicar el Dharma con el deseo de alcanzar la liberación. Luego debemos generar la *bodhichitta*, cuya raíz es el amor y la compasión, y practicar las enseñanzas del Mahayana.

> «Entrénate, por tanto, desde el principio en estos dos preliminares.»

LOS PRELIMINARES ESPECIALES Y SUPREMOS

«Luego están las prácticas preliminares especiales y supremas.
Tras heber recibido todas las transmisiones de poder, la fase de generación tiene dos aspectos»:

1. La percepción pura de la deidad

«El imaginar tu propio cuerpo como la deidad, y el entorno
y los seres que te rodean como la deidad también,
contrarrestan el aferramiento a nuestra percepción ordinaria.»

Una vez que uno ha completado los preliminares generales, están los preliminares extraordinarios o «especiales y supremos», que implican: recibir las transmisiones de poder, mantener correctamente la disciplina y los compromisos del *samaya*, y entrenarse en la práctica de la fase de generación. En esta fase de generación visualizas con claridad la apariencia de la deidad, para contrarrestar tu fijación en percibir el universo de forma ordinaria. Luego, como dice Longchenpa, te adentras en la práctica del *guru yoga*, que es la fuente de todas las bendiciones:

2. El **guru yoga**

«Al practicar el profundo camino del *guru yoga*,
bendiciones inconmensurables surgen por la fuerza de la realización;
todos los obstáculos se dispersan, y se logran los dos tipos de *siddhi*.

Por tanto, después de los preliminares generales y específicos, practica los dos preliminares supremos.»[2]

«Como fruto de estos cuatro preliminares surgen cualidades ilimitadas:
tu mente entra en el camino certero;
alcanzas el camino supremo de la liberación;
rápidamente llegas a la realización de la condición natural;
se vuelve fácil entrenarte en las prácticas principales, sin obstáculos;
los logros se alcanzan sin dificultad, y así sucesivamente.
Por eso es crucial entrenarse en estos preliminares.»

13. LA *BODHICHITTA*, EL CORAZÓN DE LA MENTE ILUMINADA

La amplitud de la motivación

Examinemos ahora la *bodhichitta*, la intención altruista de alcanzar la iluminación para el beneficio de todos los seres. El que tu práctica se pueda realmente considerar una práctica Mahayana depende de si has desarrollado o no esta *bodhichitta*, y si consideras que el bienestar de los demás es más importante que el tuyo propio.

Cuando nos embarcamos en una determinada actividad, siempre empezamos con algún tipo de objetivo, y es lo que nos incita a pensar: «voy a hacer esto, con este u otro propósito». Esta es la forma normal de hacer las cosas. Aquí, en este momento estamos siguiendo el camino que nos llevará a la liberación. Simplemente el reconocer lo que es la liberación, nos inspirará a pensar: «quiero alcanzar la liberación». Y cuando comprendamos la importancia de alcanzar la liberación, y los inconvenientes del estado no liberado, nos sentiremos determinados a lograrla. Esto, a su vez, nos dará el incentivo para adoptar los tres entrenamientos superiores –la disciplina, meditación y sabiduría– que son la causa concreta que hace que alcancemos la liberación.

Exactamente de la misma forma, si nuestro objetivo es el estado de la omnisciencia, tenemos que albergar un deseo profundo de buscar alcanzar la omnisciencia. Pero hay otro requerimiento adicional para poder alcanzar la omnisciencia, que es una «vasta colección de acumulaciones». Esto significa que toda nuestra actitud debe ser realmente muy especial.

Si examinamos los eventos ordinarios del mundo, hay casos en que los individuos actúan por su beneficio propio, y otros en que actúan por el beneficio de muchas personas. En cuanto a la intención de producir felicidad y bienestar, el impulso es el mismo en los dos casos. Pero el único objetivo de la primera persona es la felicidad personal, mientras que la segunda quiere asegurar la felicidad de otros. Es interesante que, cuando a alguien le motiva sólo el interés propio, nadie lo ve como algo particularmente notable, ¿verdad? En cambio, cuando alguien tiene la motivación de ayudar a muchos seres sensibles, en general se le considera admirable. No me estoy refiriendo a un contexto espiritual, sino a un punto de vista ordinario. Una actitud así naturalmente impresiona a las personas, que se alegran de que alguien esté actuando por el beneficio de otros. Es una respuesta natural.

Examinémoslo ahora desde un punto de vista espiritual. Mientras estemos motivados sólo por nuestros intereses, y pensemos: «¿cómo puedo *yo* adquirir las cualidades que provienen de liberarme a *mí mismo* de todas las faltas que debo eliminar?», nuestra motivación tendrá un alcance muy estrecho. Por ello, puede que logremos la sabiduría que comprende la vacuidad, o que practiquemos la generosidad y mantengamos perfectamente la disciplina; pero sea cual sea la práctica que hagamos, el estar centrados sólo en nosotros mismos, disminuirá automáticamente la fuerza de nuestros actos.

Ahora, supongan que no nos centramos solamente en nosotros mismos, sino en todos los seres sensibles, en número ilimitado, que han sido todos nuestras madres en alguna vida u otra, y que no quieren más que ser felices y evitar el sufrimiento, exactamente igual que nosotros. La aspiración altruista de asumir la responsabilidad del bienestar de los demás hará que el alcance de nuestra *actitud* sea mucho más *amplio*. Nuestro *objetivo* también será mucho más *vasto*, porque nos centraremos en los innumerables seres vivos.

En cuanto al objetivo último que pretendemos lograr, es nada menos que eliminar todas las faltas y adquirir todas las cualidades. Para embarcarnos en esto, reunimos todo nuestro valor y determinación, sin pensar en la duración del proceso o en las dificultades que pueda conllevar. Y gracias a esta actitud, cualquier práctica que hagamos, ya sea el mantener una perfecta disciplina, practicar la generosidad, o desarrollar la sabiduría que comprende la vacuidad, todos nuestros *esfuerzos* tendrán una gran *amplitud* en su fuerza y alcance.

A fin de que nos lleve a la omnisciencia, esta actitud debe combinarse con una gran acumulación de *mérito*. Porque, si nuestra acumulación de méritos se combina con esta *bodhichitta* que pone el bienestar de los demás por encima del nuestro propio, las acumulaciones se podrán completar con mayor rapidez. Así podemos ver que la práctica de la *bodhichitta* está impregnada de una fuerza enorme.

LAS RAÍCES DE LA COMPASIÓN

Que podamos o no hacer surgir la *bodhichitta*, y la fuerza que esta tendrá, dependerán básicamente de nuestra compasión. Todos tenemos compasión, hasta cierto punto. Por ejemplo, cuando pensamos en alguien que sufre, naturalmente sentimos compasión, y deseamos que esta persona esté libre de sufrimiento y angustia. Esto parece ser una experiencia básica. Pero ahora tomamos esta compasión que ya poseemos, y la ampliamos hasta que no tenga ningún sesgo ni restricción, y se transforme en una compasión intrépida, impregnada de «una decisión altruista extraordinaria», de que tú mismo *puedes* y *vas* a liberar a todos los seres del sufrimiento y guiarlos hacia la iluminación. Esto es lo que significa *gran compasión*. Es la fuente y la raíz de la *bodhichitta*.

Lo que hacemos entonces es empezar con nuestra capacidad natural de empatía, este sentimiento amoroso y bondadoso que todos sentimos hacia los demás, y lo unimos con la sabiduría, ampliándolo y fortaleciéndolo progresivamente. Sin embargo, para que podamos desarrollar el deseo compasivo de liberar a los demás del sufrimiento, primero debemos identificar lo que es el sufrimiento, desde nuestra perspectiva propia. Luego, por extensión, podremos sentir empatía hacia aquellos que experimentan algún tipo de sufrimiento. Estas dos etapas son esenciales.

Ya hemos hablado de la vida humana con sus libertades y ventajas, de la muerte y la impermanencia, del sufrimiento del *samsara*, y del *karma*, las causas y los efectos de nuestras acciones. Estas contemplaciones nos muestran con toda claridad que la naturaleza misma de nuestra experiencia actual es el sufrimiento. La raíz de este sufrimiento se halla en la manera en que caemos bajo el dominio de nuestras emociones negativas. Puede que pensemos: esto se debe a circunstancias externas, ¿no es verdad? Pero la causa de nuestras dificultades no está fuera de nosotros, sino dentro. Las aflicciones o emociones perturbadoras que se encuentran en la propia mente son nuestros verdaderos enemigos, y debemos reconocerlas como tales. Tenemos que comprender lo peligrosas que son estas emociones negativas, y lo necesario que es librarnos de sus garras.

Se dice que hay dos maneras de desarrollar un sentimiento profundo de empatía hacia una persona que sufre. La *primera* pasa por ver a todos los seres sensibles como muy próximos y queridos. Pensamos en las personas individuales que han sido lo más amables con nosotros en esta vida –quizá pensamos en nuestros padres, o en nuestra madre–. Apreciamos la bondad profunda que esta persona ha mostrado hacia nosotros, y luego consideramos que todos los seres sensibles son tan buenos como ella. La empatía se desarrolla a partir de considerar a todas las personas como queridas y cercanas, hasta el punto de que no podemos soportar ver sufrir a alguien.

La *segunda* forma de desarrollar la empatía consiste en reflexionar y comparar los efectos perjudiciales de una visión centrada en uno mismo, con los beneficios que conlleva el tener siempre en nuestro corazón el bienestar de los demás, hasta llegar a quererlos más que a uno mismo.

COMPARAR UNA VISIÓN CENTRADA EN UNO MISMO CON UNA VISIÓN ALTRUISTA

Este punto se explica de forma concisa en *The Way of the Bodhisattva*,[1] con el famoso verso:

> «Toda la felicidad que hay en este mundo
> proviene de desear que los demás sean felices.
> Y todo el sufrimiento que hay en este mundo
> viene de desear la felicidad para uno mismo».

En nuestro mundo, todas las cosas que son por naturaleza benéficas –en otras palabras, las cosas positivas que contribuyen a la felicidad y al bienestar a corto o a largo plazo– provienen fundamentalmente de una actitud de cuidar a los demás. Esta es la conclusión. Y todas las cosas de este mundo que son de mal augurio, que producen infelicidad a corto plazo y sufrimiento a largo plazo, tienen su origen en la actitud de preocuparse solamente por uno mismo.

Ahora bien, mientras estemos preocupados únicamente por nosotros mismos, y por nuestras necesidades a corto plazo, pensando: «¿cómo voy a tirar adelante?, ¿qué necesito?, ¿qué debería tener...?», el espectro de nuestra mirada seguirá siendo muy estrecho. Seguiremos aprisionados en un estado mental acalambrado y claustrofóbico, incapaces de soportar cualquier infortunio o incomodidad. Además de esto, tenderemos a eludir nuestras responsabilidades y a culpar a los demás, diciendo cosas como: «Fulanito no hizo lo que debería haber hecho», o «¡Mira cómo me está tratrando!». Hasta las dificultades más pequeñas se multiplican y generan problemas interminables.

¿Por qué no rechazamos entonces esta actitud, y pensamos en cambio en los seres infinitos, que sin excepción han sido nuestros seres próximos y queridos, vida tras vida? Quizá ahora mismo no podemos imaginar del todo lo que significa "seres infinitos". Podemos, entonces, empezar por pensar en los que están cerca de nosotros, con los que mantenemos contacto seguido, e intentar comprender que fundamentalmente todos somos iguales: como nosotros, todo lo que ellos desean es ser felices y evitar el sufrimiento. Sólo con el más leve esfuerzo por pensar de esta manera, nos damos cuenta de que nuestra mente automáticamente se abre y se vuelve más espaciosa. Nuestra perspectiva se amplía, y ya no estamos tan obsesionados con nuestro propio sufrimiento y nuestras dificultades. Vemos que simplemente *somos uno entre muchos*, que todos sufrimos, y que nuestro sufrimiento en comparación es relativamente pequeño. El sentimiento de que nuestro sufrimiento es tan abrumador e insoportable se difumina; hay un cambio de verdad.

Así llegamos a darnos cuenta de que si, día tras día, nos preocupamos nada más por nosotros mismos, nos van a ocurrir todo tipo de desgracias, y nuestra infelicidad se irá acrecentando cada vez más. Pero cuando pensamos en el bien de los demás, la mente se nos vuelve *automáticamente* más espaciosa, y la excitación y la tristeza nos afectarán con menor intensidad. Así, si lo examinamos con atención, nos daremos cuenta de que cuando tenemos la motivación de beneficiar a los demás, *nuestro propio bienestar está naturalmente asegurado*. Observaremos también que cuando sólo pensamos en nosotros mismos, e ignoramos a los demás o no pensamos en ellos, el resultado es que no somos felices. De hecho, no se logra nada que sea de beneficio para nadie, y la felicidad nos sigue evitando. Esto está muy claro.

Los resultados a largo y corto plazo

En el fondo de nuestro corazón, todos queremos la felicidad. Pero debemos usar la inteligencia para distinguir lo que a largo plazo nos va a llevar realmente a la felicidad. Consideremos, por ejemplo, a alguien que está enfadado, fuera de sí, y que se enrabia tanto que pierde todo sentido de moderación e intenta dañar o incluso matar a alguien. Si usa su inteligencia, se dará cuenta de que abandonarse a la ira y dañar a alguien probablemente lo llevará a ser arrestado y castigado o encarcelado. En el peor de los casos puede significar la pena de muerte. Por eso comprendemos que sería un grave error. En el calor del momento, en las garras de la emoción hay un deseo compulsivo de actuar, impulsado por la ira. Pero este deseo es engañoso, y es necesario detenerlo.

En el instante en que uno se deja llevar por la rabia, se imagina que sacará algún tipo de satisfacción al dañar a alguien. Esto no tiene ningún sentido, porque lo único que está haciendo, a la larga, es provocar su propia ruina. Dicho como regla muy general, todo el mundo está de acuerdo en que lo importante es lo que aporta un beneficio duradero. Por eso nuestras costumbres y leyes reflejan la necesidad de limitar nuestros deseos e impulsos egoístas a corto plazo, porque a la larga sólo causan problemas y desgracias.

El preocuparse por los demás nos beneficia a la larga, y de hecho a corto plazo también. Una vez que nos damos cuenta de esto, podemos ver el extraordinario valor de una actitud que no conlleva más que beneficios, tanto para los demás como para uno mismo. Al mismo tiempo, vemos lo necesario que es reducir su opuesto, la actitud de mirar sólo por uno mismo, actitud que no sólo no beneficia a los demás, sino que ni siquiera nos sirve a nosotros.

Cuando decimos que la preocupación por uno mismo es una falta que debemos eliminar, esto se puede malinterpretar y uno puede pensar que significa que no deberían quererse a ustedes mismos. No podría haber mayor error que este. Todo lo contrario, el amor *debe* empezar por uno mismo. Tienes que quererte a ti mismo, y sólo entonces podrás ampliar este amor y abarcar a los demás. Las personas que no sienten amor por sí mismas encontrarán muy difícil el querer a los demás.

En primer lugar, entonces, tenemos que empezar por querernos a nosotros mismos. Al comprender y ver cómo los demás son básicamente iguales a nosotros, lo parecidos que somos todos, podremos ampliar este amor a los demás, apreciando de forma más y más profunda que ellos también desean ser felices y evitar el sufrimiento.

Dejadme resumir todo esto citando una vez más *The Way of the Bodhisattva*:[2]

> «¿Qué necesidad hay de decir más?
> Los que son como niños obran por su propio beneficio,

mientras que los buddhas obran por el beneficio de los demás.
¡Observa nada más la diferencia entre ellos!».

LA HERENCIA DE LA COMPASIÓN

Puede que nos hagamos una pregunta. Nuestro maestro, sabio entre los sabios, el Buddha Shakyamuni, fue una tan gran personificación de los medios hábiles y de la compasión. ¿Cuáles fueron las causas y condiciones que permitieron que alcanzara semejantes niveles de sabiduría, de amor y de fuerza espiritual? La respuesta se encuentra en la despreocupación del Buddha por su propio bien, y su dedicación a procurar por el beneficio de los demás. En algún momento hizo nacer en su mente esta actitud altruista, cuando esta aún no había surgido; la mantuvo una vez hubo surgido; y luego la hizo fructificar, reforzándola al mismo tiempo con la sabiduría que iba desarrollando sin parar. Siguiendo este camino con un valor sin vacilación, finalmente acabó estando «libre de todas las faltas y dotado de todas las cualidades».

Hasta ahora, nuestra estrategia constante ha consistido en intentar lograr felicidad para uno mismo, de forma egoísta; pero esto no nos ha aportado la felicidad que buscábamos. Como vimos anteriormente, además de mimarnos a nosotros mismos también nos hemos agarrado a la creencia de que las cosas son reales. Estos dos tipos de aferramiento han impedido que se cumplan nuestros deseos de felicidad, pero aun así seguimos confiando ingenuamente en ellos, y no logramos escapar a sus garras.

Pero cuando comparamos las cualidades de nuestro maestro, el Buddha, con las faltas de los seres ordinarios como nosotros, es importante que tengamos en cuenta que el

Buddha también fue, en cierto momento, un ser ordinario igual que nosotros. El hecho de que el Buddha acabó estando «libre de todas las faltas y dotado de todas las cualidades», se debe a que comprendió la importancia de querer a los demás, y lo puso en práctica. Se dio cuenta de los inconvenientes del aferramiento a la realidad de las cosas, y lo contrarrestó con antídotos. Si pensamos y reflexionamos sobre ello, nos damos cuenta de que por esta razón el Buddha llegó a explicar la virtud del cuidar a los demás y las faltas del preocuparse demasiado por uno mismo.

Por esto Nagarjuna también dice, en su texto sobre la filosofía del Camino Medio titulado *The Precious Garland*:[3]

> «Igual como la tierra, el agua, el fuego y el aire,
> la medicina y los bosques salvajes,
> pueda yo ser siempre útil para todos los seres,
> sin impedimentos y según sus propios deseos».

La característica de los elementos (tierra, agua, fuego y aire) es que están siempre disponibles, libremente, para todos los seres vivos. Son del dominio público; nadie puede pretender ser su propietario. Así generamos la aspiración de ser como ellos, y de ser útiles para todos los seres sensibles, cuyo número es igual a la amplitud del espacio. Nagarjuna nos dice que es este tipo de intención la que debería motivar nuestra práctica. La misma idea la expresa este verso de *The Way of the Bodhisattva*:[4]

> «Igual que la tierra y los grandes elementos,
> y como el espacio mismo, pueda yo permanecer siempre,
> para sostener la vida de los seres innumerables,
> y proveerles de todo lo que necesiten».

Más adelante, en *The Way of the Bodhisattva* encontramos el verso siguiente:[5]

> «Mientras exista el espacio,
> y los seres sensibles perduren,
> pueda yo también permanecer
> para disipar el sufrimiento del mundo».

El recitar oraciones de aspiración como estas produce un efecto extraordinariamente poderoso sobre nuestra mente. Cuando leemos estas frases de maestros como Nagarjuna y Shantideva, vemos cómo minimizaban la preocupación por su propio bienestar, y cómo eran capaces de dedicarse plenamente al bien de los demás. El altruismo era su aspiración y también su práctica.

Esta, pues, es la herencia de nuestro maestro bondadoso y compasivo, el Buddha, igual que fue transmitida por maestros indios como Nagarjuna y Aryadeva, por Asanga, su hermano Vasubandhu y demás, y luego por los maestros auténticos que sostuvieron las enseñanzas del Buddha en Tíbet, pertenecientes a las cuatro escuelas mayores (Sakya, Geluk, Kagyü y Nyingma), hasta llegar a nuestros *lamas* del presente. Todos estos maestros han practicado lo que el Buddha mismo practicó, y han seguido el entrenamiento que él enseñó: el entrenamiento de la *bodhichitta*, en el que se considera a los demás como más importantes que uno mismo. De esta manera han aportado enormes beneficios, para ellos mismos y para los demás; para las enseñanzas y también para todos los seres vivos. Aunque no nos podamos comparar a ellos, aun así intentamos seguir su ejemplo.

LA IMPORTANCIA DE LA *BODHICHITTA*

Esta *bodhichitta* es de una importancia extraordinaria y crucial. ¿No la encuentran cada vez más profundamente conmovedora, cuanto más piensan sobre ella? Deberíamos decirnos:

> «Mientras viva, meditaré sobre la *bodhichitta*;
> esto dará significado a mi vida.
> En el momento de la muerte, meditaré sobre la *bodhichitta*;
> esto me ayudará a seguir adelante, en mi camino hacia la iluminación.
> Cuando tenga éxito y me sienta feliz, meditaré sobre la *bodhichitta*;
> así podré usar mi prosperidad para servir a los demás
> y evitar caer en el orgullo, la envidia y la falta de respeto.
> Cuando me encuentre con el fracaso y la tristeza, meditaré sobre la *bodhichitta*;
> me ayudará a no desanimarme y no perder la esperanza.
> Así, en todos los momentos y en toda situación:
> en la vida, cuando la muerte acecha, en el éxito y en el fracaso, en la alegría y en la tristeza,
> la *bodhichitta* es algo que no puedo abandonar».

Me gustaría aclarar, llegados a este punto, que yo no tengo nada de *bodhichitta* en mi corazón. Puede parecer que la tengo, porque estoy muy familiarizado con el tema, pero de hecho no la tengo. Cierto que intento tenerla, espero tenerla, y no se trata de una esperanza completamente hueca. Pero aun así sigue siendo sólo una esperanza. Espero ser capaz algún día de hacer surgir la verdadera *bodhichitta*, pero ahora mismo no la experimento. Aunque simplemente el tener la inspiración de querer desarrollarla te cambia la mente, ¿no?

El regalo de la compasión: el valor

Hay una cosa que digo a menudo, y que querría mencionar ahora. La palabra tibetana *nyingje* generalmente se traduce al castellano como "compasión". Si esto se entiende en el sentido de no pensar en uno mismo, sino solamente en los demás, entonces creo que esta traducción es útil. Cuando hablamos del elemento de amor y cuidado de la compasión, de la «gran compasión amorosa», significa que el amor debe empezar con uno mismo y luego ampliarse a los demás. Pero algunas personas puede que lo entiendan incorrectamente, y piensen que la compasión se dirige tan sólo hacia los demás y no tiene nada que ver con uno mismo.

Hay otro aspecto. Muchas personas piensan que es maravilloso tener el amor en tan alta estima, y cultivar la compasión, por el beneficio y la ayuda que aporta a *los demás*. Pero les parece que la compasión no nos trae ningún beneficio a *nosotros mismos*; la ven más como una tasa que se nos impone, o como una carga pesada sobre nuestra espalda, que podría abrumarnos con su peso. Parece que esto es una idea muy común.

Pero es completamente errónea. Piénsalo con detenimiento. Examina tu propia experiencia. Una vez te acostumbres a tener la compasión en tu corazón, día tras día sentirás cómo crecen tu valor y tu determinación. Porque cuando piensas en el bienestar de los demás, tu mente se vuelve más amplia y expansiva. Y una vez has descubierto este valor, contarás la fuerza necesaria para asumir la responsabilidad del bienestar de los demás. No se trata en absoluto de una tasa, o de algo que el Buddha te imponga, porque tú mismo puedes ver y sentir los beneficios del altruismo, aquí y ahora. *Puedes* ver también las limitaciones de la visión centrada en uno mismo, y esto te da una convicción, una confianza y una inspiración, en lo más hondo de tu corazón, que son la fuente de tu valor. Sientes que puedes lograrlo. *Yo voy* a liberar a todos los seres de su sufrimiento. *Yo los llevaré* al estado último de la iluminación. ¿No demuestra esto un coraje increíble? Estás diciendo que puedes hacerlo por ti mismo. No estás diciendo que te vas a sentar y esperar a que el Buddha lo haga por ti. Es de un valor increíble. Es el valor que posee un propósito, el coraje auténtico, puro y sin mancha. Y una vez que esto forma parte de ti, tu mente se encontrará feliz y serena, y podrás aceptar y sobrellevar todo lo que te ocurra.

No es nada seguro que esta actitud pueda o no ayudar a los demás. Si las circunstancias son las correctas, seguro que otra persona puede sacar beneficio de que tú mantengas esta actitud hacia él o ella. ¡Pero también puede ocurrir que todo el tiempo que sientes compasión por cierta persona, él o ella no lo aprecie en aboluto, y hasta se esté quejando de ti! No hay ninguna garantía de que tu compasión se pueda comunicar directamente a otra persona. Por tanto, no hay certidumbre de que tu compasión pueda beneficiar directamente a los demás. Pero tú mismo, sin embargo, te beneficias inmensamente. Así que nunca cometas el error de pensar que los demás se benefician de que cultives la compasión, pero tú no.

LA *BODHICHITTA* DENTRO DE LA ENSEÑANZA DEL BUDDHA

La razón fundamental por la que tenemos la posibilidad de alcanzar la omnisciencia recae en la *bodhichitta*, cuya raíz es la compasión. Si la *bodhichitta* está presente, el estado de la omnisciencia –y la budeidad– será posible. Sin ella, es imposible llegar a alcanzar la budeidad. Por tanto, todo depende de si tenemos o no la *bodhichitta*.

Nuestro maestro bondadoso, el Buddha, basándose en su propia experiencia, enseñó que el entrenamiento más importante que debemos seguir es el de la *bodhichitta*. Podemos considerar el Vehículo Básico como un fundamento o un preliminar para la *bodhichitta*, y todas las enseñanzas que se dan en el Mahayana sobre la *bodhichitta* misma, como la parte principal del camino. Esto incluye las Seis Perfecciones trascendentes; y dentro de éstas, el ciclo de las enseñanzas y prácticas del Vajrayana pertenece a la categoría de las prácticas de la concentración y de la sabiduría. Constituye un entrenamiento en la *bodhichitta*. Por eso creo que las 84.000 enseñanzas del Buddha –el Vehículo Básico, el Mahayana y el Vajrayana– tienen todas su raíz en la *bodhichitta*. Podemos decir que dentro del ámbito de los preliminares de la *bodhichitta*, del entrenamiento de la *bodhichitta* y de la conducta asociada con la *bodhichitta* está comprendido el significado completo de todas estas 84.000 enseñanzas.

Esta *bodhichitta*, que trae tanto beneficio y tantas ventajas, necesitaremos cultivarla quizá durante muchos años. Algunos puede que tengamos que cultivarla durante eones y más eones, hasta que surja de verdad en nuestro continuo mental. Para otros puede que esto ocurra en el curso de unos pocos años. En cualquier caso debemos entrenarnos en los principios de la *bodhichitta*, reuniendo las acumulaciones y purificando nuestros oscurecimientos en el proceso.

Y con este fin es de importancia vital la visión de la vacuidad. Nuestro objetivo es llevar verdadero beneficio a los demás, y alcanzar la iluminación. Para ello primero debemos identificar exactamente lo que puede ser esta "iluminación". Luego, si queremos beneficiar a los demás, tenemos que entender lo que significan las palabras "beneficio de los demás", y lo que realmente puede ser el "beneficio". Debemos comprender que el beneficio último es el *nirvana*. Así que si no identificamos lo que es el *nirvana*, difícilmente podremos apreciar lo que significan el "beneficio de los demás" y la "iluminación". Esta apreciación depende de la visión de la vacuidad –al principio, en el medio, y a largo plazo–. Esto explica por qué es tan importante entrenar la mente en esta visión y familiarizarnos con ella.

14. TOMAR EL VOTO DEL *BODHISATTVA*

LA VISUALIZACIÓN: INVITAR AL CAMPO DE MÉRITO

Hoy aspiraremos a generar y cultivar la *bodhichitta*, esta actitud que es fuente de una bondad y unos beneficios extraordinarios. Para formular esta aspiración de desarrollar la *bodhichitta*, debemos sentir que realmente estamos en presencia de nuestro maestro, el señor de los sabios, el Buddha Shakyamuni. Imaginen entonces al Buddha, rodeado de los dieciséis grandes *arhats* que sostienen, preservan y difunden las enseñanzas, de los siete patriarcas que lo sucedieron, así como de todos los que se entrenaron en el camino –la multitud de bodhisattvas, tales como Maitreya y Mañjushri, y en particular los grandes maestros de la tradición budista de la India: Nagarjuna, Aryadeva, Buddhapalita, Bhavaviveka, Chandrakirti, Shantideva, Asanga y su hermano Vasubandhu, Vimuktisena, Gunaprabha, Shakyaprabha, Dignaga, y Dharmakirti–. Con sus obras, que podemos estudiar hoy todavía, han logrado que las enseñanzas del Buddha durasen más de dos mil años. Consideramos que todos estos grandes seguidores del Buddha, entre ellos los «seis ornamentos», así como los «dos sublimes» que compusieron estos tratados maravillosos, están realmente aquí frente a nosotros.

Incluimos también a los maestros originales de nuestra tradición budista tibetana –el gran rey del Dharma Trisong Detsen, el gran erudito Shantarakshita, Guru Padmasambhava y sus veinticinco discípulos más cercanos–. Incluimos a los maestros de las primeras escuelas nuevas, la antigua tradición Kadam, como Atisha, sus estudiantes Ngok Lekpe Sherab y Dromtön Gyalwe Jungne, y los tres hermanos espirituales de la tradición Kadam: Potowa Rinchen Sal, Chengawa Tsültrim Bar, y Phuchungwa Zhönu Gyaltsen, y otros; los maestros de la escuela Kagyü de la práctica del Mahamudra, incluido Marpa, Milarepa, Gampopa, y sus seguidores; los maestros de la escuela Sakya, incluidos «los tres vestidos de blanco»,[1] Sachen Künga Nyingpo, Sönam Tsemo y Jetsün Drakpa Gyaltsen, y el resto de los «cinco padres fundadores», Sakya Pandita y Chögyal Phakpa, así como los otros *gurus* del linaje de las enseñanzas Lamdre; y también los maestros de la nueva tradición Kadam, o Ganden o Geluk, incluido el gran Tsongkhapa, sus estudiantes Khedrup Je y Gyaltsap Je, y los otros *gurus* de este linaje. Imaginamos que todos ellos están realmente aquí presentes, con nosotros.

Imaginamos también que a nuestro alrededor están todos los otros seres sensibles, y que la extensión que ocupan es igual al espacio. Igual que nosotros, esos innumerables seres sensibles sólo desean ser felices y evitar el sufrimiento. Enfocamos nuestras mentes en todos ellos con claridad.

Imaginen a los victoriosos y a sus hijos espirituales, a los buddhas y *boddhisattvas*, perciban las cualidades de sus formas, palabras y mentes iluminadas, y permitan que surja un sentimiento de fe. Conmovidos e inspirados, pregúntense a ustedes mismos: «¿Y si yo mismo tuviera esas cualidades? ¿Y si todos los seres que han sido mis madres, poseyeran esas cualidades? ¿No sería maravilloso que fuera así?».

Sientan intensamente esa alegría y esa inspiración. Y pensando en todos los seres y en su sufrimiento, dejen que surja el amor y la compasión. Visualicen todo esto tan claramente como puedan.

LA ORACIÓN DE LAS SIETE *RAMAS*

Con todo esto en mente, recitamos la oración de las siete *ramas*, como una forma de acumular méritos y purificar nuestros oscurecimientos, antes de generar la aspiración de desarrollar la *bodhichitta*. Para pedir esta transmisión del voto del *bodhisattva*, empezamos por ofrecer el *mandala* del universo, y recitamos el verso de cuatro líneas. Por lo que respecta a la oración de las siete *ramas*, la *primera rama* es un homenaje, por medio del cual mostramos nuestro respeto y nuestra devoción por las fuentes de refugio con nuestro cuerpo, palabra y mente.

La *segunda rama* consiste en hacer ofrendas –ofrendas materiales que pueden ser nuestros bienes personales, o cosas que vemos a nuestro alrededor que no pertenecen a nadie, y ofrendas visualizadas, que creamos en nuestra imaginación.

La *tercera rama* consiste en confesar los efectos de las acciones dañinas y erróneas que hemos cometido durante innumerables vidas, desde tiempos sin principio, las confesamos siendo conscientes del daño que nos causan. Aquí creo que sería apropiado pensar en todas las maneras distintas en que nos hemos mimado a nosotros mismos y descuidado a los demás. Además del daño real que hemos podido hacer a los demás, está bien que también reconozcamos y confesemos los errores que hemos cometido al desatenderlos y darles la espalda.

La *cuarta rama* consiste en regocijarse. Por ejemplo, naturalmente nos regocijamos cuando pensamos en las infinitas cualidades de los buddhas. Cuando pensamos en las acciones físicas, verbales y mentales de los *bodhisattvas* que han alcanzado altos niveles de realización, esto produce en nosotros una gran admiración y alegría. Cuando pensamos en bodhisattvas que aún no han alcanzado las etapas del *bodhisattva*, reconocemos cuán asombroso es que, aun estando sujetos todavía al apego por el "yo" y a los efectos de sus aflicciones mentales, han podido generar la motivación altruista de lograr la felicidad y el beneficio de todos los seres, que son extensos como el espacio mismo, y por ello nos regocijamos. Cuando pensamos en los arhats, los seres sublimes del camino de los *sharavakas*, que han desarrollado la sabiduría que comprende la ausencia de un "yo" personal, que aspiran a la liberación y que practican en consecuencia, apreciamos sus cualidades y sentimos admiración. Y cuando pensamos en aquellos que no han entrado en el camino, que son seres humanos ordinarios, pero que practican con tanta virtud como pueden, también sentimos admiración. En pocas palabras, nos regocijamos de todo lo que cualquier persona haya llevado a cabo y que conduzca a un resultado positivo.

Nos regocijamos por cualquier cosa que los demás hayan logrado, sin el menor sentimiento de envidia, celos o competencia. De modo similar, cada vez que veamos a alguien procurando hacer algo lo mejor que pueda, deberíamos regocijarnos y pensar: «Lo que está haciendo está muy bien. Qué persona más maravillosa». Igualmente, por las acciones virtuosas que nosotros mismos hemos llevado a cabo, no deberíamos sentir el menor rastro de duda o titubeo, ningún arrepentimiento, sino regocijarnos desde lo más profundo de nuestro corazón, desde el centro mismo de nuestro ser.

La *quinta rama* consiste en pedir que se gire la rueda del

Dharma, una petición dirigida al *nirmanakaya* supremo, que muestra las doce hazañas, tales como nacer en este mundo y pasar desde él al *nirvana*.[2] Le pedimos al *nirmanakaya* supremo que gire la rueda del Dharma.

La *sexta rama* consiste en pedir al *nirmanakaya* supremo que no pase al *nirvana* final, sino que permanezca aquí, accesible a todos nosotros.

La *séptima rama* es la dedicatoria, en la que consideramos toda la virtud que hemos reunido, generando la aspiración de que no madure en ningún resultado inferior, sino que se vuelva una fuente de beneficio y felicidad para los innumerables seres sensibles sin excepción. En pocas palabras, que este mérito pueda convertirse en la causa de que nosotros, y todos los demás, alcancemos el nivel de la budeidad.

La Oración de las siete ramas de
«La aspiración de Samantabhadra para las buenas acciones»

«POSTRACIÓN
A todos los buddhas, leones de la raza humana,
de todas las direcciones del universo, en el pasado,
el presente y el futuro:
a todos y cada uno de ustedes, rindo homenaje;
la devoción llena mi cuerpo, mis palabras y mi mente.

Por el poder de esta oración, que aspira a las buenas acciones,
todos los victoriosos aparecen, vívidos, ante mi mente,
y multiplico mi cuerpo tantas veces como hay átomos en
el universo,
Cada uno inclinándose en postración hacia los buddhas.

OFRENDA
En cada átomo presiden tantos buddhas como átomos hay [en el universo]
con, a su alrededor, todos sus hijos, los *bodhisattvas*:
y entonces imagino que llenan
completamente todo el espacio de la realidad.

Los saludo con un océano sin fin de alabanzas,
con los sonidos de un océano de distintas melodías;
canto [alabanzas] a las cualidades nobles de los buddhas
y elogio a todos aquellos que se han ido al éxtasis perfecto.

A cada Buddha, hago ofrendas:
las más hermosas flores y bellas guirnaldas,
música y ungüentos perfumados, las mejores sombrillas,
las lámparas más brillantes y los más finos inciensos.

A cada Buddha hago ofrendas:
prendas exquisitas y los más fragantes perfumes,
incienso en polvo, apilado tan alto como el monte Meru,
dispuesto en perfecta simetría.

Luego imagino que a todos los buddhas
les hago ofrendas vastas e insuperables, y movido
por el poder de mi fe en las buenas acciones de Samantabhadra,
me postro y hago ofrendas a todos los victoriosos.

CONFESIÓN
Todos los actos negativos que haya cometido,
empujado por el deseo, el odio o la ignorancia,
con mi cuerpo, mis palabras y también con mi mente,
ante ustedes, los reconozco y purifico todos y cada uno de ellos.

REGOCIJARSE
Con el corazón lleno de dicha, me regocijo por todos los méritos
de los buddhas y de los *bodhisattvas*, de los *pratyekabuddhas*,
de los que se entrenan, y los arhats que están más allá del entreno,
y de cada ser viviente en el universo entero.

IMPLORAR A LOS BUDDHAS QUE GIREN LA RUEDA DEL DHARMA
Ustedes que son como faros de luz brillando en los mundos,
que recorrieron las etapas de la iluminación para alcanzar la budeidad, la libertad de cualquier apego,
les exhorto: a todos ustedes, protectores,
que giren la insuperable rueda del Dharma.

PEDIR A LOS BUDDHAS QUE NO ENTREN EN EL *NIRVANA*
Uniendo las palmas de mis manos, les ruego
a ustedes que piensan entrar en el *nirvana*:
¡permanezcan, durante tantos eones como átomos hay en este mundo,
para traer bienestar y felicidad a todos los seres sensibles!

DEDICATORIA
Cualquier virtud, por pequeña que sea, que haya acumulado con mi homenaje,
con la ofrenda, la confesión y el regocijo,
con la exhortación y el rezo, todo ello
¡lo dedico a la iluminación de todos los seres!».

GENERAR LA *BODDHICHITTA* DE ASPIRACIÓN

Manteniendo en la mente la visualización para generar la *bodhichitta*, que acabamos de describir, céntrense en todos los seres sensibles y piensen: «Yo los llevaré a todos ellos hasta el estado de la iluminación, que está completamente libre del sufrimiento y sus causas. Para conseguirlo, ¡que yo mismo alcance el estado omnisciente de la budeidad!».

Ahora recitaremos tres versos. El primero establece la motivación, mientras hacemos el voto de tomar refugio en el Buddha, Dharma y Sangha, desde ahora hasta que alcancemos la iluminación. Este es el refugio extraordinario del Mahayana.

> «Con el deseo de liberar a todos los seres,
> siempre buscaré refugio
> en el Buddha, Dharma y Sangha,
> hasta que alcance la completa iluminación.»

El segundo verso está inspirado en la sabiduría y en la compasión. Tomamos como testigos a los buddhas y los *bodhisattvas*, y en su presencia, generamos la *bodhichitta* por el bien de todos los seres sensibles, que son infinitos en número.

> «Lleno de sabiduría y de compasión,
> hoy en presencia del Buddha,
> genero la mente que busca el despertar perfecto,
> por el beneficio de todos los seres.»

Esta es la parte principal de la práctica para generar la *bodhichitta* de aspiración.

Luego reforzamos esa *bodhichitta*, y rezamos para que se

desarrolle más y más, al recitar este tercer verso que proviene de *The Way of the Bodhisattva:*

> «Mientras exista el espacio
> y perduren los seres sensibles,
> que yo también permanezca,
> para aliviar el sufrimiento del mundo».[3]

En ese momento recitamos estos tres versos juntos dos veces y en la tercera recitación, cuando llegamos a las palabras «genero la mente que busca el despertar perfecto», debemos hacer una promesa, diciéndonos a nosotros mismos: «en todas las circunstancias, hasta el fin de los tiempos, mantendré esta *bodhichitta*, sin permitir en ningún caso que falle o decline.» Si lo hacemos así, entonces nuestra *bodhichitta* de aspiración estará protegida por la determinación de nuestro compromiso. Se convierte en una promesa activa. Sin eso, se quedaría al nivel de una simple aspiración. Finalmente, después de esta tercera recitación consideren que hemos despertado la *bodhichitta* de aspiración, sostenida por esta resolución firme y decidida. Llegados a este punto, vamos a tomar el voto del *bodhisattva*.

TOMAR EL VOTO DEL *BODHISATTVA*

Hay varias maneras de otorgar el voto del *bodhisattva*. Una de ellas es la que sucede durante una transmisión de poder del Vajrayana, cuando generamos la *bodhichitta* en el marco del ritual para entrar en el *mandala*. También hay una manera breve de transmitir el voto, basada en *The Way of the Bodhisattva* de Shantideva. Otra, más elaborada, proviene de *The Compendium of Training* de Shantideva. Hoy daré la transmisión tomada del capítulo sobre la disciplina en *Bodhisattva Stages* de Asanga.

Para comenzar deberían repetir, después de mí, las siguientes líneas de petición a fin de indicar que desean recibir el voto del *bodhisattva*, y por eso le piden al maestro que se lo conceda:[4]

> *«Maestro, por favor, concédame su atención. Yo, el hijo o hija de una familia iluminada, le pido que me otorgue la transmisión de los votos de disciplina del* bodhisattva. *Si esto no me causa ningún daño, está bien que amablemente me escuche y me conceda lo que le pido».*

Se suele recitar esto tres veces. Luego, antes de tomar el voto mismo el maestro hace una serie de preguntas a las que los discípulos responden generalmente «*dö la*», que significa «sí, lo deseo».

Entonces el maestro pregunta: «¿Tomas el voto del *bodhisattva* para liberar a esos seres sensibles, que aún no se han liberado de sus oscurecimientos cognitivos?». A lo que ustedes contestan: «Sí, lo deseo».

> *«Escucha, hijo o hija de una familia iluminada. ¿Deseas liberar a los seres que aún no se han ido más allá?»*
> *«Sí, lo deseo.»*

La pregunta siguiente se refiere al deseo de liberar a esos seres sensibles que no se han liberado aún de sus oscurecimientos emocionales.

> *«¿Deseas liberar a los seres que todavía no son libres?»*
> *«Sí, lo deseo.»*

Luego el maestro pregunta si tienen el deseo de liberar a esos seres sensibles que ahora sufren en los reinos inferiores y aliviarles de su tormento, guiándolos a los estados más elevados de la existencia.

> *«¿Deseas aliviar a aquellos que viven atormentados?»*
> *«Sí, lo deseo.»*

Para decirlo brevemente la siguiente pregunta es: ¿Tienes la esperanza y el deseo de conducir a todos los seres hacia la budeidad?

> *«¿Deseas guiar más allá del sufrimiento a aquellos que aún no han llegado más allá del sufrimiento?»*
> *«Sí, lo deseo.»*

La siguiente pregunta es: ¿Tienes el deseo de asegurar la continuidad del linaje de los buddhas?

> *«¿Deseas continuar el linaje de los buddhas?»*
> *«Sí, lo deseo.»*

Luego, el maestro pregunta si toman el voto del *bodhisattva* motivados por un sentimiento de rivalidad o de competencia con otras personas. A lo cual deberían responder: *«ma yin la»*, que significa «no».

> *«¿Están tomando este voto para competir con otros?»*
> *«No.»*

La pregunta siguiente es si están tomando el voto bajo coacción, porque les obligó el Dalai Lama. ¡Así que por favor contesten que no!

«¿Estás tomando este voto en contra de tu voluntad?»
«No.»

Una vez que hemos tomado el voto del *bodhisattva*, tenemos que mantener los preceptos del entrenamiento. Así que deberían saber cuáles son estos preceptos antes de tomar el voto. Estos se explican en las enseñanzas del *pitaka* del *bodhisattva*, en el *Avatamsaka Sutra*, por ejemplo, y en *Bodhisattva Stages*, en particular en su capítulo sobre la disciplina. De todas formas, las preguntas que siguen se refieren a si han escuchado o no las enseñanzas que pertenecen al *pitaka* del *bodhisattva*, si están familiarizados con ellas, si tienen fe en ellas, y si pueden mantener sus preceptos. Veamos una por una. La primera pregunta es si han escuchado esas instrucciones, y pueden responder que las han escuchado un poco.

«¿Has escuchado las enseñanzas del pitaka *del* bodhisattva*?»*[5]
«Sí.»

Cuando pregunto si conocen el sentido de estas enseñanzas, deberían contestar: «un poco» o «¡Sí lo conozco, pero ya se me olvidó todo!».

«¿Conoces las enseñanzas del pitaka *del* bodhisattva*?»*
«Sí.»

La siguiente pregunta es: ¿tienes fe en esas enseñanzas? Su respuesta podría ser algo como: «Cuando me siento bien, tengo fe en ellas».

«¿Tienes fe en las enseñanzas del pitaka *del* bodhisattva*?»*
«Sí.»

Después el maestro pregunta: ¿Piensas que puedes mantener los preceptos? Y su respuesta podría ser: «Me esforzaré todo lo que pueda».

> *«¿Eres capaz de mantener los preceptos del* bodhisattva*?»*
> *«Sí.»*
> *«Ahora haz que tu* bodhichitta *y tu compromiso sean firmes y estables.»*

La siguiente etapa es la acumulación de mérito a través de las siete *ramas*, que no tienen que recitar en voz alta, sino simplemente pensar en su sentido.

> «Cualquier virtud, por pequeña que sea, que haya
> acumulado con mi homenaje,
> con la ofrenda, la confesión y el regocijo,
> con la exhortación y el rezo –todo ello–,
> ¡lo dedico a la iluminación de todos los seres!»[6]

Ahora viene una súplica al maestro, para pedirle que nos otorgue el voto rápidamente. Aquí, nos referimos al maestro como "venerable", lo cual indica que es un monje de mayor edad que los estudiantes.[7] Repitan después de mí:

> *«Maestro, por favor, concédame su atención. Por favor, Venerable, concédame rápidamente los votos de la disciplina de los* bodhisattvas».

La pregunta siguiente es: «¿Es usted un *bodhisattva*?». El sentido de esto es: ¿El potencial de la familia[8] de los *bodhisattvas* ha despertado en usted? Si el potencial ha despertado o no, se refiere a sí usted ha generado o no la gran compasión. Algunos de ustedes bien podrían ser *bodhisattvas*, y es posible que ya hayan desarrollado esta gran compasión. Para la mayoría de nosotros no es así todavía; sin embargo, si reflexionamos sobre lo que se ha dicho antes, sobre sus grandes beneficios, podemos al menos desarrollar una aspiración fuerte y determinada de generar la *bodhichitta*. Así que deberían responder a la pregunta pensando en cómo van a lograr despertar pronto ese potencial, y decir: «sí».

La siguiente pregunta será: «¿Aspiras ya a la iluminación?». Lo que nos están preguntando es si esa aspiración es estable. Aun si todavía no hemos desarrollado la aspiración, deberíamos contestar que sí, porque deseamos hacerlo. En resumen, las preguntas son: «¿Tienes una gran compasión?» y «¿Tienes una aspiración estable?».

> *«Hijos e hijas de una familia iluminada, hermanos y hermanas del Dharma, guiados por el gran poseedor del Vinaya, Ngawang Chokyi Lodrö (Kyabje Trulshik Rinpoche), ¿son ustedes* bodhisattvas*? Han aspirado ya a la iluminación?»*
> *«Sí, ya está bien hecha.»*

Aunque ya ha quedado claro que pueden tomar el voto del *bodhisattva*, no hay razón para que lo tomen necesariamente conmigo. Entonces, la pregunta siguiente es: «¿Están seguros de que quieren tomarlo conmigo?». La respuesta aquí es: «Sí, lo estamos».

> *«¿Desean recibir de mí las bases de los entrenamientos de todos los* bodhisattvas, *y la disciplina de los* bodhisattvas*?»*
> *«Sí, lo deseamos.»*

LA PARTE PRINCIPAL DE LA TRANSMISIÓN DEL VOTO DE *BODHISATTVA*

Ahora llegamos a la parte principal de la transmisión del voto del *bodhisattva*. Para hacerlo, es necesario que invoquemos a los buddhas y a los *bodhisattvas* a fin de que sean nuestros testigos, y consideremos que ellos tienen un conocimiento perfecto y que no hay nada que se les pueda esconder. Como dice en *The Way of the Bodhisattva*:

> «Los buddhas y los *bodhisattvas*
> poseen una visión no obstruida.
> Todo aparece ante su mirada,
> y siempre estoy en su presencia».[9]

Luego se hará esta pregunta: «¿Desean recibir de mí los votos de la disciplina de los *bodhisattvas*, la disciplina que siguieron los buddhas y los *bodhisattvas* del pasado, que seguirán los buddhas y los *bodhisattvas* del futuro, y que siguen los buddhas y los *bodhisattvas* del presente? En pocas palabras, desean recibir los votos de los tres tipos de disciplina –la disciplina de evitar las acciones negativas, la disciplina de cultivar la virtud y la disciplina de beneficiar a los demás–?». Cada vez deben contestar: «Sí, deseo recibirlo».

Recitaremos esto tres veces. En la tercera repetición deberán considerar que han recibido el voto puro del *bodhisattva*, y que desde ahora en adelante, está presente en su mente. Aquellos de ustedes que ya hayan recibido antes el voto del *bodhisattva* deben considerar que se ha reforzado aún más. Aquellos de ustedes que son practicantes budistas y que desean recibir hoy el voto del *bodhisattva*, por favor arrodíllense sobre su rodilla derecha.

Conforme avancemos en la ceremonia, traten de engendrar una compasión profunda para todos los seres vivientes, una fe clara y devoción por los buddhas, un deseo sincero de recibir el voto del *bodhisattva* y un deseo decidido de entrenarse en las acciones de los *bodhisattvas*. Recen tan fervientemente como puedan.

> *«Hijos e hijas de una familia iluminada, guiados por el gran poseedor del Vinaya, Ngawang Chökyi Lodrö, desean recibir de mí los votos que constituyen la disciplina y la base del entrenamiento de todos los* bodhisattvas *del pasado, la disciplina y la base del entrenamiento de todos los* bodhisattvas *del futuro, la disciplina y la base del entrenamiento de todos los* bodhisattvas *del presente en las diez direcciones; la base del entrenamiento y la disciplina que siguieron todos los* bodhisattvas *del pasado, que seguirán todos los* bodhisattvas *del futuro y que siguen ahora todos los* bodhisattvas *del presente en las diez direcciones; todas las bases del entrenamiento de los* bodhisattvas, *y todas las disciplinas de los bodhisattvas –la disciplina de evitar las acciones negativas, la disciplina de cultivar la virtud y la disciplina de beneficiar a los demás, que incluye todas las disciplinas de los* bodhisattvas*?»*
> *«Sí, lo deseamos.»*
>
> *La pregunta y la respuesta se repiten por segunda vez.*

Cuando llegamos a la tercera repetición, mientras escuchan, mantengan especialmente en su mente la fe y la compasión, sientan un deseo inspirado y entusiasta de recibir el voto del *bodhisattva*, y aspiren a seguir el entrenamiento de los *bodhisattvas*. Mientras lo hacen, recen con auténtico fervor. Díganse a ustedes mismos que harán lo máximo que puedan para seguir al Buddha y hacer lo que él hizo.

La pregunta y la respuesta se repiten una tercera vez.

Pueden volver a sentarse. Ahora que hemos recibido el voto del *bodhisattva*, y que se ha enraizado en nuestras mentes, los beneficios son inimaginables. No hay mayor ofrenda que podamos hacer para agradar a los buddhas y a los *bodhisattvas*. Le hemos dado un sentido a nuestra vida y a la libertad que nos brinda, y le hemos dado un buen uso. Si ahora tratamos de seguir los preceptos y seguir el entrenamiento lo mejor que nuestra habilidad nos permita, iremos de un estado de felicidad a otro, hasta que sin tardar mucho lleguemos al estado último de la budeidad. De eso podemos estar completamente seguros.

Por haberles alentado a hacer algo tan virtuoso, yo, el maestro, también he logrado algo significativo; ahora me postraré ante los buddhas y los *bodhisattvas* de los tres tiempos y las diez direcciones y les pediré que les tengan en cuenta a todos ustedes que han tomado este voto. En este momento, el maestro debería postrarse hacia cada uno de los cuatro puntos cardinales y, si hay tiempo, hacia las cuatro direcciones intermedias y luego al cenit y al nadir, que en total hacen diez. Pero puesto que no tenemos mucho tiempo, me postraré hacia las cuatro direcciones y consideraré que las cuatro direcciones intermedias también quedan incluidas; después me postraré una vez más hacia el Este, considerándolo como el cenit, y hacia el Oeste, considerándolo como el nadir. Una vez que haya ofrecido las postraciones traeré a mi mente a los buddhas de esas direcciones y les ofreceré flores. En ese momento ustedes también deberían hacer oraciones de aspiración, pero no se trata de oraciones ordinarias como que su vida sea larga, su salud buena y sus carreras exitosas, y así. Tras haber tomado el compromiso de este voto, deberían rezar por alcanzar rápidamente el nivel de la budeidad omnisciente, y lograr el bienestar último de ustedes mismos y de los demás.

En este momento,[10] yo llamaré a los buddhas y a los bodhisattvas para que sean testigos y declaren que todos ustedes ya se han convertido en *bodhisattvas*, pues recibieron el voto de *bodhisattva* de mí, Tenzin Gyatso, un monje que tiene cierta devoción por el camino del *bodhisattva*, y que ustedes mantendrán la disciplina y los preceptos.

> *«¡Budas y* bodhisattvas *que residen en las diez direcciones, concédannos su atención! Estos* bodhisattvas, *tales como el instruido poseedor del Vinaya, el incomparable Ngawang Chökyi Lodrö, han recibido aquí mismo los votos del entrenamiento del* bodhisattva *de mí, el monje Tenzin Gyatso, que lleva el nombre de* bodhisattva. *¡Que ustedes, los sublimes, de cuyas mentes nada en la infinidad del universo puede ser escondido, sean testigos de ello!»*

CONCLUSIÓN: INSPIRAR LA MENTE PROPIA Y LA DE LOS DEMÁS

Ahora nos sentimos inspirados, al pensar y celebrar los beneficios de haber tomado el voto del *bodhisattva*. El texto dice que en el momento que terminamos el ritual de tomar el voto, y consideramos que hemos recibido plenamente los votos de los *bodhisattvas*, todos los buddhas de los mundos en las diez direcciones y todos los *bodhisattvas* que han alcanzado las diez etapas se percatarán de lo que ha sucedido. Usarán sus mentes de sabiduría para descubrir el lugar y las circunstancias en los que el voto fue transmitido. En este caso, ellos sabrán que el voto fue transmitido a una asamblea de personas afortunadas de distintas nacionalidades y razas, de varios linajes del Dharma, incluidos los Sakyas, Geluk, Kagyü y Nyingma, que todos ellos comparten la misma devoción inquebrantable y el compromiso espiritual, guiados por el *bodhisattva* que es la joya de la corona de la tradición Ngagyur Nyingma, el instruido poseedor del Vinaya, Ngawang Chökyi Lodrö Rinpoche. Ellos sabrán que todos los presentes generaron en sus mentes la *bodhichitta*, el deseo de la iluminación suprema. Se enterarán de que esto sucedió en este mundo nuestro, en Francia, en este nuevo centro de Dharma llamado Lerab Ling, y que ese voto fue transmitido por alguien que siente devoción por las enseñanzas del *bodhisattva*, un monje de Amdo llamado Tenzin Gyatso. Por tanto, todos ellos nos mirarán con amor y compasión, y los buddhas nos considerarán como sus hijos, los *bodhisattvas* nos considerarán como sus hermanos y hermanas, y todos ellos desearán que nuestra intención se cumpla sin ningún obstáculo. Con esto, nuestra virtud aumentará enormemente y no disminuirá. Lo que hemos hecho el día de hoy al tomar este voto ha sido la mejor ofrenda que podíamos hacer a los buddhas y a los *bodhisattvas*.

> «Como se dice en *The Way of the Bodhisattva*:
> Hoy, mi nacimiento ha sido fructífero,
> he obtenido bien una existencia humana.
> Hoy he nacido en la familia de los buddhas;
> me he convertido en un hijo o hija de los buddhas.
>
> De ahora en adelante, cueste lo que cueste, llevaré a cabo
> las acciones dignas de mi familia.
> No seré una mancha
> en esa noble y perfecta familia.»

Hoy hemos entrado en la familia noble e inmaculada de los

bodhisattvas, y no haremos nada que manche el nombre de esta familia.

El texto nos aconseja que no hagamos ningún tipo de proclamación imprudente, es decir, que de ahora en adelante deberíamos evitar fanfarronear de haber recibido el voto del *bodhisattva*. No es necesario que se hagan un escudo y lo exhiban en su pecho. Y cuando se suban a un autobús o a un tren no deberían decir: «¡Apártense, aquí viene alguien que ha recibido el voto del *bodhisattva*!». Deberían ser discretos y no hablar de ello con los demás. ¿Por qué? Porque siempre deberíamos ocupar el sitio más bajo, y aspirar a servir a todos los seres sensibles, que son infinitos como el espacio.

Algunos de ustedes tal vez sientan que como hoy han generado la *bodhichitta* y recibieron el voto del *bodhisattva*, ahora ya son *bodhisattvas*. Pero eso no es lo que deberían pensar. Es mucho mejor considerar que han dado el primer paso para convertirse en un *bodhisattva* y que simplemente han plantado la semilla. Si nos ocupamos de cultivar esa semilla, se abrirá y, más adelante, madurará.

Finalmente expresaremos nuestra gratitud por haber recibido el voto del *bodhisattva*. Por lo general, en este momento recitaríamos la plegaria de siete *ramas*, pero hoy tan sólo nos acordaremos de su significado y recitaremos una vez más este verso:

> «Cualquier virtud, por pequeña que sea, que haya
> acumulado con mi homenaje,
> con la ofrenda, la confesión y el regocijo,
> con la exhortación y el rezo –todo ello–,
> ¡lo dedico a la iluminación de todos los seres!».

ORACIONES FINALES

«*Bodhichitta* preciosa y sublime,
¡que pueda surgir en los que aún no ha surgido,
que nunca desfallezca en los que ya ha surgido,
que siga aumentando cada vez más!

¡Que todos los seres sensibles, nuestros propios padres, sean felices!
¡Que todos los reinos inferiores se vacíen para siempre!
¡Que se cumplan las aspiraciones
de todos los *bodhisattvas* de los diversos *bhumis*!

¡Que todas las vastas oraciones de aspiración
que hizo el gran Avalokiteshvara para la tierra de Tíbet
ante los buddhas y sus hijos los *bodhisattvas*,
den rápidamente sus resultados positivos, aquí y ahora!

Por la profunda interdependencia de la apariencia y la vacuidad,
por el poder de las Tres Joyas compasivas y de estas palabras de verdad,
y por la fuerza de la ley infalible de causa y efecto,
¡que esta, nuestra oración verdadera, se cumpla
rápidamente, sin ningún obstáculo!»[11]

15. LA TRANSMISIÓN DE PODER DE PADMASAMBHAVA Y SUS OCHO MANIFESTACIONES

La transmisión de poder de hoy es para las *sadhanas* de la mente de *The Union of All the Innermost Essences*. Pertenece al ciclo llamado Sangwa Gyachen, *Bearing the Seal of Secrecy* de las visiones puras del gran Quinto Dalai Lama. En la tradición Nyingma hay tres formas de transmisión: la transmisión oral larga de las enseñanzas *kama* o canónicas, la transmisión más corta del *terma* o de los tesoros revelados, y la transmisión profunda a través de *dak nang* o visiones puras. Parece que hay diferentes tipos de visión pura: algunas surgen como experiencias meditativas, algunas suceden puramente en el nivel de la mente, y algunas surgen en las conciencias de los sentidos. Este ciclo particular surgió de las visiones puras en las que el gran Quinto Dalai Lama tuvo la experiencia de encontrarse con las deidades tan claramente como si se tratara de un encuentro humano ordinario. El texto que usaré en esta ocasión fue compuesto por Jamyang Khyentse Wangpo.[1]

Yo mismo recibí esta transmisión a la edad de doce o trece años, cuando recibí el ciclo entero de Sangwa Gyachen de Tadrag Rinpoche.[2]

El texto de la transmisión de poder explica:

> «El gran maestro de Oddiyana, Padmasambhava, encarna la sabiduría primordial indestructible del cuerpo, palabra y mente de todos los buddhas del pasado, el presente y el futuro. En más de una ocasión, con sus certeras palabras *vajra*, declaró que la manifestación continua del rey Trisong Detsen, que era la emanación de Mañjushri, y de su infatigable actividad iluminada del fruto último, es primordialmente el protector de Tíbet, el victorioso, grande, que todo lo conoce y que todo lo ve, soberano señor de la palabra, Dorjé Thokmé Tsal. Entre las veinticinco secciones de las revelaciones *Bearing the Seal of Extreme Secrecy* que se le aparecieron en visiones de sabiduría puras, se encuentra la profunda práctica bajo el sello del *vajra* que es la *sadhana* de la mente del guru, *The Union of All the Innermost Essences*».[3]

Después del periodo del gran Quinto Dalai Lama, este ciclo de Sangwa Gyachen se convirtió en una de las enseñanzas principales confiadas a los sucesivos Dalai Lamas. Al parecer, el decimotercer Dalai Lama practicó con regularidad el Sangwa Gyachen. Durante esa época, el revelador de enseñanzas *terma* destinado para ese tiempo, Lerab Lingpa, fue a Lhasa, y fue entonces cuando el Dalai Lama recibió de él el ciclo del Vajrakilaya llamado Yang Nying Pudri.[4]

En Lhasa había un grupo de textos del ciclo completo de Sangwa Gyachen, que fue escrito a mano y compilado en la época del Gran Quinto. Estaban maravillosamente bien hechos y eran muy bellos, y yo los tenía en mi cuarto, pero en esa época, cuando tenía los textos, no sentía ningún interés por las enseñanzas. Más tarde, cuando me interesé por las enseñanzas, ¡ya no tenía los textos! Cuando me fui a la India, leí las biografías de los Dalai Lamas anteriores; pensé en ellos, y por esta y otras razones, me empezó a interesar mucho más la vida del Gran Quinto y, por tanto, el ciclo Sangwa Gyachen.

Luego, lentamente, como resultado del *karma* y de los rezos de aspiración fui adquiriendo los textos.

Cada décimo día de la Luna creciente, el decimotercer Dalai Lama llevaba a cabo en sus habitaciones privadas la práctica de la ofrenda del festín del *tsok* de Avalokiteshvara del ciclo Sangwa Gyachen, conocido como *Nine Deities of the Great Compassionate One, Lord of the World.*[5] Y cada día veinticinco del mes, practicaba la ofrenda de fiesta del *tsok* de Hayagriva de este ciclo, conocido como *Prevailing over the Three Worlds.*[6] Cuando llegué a la India, quería restablecer la tradición de hacer esta práctica del ciclo Sangwa Gyachen durante los días de Luna creciente y menguante, y por eso, gradualmente fui buscando y adquiriendo los textos. Hice un retiro de recitación de la práctica Kagyé del Sangwa Gyachen, y tuve la oportunidad de preguntarle a Dudjom Rinpoche sobre los detalles de cómo practicar esta recitación. Cuando hice la práctica, hubo algunos signos positivos, incluidos dos sueños notables. De hecho, incluso cuando recibí por primera vez el ciclo Sangwa Gyachen, aunque era bastante joven y no manifestaba mucho interés por él en esa época, aparecieron ciertas señales. De modo que creo que sí tengo una conexión especial con esas enseñanzas.

The Union of All Innermost Essences es una *sadhana* corta. Es un *guru yoga* que se centra en Guru Rinpoche. Es portador de muchas bendiciones, a pesar de su escasa longitud. Yo lo practico con regularidad y lo he recitado muchas veces.

MEDIOS HÁBILES Y SABIDURÍA

Esta mañana, todos hemos tomado el voto del *bodhisattva*, y desde el momento en que recibieron el voto prometieron alcanzar el nivel de la iluminación perfecta y completa. Para obtener ese nivel necesitamos un método infalible. La sabiduría de la omnisciencia es un fenómeno condicionado, lo cual significa que surge debido a causas y condiciones. Es inimaginablemente bueno y trasciende por completo todos nuestros pensamientos ordinarios y nuestra actividad; pero aun así, puesto que surge basándose en el flujo de conciencia que tenemos ahora, es un fenómeno condicionado y compuesto, que resulta de ciertas causas y condiciones. Por tanto, necesitamos reunir las causas y condiciones correctas, completas y en su secuencia correcta. Nagarjuna mencionó estas causas en su famosa oración de dedicatoria:

> «Por estos méritos, que todos los seres
> completen las acumulaciones de mérito y de sabiduría,
> y por ello alcancen el *dharmayaka* y el *rupakaya*
> que provienen del mérito y de la sabiduría».[7]

Como él dice, las causas tienen dos aspectos –«las acumulaciones de mérito y sabiduría», gracias a las cuales alcanzamos los resultados del dharmakaya para nuestro propio beneficio, y del *rupakaya* para el beneficio de los demás–. La acumulación de mérito corresponde al aspecto de los medios hábiles y es la causa principal del *rupakaya*.[8] La acumulación de sabiduría se refiere a la sabiduría que realiza la vacuidad, que nos permite alcanzar el *dharmakaya* de sabiduría. Cuando reunimos estas acumulaciones, que resultarán en el sublime *rupakaya* para el beneficio de los demás y en el sublime *dharmakaya* para nuestro propio beneficio, debemos acumularlas ambas juntas, al mismo tiempo. Es decir, debemos reunir estos dos aspectos de medios hábiles y de sabiduría. Unir los medios hábiles y la sabiduría es el enfoque general del Mahayana.

Puesto que es tan vital unificar medios y sabiduría, si podemos reunirlos a los dos en una sola entidad, donde los puntos clave de ambos estén completos en una misma conciencia, esa unidad de medios hábiles y de sabiduría se vuelve mucho más poderosa y profunda.[9] En el sistema del *sutra* y en el Vehículo de las Perfecciones Trascendentes, la práctica se hace de manera que los dos aspectos de medios hábiles y sabiduría se apoyan y complementan mutuamente, pero siguen siendo distintos. Es en la práctica del Vajrayana, según los cuatro niveles de *tantra* –*kriya*, *charya*, *yoga* y *anutarayoga tantra*– donde existe un método que une estos dos factores de los medios hábiles y la sabiduría de manera indivisible, de modo que se vuelven una sola entidad. La forma más refinada y última de esta unidad indivisible se obtiene en el Yoga Tantra más elevado.

En el Dzogchen, si somos capaces de realizar en la práctica el *rigpa* que surge naturalmente, que es Samantabhadra, nuestra propia sabiduría última, innata y primordial, entonces esa es la forma más profunda de unidad indivisible de los medios y de la sabiduría. Por eso, para generar el «fruto, la presencia espontánea que todo lo abarca» –que es la inseparabilidad de los *kayas* y de la mente de sabiduría– necesitamos reunir todas las causas correctas, sin que falte nada, mientras estamos en el camino. Por eso, el camino debe unir la práctica de la pureza primordial relacionada con el *dharmakaya* del resplandor interno, y la practica de la perfección espontánea relacionada con el *samboghakaya* del resplandor externo. En pocas palabras debemos practicar el *trekchö* y el *tögal*, como causas para poder lograr los *kayas* y la mente de sabiduría. A fin de que la práctica de *tögal* sea realmente efectiva, necesitamos la practica de *trekchö*.

Como preliminar necesitamos adoptar la práctica de *guru yoga* o la práctica que se enfoca en el *guru*,[10] como la fuerza vital de nuestro camino. De hecho, todos los linajes del Dharma dentro de Tíbet y todas las escuelas de budismo tibetano han hablado de la necesidad de considerar el *guru yoga* como la práctica más vital del camino. En la práctica del *trekchö*, la devoción es un factor extremadamente importante para obtener una experiencia directa de la conciencia pura de *rigpa* que todo lo penetra. La transmisión de poder de *La unión de todas las esencias más profundas*, que están a punto de recibir, es una práctica de *guru yoga* relacionada con Guru Rinpoche.

16. LA LUZ CLARA

B. La práctica principal

Una vez explicados los preliminares de *Encontrar serenidad y soltura en la meditación de la Gran Perfección*, ahora llegamos a la práctica principal. Longchenpa dice:

> «La práctica principal es el reconocimiento de la condición natural,
> a través de la meditación que involucra el gozo, la claridad y la ausencia de conceptos.
> La sabiduría primordial de luz clara libre de elaboración conceptual
> surge como la mente innata y fundamental».

La práctica principal consiste en meditar en la luz clara innata y fundamental. Esta luz clara puede ser considerada, desde el punto de vista del objeto, y desde el punto de vista del sujeto. La luz clara objetiva representa la vacuidad, que es la libertad de todas las elaboraciones conceptuales. Como vimos antes, esta es la verdad absoluta, la verdadera naturaleza de todos los fenómenos. Y hemos observado que las apariencias convencionales, cuando no las investigamos o no las analizamos, son la verdad relativa.

Por ejemplo, el *Guhyasamaja Tantra* de la escuela tántrica de la nueva traducción menciona cinco estadios de la fase de culminación; en estos se llama "absoluto" a la luz clara, y "relativo", al cuerpo ilusorio. El factor más importante, entonces, es la realización directa del aspecto subjetivo de la luz clara.

LAS DOS VERDADES SUPERIORES

De la misma manera, el *Guhyagarbha Tantra* de la tradición de los Nyingmapas habla de las dos verdades superiores: la absoluta superior y la relativa superior. La verdad absoluta superior se describe en términos de «los siete atributos abundantes de la verdad absoluta».[1] Dodrupchen Jikme Tenpe Nyima, en su comentario general sobre el *Guhyagarbha Tantra*, explica la verdad absoluta superior de esta manera:

> «Aunque hay muchas formas de explicar las dos verdades, aquí nos referimos a las dos verdades según el enfoque extraordinario de la Red Mágica y Sagrada, o a las *dos verdades superiores*. Quizás se pregunten lo que significa la verdad absoluta superior. La verdad absoluta superior se refiere al *absoluto natural del espacio básico*, que está libre de toda elaboración conceptual».[2]

Las palabras «espacio de la base» se refieren al aspecto subjetivo de la luz clara, la mente innata y fundamental de luz clara, que es Samantabhadra, el Buddha primordial. Como mencioné anteriormente, la pureza primordial tiene dos aspectos. Hay dos maneras de comprender lo que significa. El primer tipo de pureza primordial es la vacuidad pura, en el sentido de la ausencia de la propiedad que está siendo negada. El segundo se refiere a cuando la mente innata y fundamental de luz clara (o *rigpa*) se divide en pureza primordial y perfección espontánea. Parece que esta cita nos habla de la segunda interpretación, el aspecto de *rigpa* o de conciencia pura.

Entonces estamos hablando del «absoluto natural del espacio de la base, que está libre de toda elaboración conceptual». Aquí la palabra "natural" no hace necesariamente referencia a la naturaleza de las cosas, que es vacuidad. Es más bien natural en el sentido de ser fundamental e innato, como cuando hablamos del «*kaya* natural e innato»; en las escuelas tántricas de la nueva traducción, este es uno de los cuatro *kayas* del estado del fruto de la budeidad, el *svabhavikakaya* compuesto. Por tanto, cuando hablamos de lo natural, de lo innato o de lo primordial, éste es el absoluto natural. Luego, como dice Dodrupchen Jikme Tenpe Nyima, el absoluto natural se entiende en términos del «espacio básico que está libre de toda elaboración conceptual». Sigue diciendo:

> «Y al absoluto de sabiduría, que es luminosidad inherente, libre de los velos que oscurecen».

Con *absoluto de sabiduría* se refiere al hecho de que este espacio básico, que está desprovisto de cualquier elaboración conceptual, es libre de cualquier velo oscurecedor. Dodrupchen Jikme Tenpe Nyima concluye:

> «Y al *absoluto resultante*, que es la presencia del tesoro de los cinco factores resultantes –el cuerpo, palabra, mente, cualidades y actividades iluminadas– dentro de esta misma [unidad de espacio básico y sabiduría]. Puesto que esta última se divide en cinco, se les conoce colectivamente como los *siete atributos abundantes de lo absoluto*».

Esta subdivisión adicional en los cinco aspectos del cuerpo, palabra, mente, cualidades y actividades iluminadas, nos da los «siete atributos abundantes de la verdad absoluta».

Nos estamos refiriendo, pues, al aspecto subjetivo de la luz clara como absoluto. La razón para ello es que la mente innata y fundamental de luz clara está vacía de toda propiedad adventicia. Por ejemplo, la terminología del *Guhyasamaja Tantra* de las escuelas de la nueva traducción habla de *cuatro vacíos*.[3] *Vacío* significa aquí una cosa que está vacía de otra. El primer tipo de vacuidad es la vacuidad de las ochenta concepciones indicativas, junto con las energías de los vientos que les sirven de montura, es decir, la *apariencia*. Aquello que está vacío de apariencia, y del viento energético que es su montura, es el *aumento*. Aquello que está vacío de aumento, y del viento energético que es su montura, es el *casi-logro*. Aquello que está vacío de las tres experiencias, así como de los vientos energéticos que son sus monturas, es la *luz clara*. Esta vacuidad es un tipo de vacuidad extrínseca, o de *vacuidad de lo otro*.

Como dice Jikme Tenpe Nyima, cuando se habla de la verdad absoluta en el contexto de las enseñanzas, generalmente se hace referencia a ella en términos de una negación no-implicativa. Pero cuando se trata de meditar sobre la vacuidad, es mejor considerarla como una negación que afirma. Cuando, en la meditación, cultivamos el aspecto de la conciencia de *rigpa*, estamos meditando sobre las apariencias, que no son verdaderamente reales. El enfoque de la práctica principal no es otra cosa que sostener el reconocimiento de nuestro propio *rigpa*, que es el Buddha primordial Samantabhadra, siempre y eternamente puro.

Pero antes de llegar a esto, debemos realizar ciertas prácticas preliminares para purificar el cuerpo, la palabra y la mente. Como parte de la purificación de la mente, investigamos de dónde proviene la mente, dónde reside, y adónde va; este es el punto central para establecer la visión sutil de la vacuidad según el enfoque Prasangika del Camino Medio.[4] Cuando los practicantes han alcanzado un cierto grado de certidumbre en su comprensión de esta vacuidad sutil, pueden ser introducidos y pueden reconocer la conciencia pura de *rigpa* en el *rigpa* mismo; entonces podrán permanecer en meditación centrada en un solo punto sosteniendo este reconocimiento. Con la certidumbre que ya adquirieron en su comprensión de la vacuidad sutil, mientras se mantienen centrados en la pura conciencia de *rigpa*, de hecho están meditando en la unión de la apariencia y la vacuidad. Por tanto –creo yo–, están meditando en la vacuidad como una negación que afirma.

Es en la mente innata y fundamental de luz clara donde se evidencia la profundidad del Yoga Tantra más elevado. También aquí destaca la cualidad excepcionalmente profunda del Dzogpachenpo, así como la del Mahamudra. Cuando en la gloriosa tradición Sakya del Lamdre se habla de la visión de la inseparabilidad del *samsara* y el *nirvana* en el contexto del «triple *tantra*» o de los «tres continuos»,[5] también se refiere finalmente a esto. Y si examinamos la visión de la escuela Geluk –aunque esto no corresponda con la visión básica del Camino Medio– en cuanto a la unidad inseparable del gozo y la vacuidad co-emergentes, de nuevo nos encontramos exactamente con la misma connotación. Por eso es justo decir que fundamentalmente todos están hablando de lo mismo.

Los *sakyapas* llaman *alaya* a esta luz clara, base de todas las cosas. En la tradición Sakya del *lamdre lopshe*, uno de los discípulos de Tsarchen Losal Gyatso, Mangtö Ludrup Gyatso[6] dijo que la luz clara es la verdad absoluta. En cambio, otro discípulo de Tsarchen Losal Gyatso, Jamyang Khyentse Wangchuk, afirma en sus escritos que de las dos verdades, la luz clara pertenece a la verdad relativa; entre lo condicionado y lo no condicionado, forma parte de lo condicionado; y de las tres categorías de lo condicionado, que son la forma, la conciencia y las formaciones no asociadas, pertenece a la conciencia. Así que existen distintos puntos de vista. Cuando Mangtö Ludrup Gyatso dice que es la verdad absoluta, lo dice sin distinguir entre los aspectos subjetivos y objetivos, y así parece estar de acuerdo con lo que se enseña sobre la fase de culminación, en la que el absoluto corresponde a la luz clara.[7]

También como podemos ver en *Distinguishing the Middle from Extremes*, donde se habla del sentido absoluto, la práctica absoluta y del resultado absoluto, hay muchas referencias para el término *absoluto*.[8]

Finalmente, que digamos que es verdad absoluta o que es verdad relativa no cambia mucho las cosas; el punto esencial es que todos estos enfoques ponen énfasis en la mente innata y fundamental de luz clara, y la toman como camino.

Ahora, sobre la verdad relativa superior, Jikme Tenpe Nyima dice:

> «En cuanto a la verdad relativa superior, aunque se dice que es la apariencia de la energía de lo absoluto, pienso que es mejor describirla como la manifestación mágica, porque como dijo Deshek Zurchungwa: "En lo que se refiere a todos los fenómenos, su apariencia como la manifestación mágica de *rigpa* es el enfoque del Maha, su apariencia como la energía de *rigpa* es el enfoque de Anu, y su apariencia como *rigpa* mismo es el enfoque de Ati".».[9]

Esto es un poco complicado, pero la esencia de lo que quiero decir es esto: antes hemos llegado a la conclusión de que todos estos enfoques ponen el énfasis en la mente innata y fundamental de luz clara, y que cada uno tiene una forma especial de presentar las dos verdades. Aquí, en este caso se las llama las *dos verdades superiores*.

La verdad absoluta superior es la mente innata y fundamental de luz clara. Lo que se llama la mente innata y fundamental de luz clara en la terminología de las tradiciones tántricas de la nueva traducción, es la conciencia de *rigpa* que es el *rigpa Samantabhadra*, el *dharmakaya* base, o el Buddha primordial.

Dodrupchen Jikme Tenpe Nyima explica:

> «Los estados mentales burdos que surgen de las tendencias habituales de la transferencia de las tres apariencias no están presentes en el nivel del fruto, y por ello ni siquiera su vacuidad está presente. Por tanto, la talidad que acaba convirtiéndose en el «*kaya* de realidad»[10] de los buddhas debe ser el espacio básico de esta sabiduría fundamental. Este es precisamente el sentido último de las enseñanzas sobre la naturaleza búdica, el *sugatagarbha*, que se encuentran en los *sutras* del giro final de la rueda del Dharma».[11]

El hecho de que esta es también la mente innata y fundamental de luz clara de la que hablan los textos de las escuelas tántricas de la nueva traducción queda claro en el *Treasury of Philosophical Tenets* de Longchenpa. En las enseñanzas sobre la naturaleza de la base dice:[12]

> «La base primordial, la sabiduría que surge de sí misma, que está más allá de toda limitación en su alcance o magnitud, es esencialmente vacía como el cielo; su naturaleza es clara como el Sol o la Luna; y lo abarca todo con su compasión, igual que los rayos de luz. Estas tres propiedades, esencialmente indivisibles, residen en el espacio básico que siempre ha estado más allá de toda transición o cambio, y poseen la naturaleza de la sabiduría de los tres *kayas*. La esencia vacía es el *dharmakaya*, la naturaleza clara es el *sambhogakaya*, y la compasión que todo lo abarca es el *nirmanakaya*».

DONDE RESIDE LA LUZ CLARA

La esencia es pureza primordial, la naturaleza es presencia espontánea, y el resplandor incesante es compasión. ¿Dónde residen estas? Longchenpa dice:

> «Mientras permanezcamos en el engaño entre los seres de las seis clases, estas tres se muestran a nuestra percepción engañada como el cuerpo, palabra y mente ordinarios. Pero que la sabiduría del cuerpo, palabra y mente iluminados no se hagan evidentes, no significa que no estén allí. Los canales dependen del cuerpo físico, los vientos energéticos y los elementos dependen de los canales, y en el nivel más sutil, en el centro del centro de los cuatro *chakras*, está el palacio de la sabiduría que surge por sí misma».[13]

Hay cuatro *chakras*, uno de los cuales, por ejemplo, es el *chakra* del gran gozo, que se encuentra en la coronilla. Lo que se llama el «palacio de la sabiduría que surge por sí misma» está ubicado en el centro de estos cuatro, en el medio del canal central, en el *chakra* del Dharma, en el corazón. Como vimos anteriormente, hay diferentes niveles de sutileza en los canales, vientos energéticos y esencias, y aquí estamos hablando de los más extremadamente sutiles. En la terminología única del Dzogchen, esto se conoce como el «canal de cristal *kati*». Longchenpa sigue diciendo:

> «En el palacio del Dharma, en el corazón, la esencia, la sabiduría primordial y luminosa que surge por sí misma, está firmemente presente, junto con los atributos infinitos de la sabiduría. Como dice el *Fine Array of Jewels*:
> "La gran sabiduría que surge por sí misma
> es el palacio enjoyado del corazón".»[14]

Entonces, aquí se identifica la ubicación principal de la mente innata y fundamental de luz clara con el centro del *chakra* del Dharma en el corazón. Longchenpa continúa:

> La luz clara reside allí en cuatro canales extraordinarios; el gran canal *kati* dorado atraviesa el centro del canal central y conecta con el centro del corazón, y está lleno de *tiklés* de la base, Samantabhadra.[15]

Esto describe el lugar principal donde reside la luz clara.

LA LUZ CLARA COMO NATURALEZA BÚDICA

Que la mente innata y fundamental de luz clara es lo mismo que la naturaleza búdica es algo que se menciona incluso en los *sutras*, por ejemplo en el *Sutra de la sabiduría del ir más allá,* una de las fuentes raíz del *Sublime Continuum* de Maitreya.

En *The Wish-fulfilling treasury* y en el capítulo titulado «Cómo el *samsara* tiene su origen en la base», Longchenpa explica la base del engaño:

> «La luz clara original, la esencia misma de la feliz budeidad,
> la base última de todas las cosas es naturalmente no compuesta,
> perfectamente pura desde el principio, como el cielo iluminado por el Sol;
> pero está nublada por las tendencias habituales, basadas en la ignorancia,
> y por eso los seres sensibles están engañados».[16]

Comentando sobre estas líneas dice:

> «La base, como el espacio, siempre ha estado libre de todo fundamento o soporte que dependa del *samsara*, y está libre de "yo" por su esencia misma. Es clara y luminosa como el Sol o la Luna, y espontáneamente perfecta. Ha estado eternamente presente, sin ningún principio, y por ello está más allá de toda transición o cambio».[17]

Por esta razón se habla de la mente innata y fundamental de luz clara como «no compuesta», lo cual significa, como explica Dodrupchen Jikme Tenpe Nyima, que está continuamente presente, y no creada recientemente por causas y condiciones transitorias. Longchenpa explica:

> «Puesto que trasciende la limitación de cualquier idea prefijada, es naturalmente luminosa. Y puesto que reside en el espacio básico donde los *kayas* y las sabidurías están inseparablemente unidas, es el *sugatagarbha*».

En otras palabras, el pleno potencial de los tres *kayas* está siempre presente.

> «Puesto que es el soporte de todos los fenómenos del *samsara* y el *nirvana*, se la llama "el estado natural que es la base última de todas las cosas". Es no-compuesta y siempre ha sido completamente pura.»

Mientras uno no ha eliminado las manchas adventicias, a la mente innata y fundamental de luz clara se la llama *sugatagarbha*, y al potencial inherentemente presente de los tres *kayas* se le llama *las cualidades del espacio básico*. Cuando se eliminan las manchas adventicias que nublan nuestra verdadera naturaleza, el potencial de estos *kayas*, que siempre ha estado presente en la mente innata y fundamental de luz clara, se activa o se manifiesta, y se transforma en las «cualidades del fruto». Por tanto, los *kayas* y la budeidad están implícitos en la mente innata y fundamental de luz clara.

LA MEDITACIÓN ANALÍTICA Y LA VISIÓN DEL CAMINO MEDIO

Cuando decimos que la esencia es primordialmente pura o vacía, esta comprensión de la vacuidad es básicamente la de la visión Prasangika. Como dice Longchenpa en su *The Wish-Fulfilling Treasury*:

> «Ahora, en cuanto a la presentación de la tradición Prasangika, que dentro del budismo es la cumbre del Vehículo Mahayana de las características...».[18]

En su comentario detallado hay una sección sobre la forma en que los prasangikas eliminan la elaboración conceptual, puesto que no puede haber ninguna aserción sobre la naturaleza absoluta en sí misma; otra sección trata de como los prasangikas presentan la realidad relativa y convencional sin refutar la apariencia de las cosas. En esta segunda sección dice:

> «Esta sección, que presenta la realidad relativa sin refutar la apariencia de las cosas, está constituida por tres partes: la base del Camino Medio, que son las dos verdades; el camino del Camino Medio, que son las dos acumulaciones, y el fruto del Camino Medio, los dos *kayas*».[19]

El aspecto principal es que esto se presenta principalmente desde el punto de vista Prasangika. En cuanto a la «esencia vacía», tanto en el *sutra* como en los *tantras* comunes, es necesario llegar a una certeza sobre la naturaleza de la vacuidad. El Yoga Tantra más elevado cuenta con su comprensión propia y especial de la vacuidad. Luego, particularmente en los textos del Dzogpachenpo encontramos referencias a diferentes modos de liberación, como la liberación primordial, la auto-liberación, la liberación desnuda, la liberación completa y la liberación de los extremos; cada una de ellas presenta matices diferentes y tiene un carácter particular, pero todas ellas pasan por reconocer la misma esencia de vacuidad.

«Dodrupchen Jikme Tenpe Nyima explica cómo la meditación sobre la vacuidad sutil en la tradición Prasangika se realiza en el contexto de la investigación de dónde proviene la mente, dónde permanece y adónde va:[20]

> «Aunque se han enseñado muchos vehículos distintos,
> como medios para alcanzar la realización,
> sólo hay una manera de llegar a la esencia que debemos realizar».

Lo que dice aquí es que sólo hay un camino hacia la budeidad, una puerta que lleva a la paz.

> «La naturaleza básica de la propia mente, más allá del surgir, permanecer y cesar.»

Si examinamos de dónde proviene la mente, no conseguimos encontrar ningún origen o base para que surja. Si examinamos dónde permanece la mente, no logramos encontrar ninguna base que la sostenga. Si examinamos adónde va la mente, no podemos encontrar tal lugar. Por ello, la naturaleza básica de la mente está más allá del surgir, morar y cesar. Dodrupchen Jikme Tenpe Nyima sigue diciendo:

> «Es entonces cuando los ojos de la inteligencia se abren completamente por vez primera».

En otras palabras, debes empezar por investigar la mente y buscar de dónde proviene, dónde permanece y adónde se va. Pero también nos avisa:

> «Pero simplemente no encontrar estos tres lugares –el origen, la morada y el destino–
> no es, en sí mismo, suficiente para lograr el estado natural».

Buscar de dónde proviene la mente, dónde reside y adónde va, y no encontrar nada, no es suficiente para alcanzar el estado natural.

> «No es simplemente, como dice el dicho famoso, "más allá de toda base u origen", y tampoco "meras palabras"; es necesario investigarlo más profundamente.»

Más allá de toda base u origen tiene la misma connotación que *meras palabras o etiquetas*. Esta segunda lo expresa desde el punto de vista de cómo las cosas aparecen, mientras que *más allá de toda base u origen* lo expresa desde el punto de vista de su vacuidad. No debemos abandonar la investigación en este punto, y decir que la mente está más allá de toda base u origen, o que la mente no es más que una etiqueta. Debemos ir más allá y llegar a una comprensión auténtica del significado del Camino Medio que elimina los dos extremos.

«Aunque uno no esté pensando ni siquiera ligeramente en la existencia verdadera [de las cosas],
esto no pondrá fin a las apariencias y percepciones falsas.»

Este mismo punto lo explica Nagarjuna en el *Precious Garland of the Middle Way*:

«Una persona no es ni tierra, ni agua,
ni fuego, ni viento, ni espacio,
ni conciencia, ni todo junto.
Pero ¿qué persona hay aparte de estos?».[21]

Cuando buscamos la base a la que se aplica la etiqueta de *persona*, y no encontramos nada, no decimos inmediatamente que la persona no existe. El hecho de que no podamos encontrar un fundamento para esta etiqueta, por mucho que lo busquemos, elimina el extremo del eternalismo. Pero simplemente eliminar un extremo, el del eternalismo, no es una comprensión completa del Camino Medio. Esto no puede, por sí mismo, eliminar los dos extremos; por ello Nagarjuna continúa diciendo:

«Puesto que la persona está compuesta de los seis elementos...».[22]

Dicho de otra forma, la persona es una etiqueta que aplicamos a la reunión de los seis elementos. Así que de hecho hay una persona, pero no una que exista real y verdaderamente. Esto elimina el extremo del nihilismo. De esta manera se eliminan ambos extremos.

Lo mismo ocurre aquí: el investigar de dónde proviene la mente, dónde permanece y adónde va, y no encontrar nada que se pueda llamar *mente*, no es aún la auténtica visión del

Camino Medio. Si la mente existiera verdaderamente, deberíamos poder encontrar su fundamento o base cuando investigamos su origen, su morada y su destino, pero no encontramos nada así. Esto es un signo de que la mente no existe *verdaderamente*, pero no por ello podemos concluir que la mente no existe en absoluto. Cuando comprendemos que la mente es una imputación dependiente, algo que existe de forma dependiente, esto basta para contrarrestar la idea de la mente como una entidad independiente. Esta es la conclusión genuina a la que llegamos gracias a la visión del Camino Medio Prasangika respeto a "la esencia", que es pureza primordial. Dodrupchen continúa diciendo:

> «Por tanto, hasta que esté satisfecho sobre este punto profundo y crucial,
> investiguélo con profundidad, confiando en los escritos de los sabios y los seres realizados».[23]

El punto central es que para llegar a la visión definitiva del Camino Medio, es necesario practicar la meditación analítica. Pero no hay lugar para la meditación analítica cuando uno está practicando la unión inseparable de la conciencia y la vacuidad. Esta es exclusivamente una forma de meditación de asentamiento. Por eso, el contexto adecuado para la meditación analítica es durante los preliminares del Dzogchen. Este es el momento en que debemos llegar a una comprensión definitiva de la visión.

Hay aquí una conexión con un punto profundo y crucial del Yoga Tantra más elevado. Consiste en que, cuando meditamos sobre la vacuidad, el fenómeno sobre el que estamos meditando es la mente. Por ejemplo, cuando el *Guhyasamaja Tantra* habla de «el aislamiento del cuerpo», el «aislamiento del habla» y el «aislamiento de la mente»,[24] el aislamiento de la mente implica meditar sobre la vacuidad, y específicamente sobre la vacuidad de la mente. Por esto los textos del Yoga Tantra más elevado a menudo hablan de esta como un «fenómeno superior».

En general, la vacuidad depende de un objeto o un fenómeno en particular. Si el objeto es transitorio o efímero, entonces su vacuidad, aun siendo no condicionada, cesará de ser cuando cese el objeto. Dicho de otra manera, cuando cesa el fenómeno, también cesa su naturaleza vacía. Una razón, entonces, por la que practicamos el *yoga* de las deidades y visualizamos la «forma permanente» de la deidad es porque, en nuestra imaginación, la deidad continúa y no perece. Por tanto, si tomamos como base la forma *pura* de la deidad, y realizamos su naturaleza de vacuidad, esta vacuidad se volverá el *svabhavikakaya*, el «cuerpo de naturaleza esencial» de un Buddha. En cambio, si usamos un fenómeno impuro como base para realizar la vacuidad, aunque la vacuidad sea la misma, el fenómeno no continúa hasta la budeidad, y por tanto su vacuidad tampoco. Por eso hablamos de vacuidad en términos de los fenómenos puros. En resumen, la meditación sobre la vacuidad se fundamenta en la mente.

17. UN REPASO DE LAS ENSEÑANZAS

Me han dicho que algunas personas han llegado hoy, así que, pensando en ellas, vamos a repasar lo más esencial de lo que hemos estado viendo hasta ahora. Esto servirá también de revisión para los que han estado aquí todo este tiempo.

La felicidad, propósito de la vida

¿Cuál es el propósito de esta vida nuestra? ¿Cuál es el corazón de la vida humana? A menudo me hago este tipo de preguntas. Creo que podemos decir que el propósito de nuestra vida es ser felices Si las personas practican una religión o un camino espiritual de un tipo u otro, es para poder ser felices; no hay otra razón. Los practicantes budistas, por ejemplo, se esfuerzan para alcanzar la budeidad con el propósito de encontrar felicidad y dicha. Pero no lo hacen solamente por su propio bien, porque en realidad su aspiración es alcanzar el nivel de la budeidad, para que los innumerables seres sensibles puedan gozar de la felicidad y la dicha últimas. Este es el objetivo por el que se esfuerzan. Lograr la felicidad es, de hecho, un derecho fundamental que tenemos todos nosotros, y es también una aspiración perfectamente razonable.

Si examinamos esta felicidad por la que nos esforzamos

tanto, y este sufrimiento que queremos evitar, vemos que los hay de varios tipos. Pensamos en los países en vías de desarrollo, donde las personas tienen todo tipo de dificultades debido a la pobreza, la falta de escolarización, las enfermedades y el hambre. Además de la falta de alimentos, de agua y de ropas, también tienen que aguantar las dificultades que les depara el entorno. Este es un tipo de sufrimiento. Por otro lado, en los países más económicamente avanzados hay una mayor abundancia material, mejores sistemas educativos y se cuida más el medio ambiente. Pero aun así las personas se sienten desdichados, debido a otro tipo de sufrimiento.

Creo que podemos identificar una tendencia: que en los países con mayores dificultades económicas, las formas más comunes de sufrimiento tienen que ver con los cinco sentidos y con el ámbito del cuerpo; en los países más ricos, los problemas y la infelicidad tienen más que ver con la forma en que percibimos las cosas, y con el ámbito de la mente.

Si comparamos estos dos tipos de felicidad y sufrimiento –uno que depende más del cuerpo, y otro de la mente–, podemos ver que la mente tiene una capacidad evidentemente mayor para afectarnos. Si vives en un lugar del mundo con mayor abundancia, puede que estés rodeado de todas las comodidades y conveniencias, y aun así tu mente puede seguir siendo infeliz. Por esto es razonable decir que sólo tu mente puede realmente resolver tus problemas. No es gastándote dinero como vas a poder eliminarlos, por mucho que lo intentes. Las pastillas, los calmantes e incluso el o los programas de ejercicio físico tampoco van a funcionar. Por supuesto que estrategias como estas te pueden aportar un alivio momentáneo, una breve pausa de los pensamientos intensos y turbulentos que te atormentan; pero el problema fundamental sigue existiendo. Si no sabes cómo afrontar tus dificultades y tratarlas directamente, usando tu inteligencia, por mucho que encuentres métodos con los que parar de pensar en ellas o evitarlas por un tiempo, esto no te llevará una verdadera solución.

Debemos usar nuestra mente, nuestra inteligencia. Los problemas que pertenecen al ámbito de la mente, debemos examinarlos a fondo, descubrir sus causas, sus condiciones y sus efectos, y comprenderlos de forma más completa. Es esencial que nos enfrentemos a ellos de esta manera, en vez de simplemente ignorarlos. Y si así lo hacemos, podremos encontrar una paz mental y un bienestar estables, que ya no se pueden perturbar con tanta facilidad.

LA INTERDEPENDENCIA: UNA PERSPECTIVA MÁS AMPLIA SOBRE LA VIDA

A menudo digo que una de las cosas que me parecen más útiles para esto es la visión budista de la interdependencia. No deberíamos entenderla simplemente como una práctica budista; de hecho es una forma con la que todos nosotros podemos ver y comprender las cosas. Si nos tomamos un tiempo para pensar sobre la interdependencia, veremos que, en efecto, nos puede ayudar mucho en nuestra vida.

La interdependencia explica cómo todo está afectado por causas y condiciones. De todos los cambios que ocurren, ninguno de ellos es el resultado de una sola causa o condición. Por el contrario, hay incontables causas y condiciones que se tienen que reunir para que ocurra una cosa en particular. Y estas causas y condiciones a su vez requieren sus propias causas y condiciones, y así sucesivamente. La interdependencia, por tanto, implica que hay toda una serie de causas y condiciones que se combinan a fin de formar nuevas causas y condiciones. Y además, nuestra propia forma de pensar es un factor más entre estas causas y condiciones.

Cuando algo ocurre que nos ayuda o nos daña de alguna manera, y experimentamos placer o dolor, no es el resultado de una sola causa o condición, sino que es debido a una red compleja de muchas causas y condiciones relacionadas entre sí. Cuando acertamos a ver esto, naturalmente nos aporta una perspectiva mucho más amplia sobre las cosas. Cuando de forma ordinaria reaccionamos con apego o aversión, y nos alteramos, es porque tenemos tendencia a atribuir nuestra felicidad o nuestro sufrimiento a una sola causa. Cuando sucede algo que no queremos, lo atribuimos a un solo factor, y le damos toda la culpa. Cuando sucede algo agradable, también solemos atribuirlo a una sola causa. Pero de hecho, ni las cosas agradables ni las desagradables son resultado de una sola causa o condición. Todas son resultado de innumerables causas y condiciones que se juntan, en dependencia las unas de las otras. Si somos capaces de reconocer esta realidad, nos va a ayudar mucho. Cuando ya no hay un objeto específico al que echarle la culpa, como fuente de nuestro apego o nuestra rabia, esto disminuirá la fuerza de estas emociones, que se intensifican al centrarse sobre un solo objeto.

EL DEPENDER DE LOS DEMÁS

El estudio de la fisiología humana muestra que cuando sufrimos alguna dolencia física que nos causa dolor, el cuerpo tiene una reacción natural que le hace liberar sustancias químicas, endorfinas y encefalinas, que amainan el dolor. El cuerpo manifiesta una reacción natural e instintiva al dolor, y busca aliviarlo. Creo que se puede establecer un paralelismo con las cualidades de la mente que pueden aliviar nuestro sufrimiento interno. Cuando una persona tiene dificultades, de forma bastante natural y espontánea, sentimos amor y nos preocupamos por él o ella, e intentamos ayudarla. Cuando nos ayudamos los unos a los otros de esta manera, esto crea un sentimiento de confianza mutua, de tal forma que cuando somos nosotros los que tenemos algún problema, sabemos que podemos contar con alguien. Se trata realmente de cualidades humanas fundamentales: el ser confiable, el buen corazón; la sinceridad, la honestidad y el ser genuino, y el afecto y la ternura. Si poseemos estas cualidades, las personas confiarán fácilmente en nosotros y se harán nuestros amigos, y así nos sentiremos más relajados y tranquilos cuando las cosas van bien, e incluso cuando tengamos alguna dificultad. Aunque tengamos algún problema y nadie lo pueda resolver por nosotros, no nos parecerá tan grave, porque el simple hecho de poder hablar con otra persona y compartirlo con ella nos ayuda. Así es la naturaleza humana.

Podemos decir que respecto al sufrimiento mental, emocional y a las dificultades físicas, los seres humanos tenemos una tendencia natural a cuidar los unos de los otros, a ser honestos y amigables, y a ayudarnos mutuamente. Tenemos de forma natural esta tendencia a comportarnos «como un buen ser humano». Esta es una cualidad maravillosa. Es muy importante que reconozcamos esta tendencia positiva y la valoremos. No debemos olvidarla ni despreciarla; al contrario, debemos ser conscientes de lo importante y necesaria que es, y de cómo nos ayuda a superar las dificultades de la vida. Esto no tiene nada que ver con vidas futuras o pasadas, ni con la religión; es simplemente algo útil frente a todas las dificultades de la vida.

Si examinamos nuestra existencia como seres humanos, desde el momento que nacemos, y durante los primeros años de nuestra vida, dependemos enteramente de los demás para nuestra supervivencia. No podríamos sobrevivir de ninguna manera por nuestra cuenta, y por ello se crea un vínculo muy especial de intimidad entre una madre y su hijo o hija. Esto no ocurre con algunos animales; por ejemplo con las tortugas de mar. Una vez la tortuga madre ha hecho su nido y a puesto sus huevos, no vuelve a mantener ningún contacto con sus crías. Creo que si las tortugas pequeñas se encontraran a su madre por casualidad, no sentirían el afecto por ella que pueden sentir otros animales, porque no dependen de sus madres para sobrevivir. La madre tan sólo pone los huevos, y cuando nace la cría, esta simplemente se arrastra hacia el mar. No necesita que la madre le enseñe nada, ni le dé leche, ni nada más. Por esto seguramente no hay un sentimiento de intimidad muy desarrollado entre la tortuga madre y sus crías. Quizá las tortugas pequeñas ni siquiera reconocen a sus madres.

En el caso de los niños, en cambio, ellos tienen que depender de sus padres para sobrevivir, y por eso hay un sentimiento natural de amor entre ellos y sus padres. Esto es lo que yo pienso; puede que sea completamente erróneo, pero tengo la sensación de que este amor que sentimos los unos por los otros, esta calidez y este cuidar, tiene su origen en el hecho de que dependemos de los demás para sobrevivir.

Nuestro error consiste en que incluso teniendo este amor desde el principio, el amor entre la madre y el hijo o hija, luego, cuando pasa el tiempo, empezamos a valorarlo cada vez menos, y llegamos a sentir que no nos hace falta. Creemos que podemos cuidarnos a nosotros mismos y que no necesitamos depender de nadie. Y por mucho que nuestra supuesta independencia no sea más que un sueño vacío, nos sentimos orgullosos, fuertes y seguros. Entonces, en vez de sentir amor por los demás empezamos a tener envidia, y a querer dañarlos o aprovecharnos de ellos. Esto crea infelicidades de todo tipo en la sociedad, y mucho sufrimiento a nivel individual. Puede que lleguemos a sentir que no podemos confiar o depender de nadie, y por tanto a sentirnos separados, aislados y solos. Pero toda esta situación la hemos creado nosotros mismos; es completamente contraria a nuestra naturaleza como seres humanos. No tiene más base que nuestras expectativas artificiales.

Además de esto, con todo el desarrollo económico y los avances de la tecnología existe el peligro de que pongamos cada vez más nuestras esperanzas en las cosas materiales, como el dinero y las máquinas. Pensamos que serán capaces de protegernos, de darnos seguridad y realmente ayudarnos de muchas maneras. Pero yo creo que esta actitud genera muchos problemas.

Por eso, aunque la interdependencia sea una visión budista, es algo que podemos utilizar en nuestra vida diaria. Por ejemplo, cuando vamos a la escuela y aprendemos sobre la naturaleza del mundo, esto nos da una visión mucho más amplia de las cosas. Cuando reflexionamos sobre la interdependencia, eso también nos abre la mente y amplía toda nuestra perspectiva y forma de pensar. Empezamos a darnos cuenta, por ejemplo, de cómo las tendencias positivas que ya poseemos naturalmente como seres humanos tienen una importancia crítica y fundamental en nuestra vida. Al mismo tiempo podemos llegar a una comprensión más fina del progreso material, porque por muy necesario y beneficioso que sea, no debemos poner toda nuestra confianza y nuestra esperanza en él. En vez de esto, deberíamos empezar a cuidar y desarrollar las cualidades positivas que ya poseemos como seres humanos. Creo que así tendremos vidas más felices.

Esto no es sólo algo que pueda interesar a aquellos que tienen algún tipo de creencia religiosa. Todas las personas quieren ser felices; nadie quiere sufrir; y todos poseemos estas cualidades humanas positivas. Podemos llamar a esto la «ética secular».

LA VERDADERA ESENCIA DE LA RELIGIÓN

Si tenemos cierta fe en una religión, pero nos contentamos con pensar que somos creyentes porque ya era la religión de nuestros padres, y no nos interesamos por su mensaje, ni por lo que puedan ser sus prácticas, realmente no vamos a sacarle mucho beneficio. Y si pensamos que una religión solamente consiste en celebrar rituales y recitar oraciones, entonces no habrá una verdadera conexión entre los períodos que consideramos como de "práctica" y el resto de nuestra vida cotidiana. Como siempre digo, cuando examinamos las grandes tradiciones de fe encontramos que todas enseñan las mismas virtudes del amor, la compasión, la tolerancia, el contento y la conducta ética. Este es el verdadero significado y el corazón de la religión. La religión no consiste simplemente en recitar oraciones en un templo. Se trata de cómo llevamos nuestra vida cotidiana, y de esto mismo: ser amable, compasivo, tolerante, ético, y estar contento con lo que tenemos. Si pensamos que somos personas religiosas, debemos comprender la verdadera esencia de la religión –no poner demasiada énfasis en las oraciones y los rituales, y más en nuestra conducta diaria–. Ya seamos cristianos, musulmanes, budistas, hinduistas, judíos, o seguidores de cualquier otra fe, debemos aplicar sus enseñanzas a nuestra vida y a nuestras interacciones diarias; este es el punto más importante.

Algunas personas piensan que en realidad la religión no tiene nada que ver con la vida diaria. Deben tener una visión muy limitada de lo que es la religión. Si pensamos que no es más que los rituales y las oraciones que se realizan en un templo, entonces es verdad que seguramente no tengan mucha relación con la vida de todos los días. Pero ¿cual es la razón auténtica de todos estos rituales y oraciones? Es hacer crecer nuestro amor, nuestra compasión, tolerancia y demás cualidades. Así que si somos seguidores de alguna religión en particular, debemos comprender sus enseñanzas, interesarnos por ellas, y ser capaces de aplicarlas a nuestra vida cotidiana. Creo que este es un principio crucial.

Todas las religiones que hay en el mundo son más o menos equivalentes en su capacidad de convertirnos en buenos seres humanos. Por supuesto que hay diferencias en términos de visiones filosóficas; la variedad está para acomodar las diferentes mentalidades y creencias. Puesto que hay una gran variedad de temperamentos e inclinaciones, habrá alguna visión que parecerá más adecuada y racional para una persona, y otra visión será más útil y eficaz para otra. En este sentido, las diferentes fes son como variedades de medicina. Simplemente, la medicina trata de la enfermedad del cuerpo, y la religión trata de las enfermedades de la mente. Para elegir una medicina, el único criterio importante es qué enfermedad puede curar. No es necesario que nos fijemos mucho en el precio o los ingredientes, ni hace falta que expliquemos estos detalles cuando damos la medicina al paciente. Lo único que cuenta en ese momento es si la medicina va a curar al paciente o no. Cualquier otra consideración es irrelevante.

De la misma forma, las diferentes tradiciones religiosas presentan visiones filosóficas divergentes, pero el verdadero objetivo de todas estas visiones es simplemente beneficiar la mente de la persona. Y desde esta perspectiva, todas son iguales. Las visiones filosóficas son diferentes, y algunas serán más elaboradas que otras, pero no puedes decir que algunas visiones sean "buenas" o "malas". Se trata más bien de ver cuál de ellas es la más adecuada para una persona en concreto. Si piensas que las visiones más elaboradas son mejores y más profundas, es que son mejores para ti, como individuo. La visión, sea la que sea, que mejor se ajuste a tu temperamento y a tus creencias, será la más beneficiosa para ti.

LA ESENCIA DEL *BUDDHADHARMA*

Examinemos el budismo en particular. Podemos preguntarnos: ¿cuál es la esencia de las enseñanzas budistas? Habitualmente lo explico así: «la conducta es la no-violencia, y la visión es la interdependencia». Cuando hablamos de la no-violencia –en otras palabras, el evitar el daño–, a veces puede ser muy difícil determinar si una acción es dañina o no, considerando solamente su apariencia externa. El factor clave es la motivación que hay detrás. Cualquier acción del cuerpo, palabra o mente que esté motivada por el deseo de beneficiar a los demás, es por su propia naturaleza no-dañina. Pero si nuestras intenciones básicas son crueles, si por ejemplo queremos engañar a alguien o aprovecharnos de él, nuestro comportamiento puede parecer bien inocuo, con palabras agasajadoras y bonitos regalos, pero la acción en sí misma será dañina. ¿Por qué? Porque proviene de una motivación negativa. Por ello, la distinción entre las acciones dañinas y las no-dañinas se debe hacer básicamente en función de la motivación que hay detrás. Creo que podemos decir que la *conducta de la no-violencia* se refiere a acciones motivadas por la compasión o el deseo de beneficiar a los demás. Con esta motivación en nuestro corazón, en el mejor de los casos podremos llegar a ayudar a los demás, pero si no lo logramos, al menos no deberíamos hacerles daño.

La visión de la interdependencia, entonces, nos revela cómo surgen la felicidad y el sufrimiento. Nos muestra cómo todas nuestras sensaciones de felicidad y sufrimiento, todas las experiencias internas y las circunstancias externas, surgen al juntarse ciertas causas y condiciones. Así, la visión de la interdependencia explica la lógica de la conducta no-violenta. ¿Cómo es esto? Porque las sensaciones de placer y dolor que experimentamos dependen de ciertas condiciones, que están íntimamente relacionadas con nuestra conducta. Si actuamos de forma negativa, experimentaremos sufrimiento. Si actuamos de forma positiva, el resultado será favorable. Así ocurren las cosas, en función de sus causas y condiciones. De manera que si no queremos sufrir, debemos evitar hacer cualquier cosa que dañe a los demás, y en cambio, intentar ayudarles.

Ahora, si seguimos y ampliamos nuestra práctica de la no-violencia, esto nos acabará llevando a la *bodhichitta* y al querer a los demás más que a uno mismo. Y si llevamos esta visión de la interdependencia a un nivel aún más profundo, finalmente nos conduce a la visión de la vacuidad, la comprensión del hecho de que todos los fenómenos están desprovistos de verdadera realidad. Esto es lo que se llama *la vacuidad, cuya esencia misma es la compasión*; si podemos ponerla en práctica, toda nuestra forma de pensar dará un gran giro. De forma natural, nuestra vida estará mucho más llena de significado. Empezaremos a trabajar por el beneficio de los demás; y si nos encontramos con alguna dificultad inevitable, en nuestra mente no habrá sufrimiento, o al menos no habrá tanto como antes. Hasta puede que lleguemos a aceptar el sufrimiento, y que incluso cuando tengamos que soportar el dolor físico, tengamos la serenidad necesaria en nuestra mente para soportarlo y transformarlo en algo con mayor propósito.

Voy a dar un ejemplo. En el año 1958, cuando ya se habían destruido muchos monasterios en Kham y Amdo, y se estaban encarcelando a muchos *lamas* y *khenpos*, un *khenpo* que era un gran practicante fue sentenciado a morir fusilado por un pelotón de ejecución. En el momento de su ejecución, justo antes de que lo mataran, pronunció esta oración:

> «Por tanto, ¡oh noble y compasivo maestro,
> que toda la negatividad y los oscurecimientos de los seres,
> mis madres del pasado,
> que todo su sufrimiento sin excepción madure en mí, aquí y ahora;
> y pueda yo darles todo mi bienestar, mis virtudes y méritos,
> para que todos los seres gocen de la felicidad!».[1]

Dijo esto inmediatamente antes de ser matado de un tiro. Lo que muestra esta historia es que, a base de practicar con medios hábiles y sabiduría, podemos cambiar de forma significativa nuestra manera de pensar, y desarrollar un coraje extraordinario. Puede incluso que lleguemos al nivel, como este *khenpo*, en que podamos transformar cualquier adversidad en el camino hacia la iluminación.

MANTENER LA AUTENTICIDAD DEL DHARMA

Hay un punto fundamental que quería mencionar aquí, y que tiene que ver no solo con el budismo sino con cualquier tradición espiritual. Creo que es muy importante mantener la verdadera autenticidad de las enseñanzas del fundador original y de los discípulos principales de la tradición. Es vital que la tradición se mantenga auténtica y fiel a sus orígenes.

Quisiera hacer algunas observaciones sobre esto. Hubo un tiempo, por ejemplo, en el que algunos libros occidentales llamaban «lamaísmo» al budismo tibetano. Esto es un error. El budismo Tibetano es una tradición auténtica y verificable; podemos comprobar que se remonta a los grandes maestros y eruditos de la India. ¡No es algo que algunos *lamas* tibetanos se inventaron por su cuenta, mientras se congelaban en sus cuevas! Es ni más ni menos que el genuino Dharma del Buddha, que tuvo su origen en la noble tierra de la India.

También hay algunas personas que llaman a los lamas «buddhas vivientes»; esta expresión probablemente viene de una traducción incorrecta al idioma chino. Este es otro gran error. Si esta expresión surgió debido a un sentimiento de devoción, por supuesto que esto es bueno. Pero si buscamos en las escrituras budistas, la palabra original en sánscrito para "lama" es *guru*, que literalmente significa *con peso*, en el sentido de que está cargado de todas las preciosas cualidades, o de amabilidad. La palabra tibetana *lama* significa "el más insuperado", o alguien que merece respeto o veneración. En ningún lugar encontramos que se hable de algún *Buddha viviente*, ni la palabra *guru* tampoco quiere decir alguien que esté iluminado. Creo que la expresión «Buddha viviente» debe venir de una traducción errónea al idioma chino; y también tiene implicaciones embarazosas cuando se ve a los «buddhas vivientes» que se comportan como cualquier persona ordinaria.

También tenemos que ser conscientes de otro fenómeno, la espiritualidad de "Nueva Era" o "New Age", que implica tomar un poquito de cada una de las diferentes religiones, y fabricar un nuevo tipo de religión que no es más que un invento de alguien. Por supuesto que si las personas son honestas y admiten que se trata simplemente de un producto de su ingenio, entonces no hay mayor problema. Pero si empiezan a improvisar cosas, y luego intentan hacerlas pasar por budismo, o por algo tibetano, o por alguna forma especialmente rápida del Camino Vajrayana, entonces debemos ir con muchísimo cuidado.

Hace unos años conocí a un socialista indio que me dijo que sentía un profundo interés por el budismo, y es cierto que desarrolló un gran aprecio por las enseñanzas sobre el altruismo y la *bodhichitta*. Pero luego, cuando llegó a las enseñanzas sobre los infiernos, y particularmente a la explicación de las temperaturas insoportables de los infiernos calientes y fríos, ¡esto le molestó muchísimo y no quiso escuchar más! Creo que difícilmente llegaremos a algún sitio si cogemos y elegimos trocitos de esta antigua tradición budista que nos han transmitido los maestros eruditos de la India, y sólo nos quedamos con las cosas que nos suenan bien, ignorando todas las demás. Por supuesto que cuando encontramos algo que no congenia con nuestras creencias o nuestra experiencia, podemos optar por no creérnoslo, pero no deberíamos llegar a la conclusión de que es el Dharma el que debe cambiar, y empezar a avanzar alguna nueva forma de budismo hecho a medida.

Asimismo oí la historia de un estudiante que fue a ver a cierto *lama* tibetano y le dijo: «El budismo es maravilloso, pero hay ciertas cosas del budismo que simplemente no encajan con mi manera de pensar». El *lama* le contestó: «¿Y entonces? ¿Quién te fuerza a volverte budista? ¡Si no va contigo, déjalo estar!». Creo que esto es muy cierto. Debemos preservar la autenticidad del budismo. Debemos conservar las enseñanzas originales que dio nuestro maestro bondadoso, el Buddha, así como las enseñanzas contenidas en las obras de los grandes y eruditos maestros de la India, y los escritos de los maestros eruditos y realizados de las diferentes escuelas de budismo tibetano: Sakya, Geluk, Kagyü y Nyingma. Esto es de una importancia extrema.

Debemos tener presente que es perfectamente posible que

algunas enseñanzas no tengan sentido desde el principio para nosotros. De hecho hay varias categorías de fenómenos conocibles. Están los fenómenos que nos son *inmediatamente aparentes*, que podemos percibir de manera directa; hay cosas que están *parcialmente escondidas*; y finalmente hay cosas que están *extremadamente escondidas*. Es muy difícil llegar a comprender las cosas de esta tercera categoría intentando razonar sobre ellas con nuestra inteligencia. ¡Pero si no aceptamos nada más que las cosas que se pueden observar de forma inmediata y visible, entonces incluso el estado de budeidad se vuelve algo difícil de creer! Podemos entender la idea general, pero resulta difícil aceptarla precisamente tal y como se enseña. Por tanto, puesto que hay cosas que están extremadamente escondidas, cuando nos topamos con algo que no tiene sentido de inmediato para nosotros, debemos investigar lo que está escrito en los textos y reflexionar sobre ello, aplicando la lógica de nuestro razonamiento. Y aun así seguirá habiendo cosas que no podremos comprender por el razonamiento; y sería algo arrogante por nuestra parte si las desestimamos por adelantado. Hay muchas cosas que están escondidas a nuestra percepción directa, y no podemos tan sólo decir que no creemos en ellas, porque esto sería una actitud presuntuosa y parcial. El punto central que quiero señalar con esto es que es muy importante seguir las enseñanzas originales y auténticas.

Esto concluye la introducción general, para las personas que llegaron hoy. Ahora continuaremos con el texto de *Encontrar serenidad y soltura en la meditación de la Gran Perfección*, en el punto en que lo habíamos dejado.

18. LA SABIDURÍA DE *RIGPA*

DOS MÉTODOS PARA ALCANZAR LA LUZ CLARA

Generalmente se dice que el camino profundo del Dzogpachenpo enfatiza la práctica de la cuarta transmisión de poder. Las cuatro transmisiones de poder son: la transmisión elaborada de la vasija, la transmisión secreta no elaborada, la transmisión del conocimiento extremadamente no-elaborada, y la transmisión de la palabra, completamente no-elaborada.

Ahora bien, en las enseñanzas de las escuelas de Tantra de la nueva traducción se dice que una vez que «la verdadera luz clara» se ha manifestado, o que se ha alcanzado «la unión de los aprendices», no hay necesidad de seguirse entrenando en ningún camino nuevo.[1] Dicho de otro modo: una vez que ha surgido la sabiduría del camino de la visión según el sistema del Tantra, o que se ha alcanzado el estado de "unión", sólo necesitamos familiarizarnos con lo que hemos realizado. No hay necesidad de entrenarse o de desarrollar nada más.

Según el sistema de la antigua traducción de los nueve vehículos sucesivos, el Dzogpachenpo es el vehículo que es el destino final, mientras que los ocho primeros vehículos, que basan sus enfoques en la mente ordinaria, son suertes de etapas o escalones en el camino. Entonces hay ocho vehículos previos que sirven para guiarnos al destino último, y un vehículo que es en sí mismo el destino final. En ese punto, lo que se toma como el camino ya no es la mente ordinaria, sino la sabiduría. Por eso decimos que el Dzogchen enfatiza la cuarta transmisión de poder.[2]

Entre los escritos varios del omnisciente Khedrup Je, hay un texto con preguntas y respuestas, y entre ellas la cuestión de si el Dzogchen es, o no, un sistema puro. La respuesta que da es que el Dzogchen no es sólo una enseñanza pura y auténtica, sino que también es una instrucción sobre el nivel más elevado de la práctica de la fase de culminación, según las más elevadas enseñanzas del *tantra*. Es extremadamente profundo, dice, pero por desgracia, su reputación ha sido dañada por la conducta poco ética de algunos practicantes laicos.

De forma semejante, Khedrup Norzang Gyatso, en una guía para la práctica de la fase de generación del *Guhyasamaja*, explica que hay dos maneras de hacer que amanezca la mente fundamental de luz clara. Un método consiste en focalizar y penetrar los puntos vitales de los canales, vientos energéticos y esencias; por ejemplo, en la práctica de la fase de culminación asociada con el *tantra* padre de *Guhyasamaja*, la luz clara se realiza a través del *yoga* de los vientos energéticos. El otro método –dice él– es el de las «tradiciones antiguas de meditación» con las que parece referirse tanto a la tradición Dzogchen de los *nyingmapas* como a la tradición Mahamudra de los *kagyüpas*. A través de estas antiguas tradiciones de meditación es posible –afirma– lograr la luz clara con la pura meditación no conceptual, sin necesidad de trabajar con los canales sutiles del cuerpo, los vientos energéticos y las esencias.

Entonces, este punto está muy claro. Hay que tomar en cuenta que Khedrup Je fue uno de los escritores más rigurosos y reconocidos de la tradición Geluk, experto en analizar lo que es admisible y lo que no, y esto es lo que dice en sus escritos varios. Igualmente Khedrup Norzang Gyatso fue conocido como un maestro excepcionalmente instruido y realizado, que alcanzó el nivel de unión durante su vida. Esto es algo que quería subrayar.

APOYARSE EN LAS OBRAS AUTÉNTICAS DE LA TRADICIÓN

Por lo que se refiere a los numerosos textos que explican las enseñanzas del Dzogchen, algunos de ellos son muy elaborados, y otros más concisos. Hay, por ejemplo, varios manuales de uso sobre Dzogchen que acompañan los diferentes ciclos de las revelaciones de *terma*. En términos de los dos enfoques que antes mencioné: el enfoque general relacionado con las enseñanzas como conjunto y el enfoque que es más específico para ciertos individuos,[3] estos textos de instrucciones son a menudo enseñanzas que se dan en función de los individuos. Consisten en general en consejos directos bajo la forma de versos poéticos o de canciones de experiencia, y puede que no siempre hagan un repaso completo de las enseñanzas. Los verdaderos cimientos para las enseñanzas sobre Dzogchen se encuentran en los textos de Longchen Rabjam, particularmente en sus *Seven Treasuries*, y también en el texto raíz y en el comentario de *Treasury of Precious Qualities*, que compuso el segundo maestro omnisciente, Jikme Lingpa. Están, además, los escritos de Rongzom Chökyi Zangpo, quien, como hemos visto, vivió tres siglos antes que Longchenpa. Estos son los grandes escritos de la tradición Dzogchen, por lo cual es definitivamente imperativo que los consultemos.

Lo mismo ocurre con todas las escuelas del budismo tibetano –Sakya, Geluk, Kagyü o Nyingma–. No podemos tener una visión completa de una enseñanza en particular con sólo echar un vistazo a textos breves de instrucciones o fragmentos de consejos tomados de aquí y de allá. Siempre correremos el peligro de comprender mal las cosas, y la posibilidad de desviarnos. Tomemos por ejemplo la tradición Geluk. Si queremos tener una comprensión genuina de la visión Geluk, tenemos que basarnos antes que nada en los maravillosos escritos del gran Tsongkhapa. Si no, no hay ninguna garantía de que sólo porque alguien afirma seguir la visión Geluk, lo que esta persona dice vaya a ser correcto. Así que con todas las escuelas existe esta necesidad de estudiar los escritos de autoridad de la tradición; es algo que necesitamos ver y pensar en ello con seriedad.

Incluso para nosotros como individuos, si queremos evitarnos escollos o errores en nuestra práctica, necesitamos tener una comprensión completa de nuestra propia tradición, y por eso debemos estudiar sus grandes tratados. Así es como yo mismo intento proceder. Si sólo estudiamos los textos más cortos y simples, es posible que no obtengamos una comprensión completa, e incluso que nos encontremos con cosas sobre las que dudemos. Pero si miramos las obras mayores, podemos empezar a ver las razones lógicas que hay detrás de cada cosa y apreciar más los puntos cruciales. Por eso siento que es esencial consultar los textos principales de nuestra tradición.

LA SABIDURÍA DE *RIGPA*

Hay otro fragmento de los escritos de Dodrupchen Jikme Tenpe Nyima que me gustaría compartir con ustedes en este momento. Habla de la sabiduría de *rigpa*, la mente innata y fundamental de luz clara, pero la explica con la terminología de los *tantras* de las escuelas de la nueva traducción:[4]

Por lo que respecta a la sabiduría de la conciencia interna y luminosa, el *Tantra de la unión del sol y la luna* afirma:

«En el palacio enjoyado del corazón
está el resplador del *kaya* que une vacuidad y claridad,
con sus rostros y brazos completos como un cuerpo dentro de una vasija,
morando en su forma más sutil como la esencia de la luz clara».

Como señala aquí, hay formas burdas y sutiles del *avadhuti*, el canal central, y, dentro de esta "ciudadela" que tiene la naturaleza de la luz, en el canal central extremadamente sutil, «el tubo de cristal» del que se habla en el enfoque poco común de este vehículo, es el glorioso Samantabhadra, el maestro sin principio ni final, el rey de sabiduría que todo lo realiza.

La forma burda del canal central, o *avadhuti*, es la que se menciona en los Yoga Tantras más elevados como el *Guhyagarbha Tantra*. La forma más sutil se conoce como el tubo *kati* de cristal, o el canal de luz clara. Dodrupchen dice:

«Es el gran *mandala* en el que todo lo que aparece y existe tiene un sabor igual...».

Todos los fenómenos del *samsara* y el *nirvana* surgen de la mente innata y fundamental de luz clara, y en este sentido son todos iguales. Los fenómenos puros tienen la naturaleza de la sabiduría, mientras que los fenómenos impuros son temporales y adventicios. Pero esta es la única diferencia. Ambos son iguales en el sentido de que son el despliegue de la luz clara. El texto continúa:

> «[...] es el estado iluminado que no surge de la mente ordinaria, la condición fundamental que no está fabricada por el pensamiento conceptual, budeidad completamente pura que nunca ha sido manchada por ningún defecto y que siempre ha estado presente. En otras clases de *tantra*, se hace mención a esto como la mente fundamental que es "completamente vacía". Así, en este contexto la mente fundamental y la sabiduría no-compuesta se refieren a lo mismo».

Ya he hablado de cómo se debe explicar el término «*no-compuesto*» en este contexto. Cuando encontramos *mente fundamental* en textos de las tradiciones de la nueva traducción, la palabra *mente* (*sem*) se emplea en su sentido más amplio para incluir sabiduría, y en este sentido podemos decir que está presente incluso en el nivel de la budeidad. No es *sem* en el sentido de la mente ordinaria que se debe distinguir de la conciencia pura de *rigpa*.

Incluso en la tradición Nyingma la palabra *sem* no siempre significa la mente impura y ordinaria. En uno de los *tantras mahayoga* de Yangdak, por ejemplo, *The King of Herukas*, *sem* se utiliza en relación con la práctica de los seis yogas. Así que no podemos decir que *sem* siempre se refiere a la mente impura. Dodrupchen Jikme Tenpe Nyima continúa señalando:

> «Siempre ha estado presente, nunca cambia su estatus».

La mente ordinaria aparece y luego cesa y cambia, pero esto es diferente. No puede alterar ni cambiar su estatus.

> «Siempre libre, nunca ha podido estar confundida.»

En su esencia, siempre ha sido libre, atemporal, y no es posible que se confunda jamás.

«No puede someterse al nacimiento ni a la muerte.»

No podemos usar términos como *nacimiento* y *muerte* en referencia a la mente innata y fundamental de luz clara. La mente ordinaria y burda sí tiene un principio y un fin. Es como los elementos tierra, agua, fuego y viento, que pueden surgir y dejar de existir. Sin embargo, el elemento del espacio, del que todos ellos surgen y en el que todos ellos se absorben, está más allá del surgimiento y de la cesación. De manera similar, la mente innata y fundamental de luz clara está más allá de todo surgimiento y toda cesación.

En nuestro estado ordinario de la mente, que es el nivel más burdo de conciencia, e incluso cuando estamos entre las garras de los pensamientos y las emociones como el apego y la aversión, sigue habiendo una cualidad de *rigpa*, o conciencia. Entonces, en ese sentido esos estados están impregnados de un aspecto de la conciencia de *rigpa*, pero la naturaleza de nuestra mente sigue oscurecida. Como dice Jikme Tenpe Nyima:

> «Aunque esa es su naturaleza, su propio rostro está oscurecido por las tres apariencias y sus estados de pensamiento conceptual, y a causa de los 21.000 movimientos de los vientos kármicos, y demás, no podemos ver su verdadera esencia, esto hace difícil que cualquiera se dé cuenta. Como dice en el *Illusory Net*:
> "¡Emaho! Dharma que siempre ha sido secreto,
> diverso en apariencia y secreto por naturaleza,
> por su propia esencia, completamente secreto,
> nada más que extremadamente secreto".».

Por eso se le llama la «luminosidad interna, el cuerpo de la vasija juvenil». Sin embargo, no lo entiendan mal y piensan que el Buddha es algo como una estatua dorada en una caja de vidrio.

La imagen de un cuerpo dentro de una vasija se utiliza para ilustrar cómo nuestra naturaleza está presente en el interior de la luminosidad interna; confinada ahí, en un sentido, hasta que sea soltada.

LA INTRODUCCIÓN A *RIGPA*

La práctica de *trekchö* en el Dzogchen concierne a la meditación de la conciencia pura, o *rigpa*. Para ser precisos, consiste en cultivar la familiaridad con *rigpa*, una vez que lo hemos distinguido de la mente ordinaria. Ahora bien, ¿cómo se hace esto? Por el momento, la mente innata y fundamental de luz clara se encuentra en su potencial latente. En el lenguaje único del Dzogchen diríamos que el *rigpa* de la base, o el *rigpa* esencial, no se manifiesta por el momento, como si también estuviera latente; entonces de lo que estamos hablando aquí es del *rigpa* resplandeciente. Este es el estado en el que los pensamientos surgen desde la conciencia pura de *rigpa*. Hay movimiento en la mente, creado por las tres apariencias y las ochenta concepciones indicativas, y por lo tanto este no es el *rigpa* esencial, sino el *rigpa* resplandeciente. Cuando los pensamientos y las emociones surgen como la energía de *rigpa*, como todos los estados conscientes, estos están impregnados por *rigpa*, «al igual que las semillas de sésamo están impregnadas de aceite». No importa qué estado mental o qué tipo de pensamiento o emoción estemos experimentando, sigue habiendo una cualidad de conocimiento básico o cognición que es el aspecto de la conciencia de *rigpa*. Y es este aspecto de la conciencia lo que señala un maestro experimentado, cuando todas las condiciones adecuadas están reunidas, a un estudiante que ha alcanzado cierto nivel de madurez espiritual. De modo que esta introducción sucede gracias al *rigpa* resplandeciente.

Para comenzar, los estudiantes necesitan adquirir cierta comprensión escuchando y estudiando las enseñanzas. Luego, al familiarizarse cada vez más y adquirir constantemente más experiencia, serán capaces de reconocer su propio *rigpa*. Cuando esto sucede, ya no hay que hacer ninguna otra práctica más que quedarse continuamente en *rigpa* y sólo en *rigpa*. Esto se lleva a cabo por medio de la atención. Sin embargo, existen dos tipos de atención: la artificial y la natural. Esta práctica no puede ser realizada con una atención artificial, pues sólo nos conduciría a pensamientos tales como: «Ahora estoy meditando en Dzogchen» o «Ahora estoy sosteniendo *rigpa*», y eso nos llevaría de nuevo al reino de la mente ordinaria.

En cuanto la mente es perturbada por nociones ordinarias y por el aferramiento, volvemos al nivel burdo de la mente ordinaria. Cuando esto sucede, y se manifiesta la mente burda ordinaria, debemos utilizar cualquier conocimiento que tengamos sobre la diferencia entre la mente ordinaria y *rigpa*, a fin de regresar al aspecto de conciencia. Esto no se logra tratando de dirigir la mente hacia *rigpa* con atención, como si disparáramos una flecha a una diana, sino permaneciendo naturalmente y con delicadeza en la esencia de la conciencia misma. De hecho, esto va más allá de las palabras, los pensamientos y la expresión, y resulta difícil comunicarlo o comprenderlo inmediatamente.

La introducción a *rigpa* sucede en un contexto como el de recibir la «transmisión de poder de la energía de *rigpa*», *rigpe tsal wang*, de un maestro cualificado. Pero hay muchas maneras en las que sucede el reconocimiento y, en el caso de los estudiantes más capaces, no son necesarios los rituales formales.

Déjenme contarles una historia que ilustra esto muy bien. Khenpo Münsel era un maestro Dzogchen increíble que falleció hace tan sólo unos años.[5] Alguien a quien yo conozco, que vive en Lhasa, fue a ver a Khenpo Münsel para pedirle una introducción a la naturaleza de la mente. Cuando estuvo en presencia de Khenpo Münsel, sintió de inmediato una intensa devoción, tan fuerte que los ojos se le llenaron de lágrimas. Khenpo Münsel sólo estaba ahí, sentado, recitando oraciones, y no le dio ninguna instrucción formal. Pero entonces, tras unos momentos, se volvió hacia él y dijo: «Ahora has recibido las instrucciones que señalan. Has recibido "la transmisión de poder de la energía de *rigpa*". Ve y medita sobre esto». Esto demuestra cómo los estudiantes del calibre más elevado no necesitan apoyarse en rituales.

En el caso de los estudiantes de capacidad mediana, está la introducción formal que se da según textos como el *Yeshe Lama*, que yo mismo recibí de Dilgo Khyentse Rinpoche.[6] Hay que adoptar una postura física particular, y el lama da la introducción al lanzar, por ejemplo, un grito con la sílaba "Phat!", o al usar algún otro método que –por su carácter inusual o poco familiar y porque sucede de manera repentina– hace que la mente se ponga de inmediato en blanco, sin ningún proceso de pensamiento. Hay una afirmación al respecto que escuché de labios de Khenpo Rinchen.[7] Algunos dicen que proviene de Sakya Pandita Künga Gyaltsen, pero otros dicen que no. Dice así: «En el espacio que hay entre el pensamiento pasado y el pensamiento futuro, la naturaleza de luz clara de la mente surge sin interrupción».[8]

Cuando el pensamiento anterior ha cesado, y el pensamiento siguiente no ha surgido todavía, hay un momento en el que no hay aferramiento ni ningún pensamiento de "esto es así" o "esto es asá". Sólo hay una conciencia pura, que es claridad básica y cognición. Este es el *rigpa* resplandeciente.

Es un aspecto de *rigpa* y no el *rigpa* esencial. Si se dan las condiciones adecuadas, podemos tener esta experiencia y, a través de ella, reconocer a *rigpa*. Este reconocimiento sucede gracias a las bendiciones que uno ha recibido.

Había un *lama* que yo conocí que venía del Kham y que pertenecía a la tradición Kagyü, sin embargo, practicaba la meditación Dzogchen. Era realmente un maestro excepcional, que desgraciadamente falleció no hace mucho tiempo. Me dijo que cuando era joven recibió las instrucciones sobre Mahamudra y Dzogchen, pero mientras hacía las prácticas preliminares, quiso engañar a su maestro. Se tenía que levantar temprano por las mañanas para hacer postraciones. No tenían lámparas de mantequilla, y aún estaba oscuro. Su maestro se sentaba por ahí cerca, meditando y recitando su práctica, y él debía hacer sus postraciones en un rincón en completa oscuridad. Pero en vez de postrarse, simplemente se sentaba ahí, sobre sus rodillas y, de cuando en cuando, golpeaba sus puños contra el suelo para simular el sonido de alguien que hace postraciones. Durante un tiempo siguió engañando así a su maestro y, por supuesto, no obtuvo ni la menor realización.

Un día, tiempo después de que falleciera su maestro, tuvo de repente un recuerdo muy vívido de él y se sintió inundado de una profunda devoción. De hecho, sintió una fe tan intensa y una devoción tan concentrada por su maestro, que se desmayó. Cuando volvió en sí pensó: «¡Ah! Esto debe ser lo que llaman *rigpa*. Esto debe ser la luz clara de Mahamudra». Partió de esta sensación o experiencia, y cuanto más la profundizaba a través de la práctica, más y más clara se volvía. Perseveró en esta práctica durante un largo tiempo, hasta tal punto que experimentó semejante claridad – me dijo– que incluso obtuvo algunos recuerdos de sus vidas anteriores. No había logrado ninguna realización cuando lo introdujo su maestro por primera vez, porque en esa época seguía intentando engañarlo. Pero después, al practicar asiduamente durante más tiempo, obtuvo poco a poco cierta realización. Así que en algunos casos, este tipo de experiencia se produce solamente tras un largo tiempo de práctica continuada.

Como hemos visto, cuando usamos los términos de *rigpa* y de un *aspecto de rigpa*, esto significa, respectivamente, el *rigpa* esencial y el *rigpa* resplandeciente. Una vez que hemos reconocido el aspecto de *rigpa*, necesitamos prolongar este tipo de atención natural y sin esfuerzo. Al principio no seremos capaces de seguir atentos durante mucho tiempo. Pero gradualmente, con el tiempo, desarrollaremos la habilidad de quedarnos atentos durante periodos de tiempo cada vez más largos y nuestra experiencia se hará más profunda; luego nuestra conciencia no perseguirá ni se quedará atrapada en objetos de pensamiento y de percepción, sino que se quedará así, sin perder su base. Cuando esto sucede, la mente ordinaria se queda sin trabajo y no tiene ya nada que hacer, esto significa que los vientos energéticos que hace que se mueva empiezan a cambiar y a perder fuerza también de forma natural. Como resultado, los pensamientos conceptuales cesan, y alcanzamos una meditación que es enteramente no-conceptual, o «libre de pensamientos». Todos los grados diversos de la mente ordinaria y los diferentes niveles de los vientos energéticos que la sostienen –burdo, sutil y extremadamente sutil–, todos se desvanecen y se disuelven en el estado de luz clara.

Ahora me gustaría leer un fragmento tomado de una instrucción sobre la visión del Dzogchen[9] de Tulku Tsüllo:

> «Entonces, usted se podría preguntar, ¿cuándo nos libramos de la mente ordinaria y de los diversos estados de pensamiento que oscurecen el rostro mismo de la sabiduría de

rigpa, de modo que la sabiduría del *dharmakaya* pueda aparecer en su desnudez? ¿Y cuál es la verdadera naturaleza de esta sabiduría? La mayoría de los practicantes de Dzogchen de hoy en día no tienen ni siquiera una comprensión conceptual de esto, y algunos la toman por una mera quietud de la mente en la que no hay ninguna actividad mental. Algunos se centran en la claridad vívida y en la presencia de la mente que se logra con *shamatha* y que no está manchada por los tipos más burdos del pensamiento. Algunos se enorgullecen al pensar que cuando permanecen así y reconocen sus pensamientos más burdos, como el pensamiento ligeramente más sutil de desear suprimirlos, esta es la visión suprema del Dzogchen. Hay otros incluso que afirman que el tipo burdo de no-conceptualidad –en la que uno está libre de los pensamientos más obvios y salvajes, pero que sigue estando en el dominio de los vientos kármicos y de las concepciones– es indivisible, permanente, único y real, y que esa es la visión suprema del gran camino secreto. Por tanto, hay una inmensa cantidad de personas que han entendido las cosas al revés y hacen aseveraciones que no tienen nada que ver, como tratar de explicar un sombrero describiendo un zapato. El hecho de que haya enfoques tan poco válidos y tan poco dignos de confianza como estos, muestra cuán importante es que nos deshagamos de las dudas y de las comprensiones erróneas.

Entonces, déjenme decirles un poquito, según el consejo de mi maestro cualificado, que era capaz de discernir sin errores la visión de los dos omniscientes, Longchen Rabjam y Jikme Lingpa, los grandes pioneros que comentaron de manera independiente el sentido de las enseñanzas excelentes de la Gran Perfección según *kama* y *terma*. Esto es, mientras las tendencias habituales sutiles de las tres apariencias y los estados de los pensamientos conceptuales no

> hayan cesado, la sabiduría del *dharmakaya* que mora en la base, no se manifestará. La cesación de todos los vientos kármicos, estados de pensamiento y tendencias habituales de las tres apariencias suceden cuando estamos a punto de abandonar los agregados del cuerpo ilusorio, y sucede la disolución de los elementos. Desde el momento en que se disuelve el elemento de tierra en el agua hasta que el elemento viento se disuelve en la conciencia y la conciencia se disuelve en la apariencia, la experiencia blanca de la apariencia amanece. Los treinta y tres estados de pensamiento relacionados con la ira cesan. Cuando la apariencia se disuelve en el aumento, la experiencia roja del aumento amanece, y los cuarenta estados de pensamiento asociados con el deseo se terminan. Luego, cuando el aumento se disuelve en el casi-logro, la experiencia negra del casi-logro amanece, y los siete estados de pensamiento asociados con el engaño cesan. Siguiendo esto, cuando el casi-logro se disuelve en el espacio, y cuando las experiencias previas de nuestro propio flujo de pensamiento se han absorbido y las futuras no han surgido aún, esto marca el amanecer del bardo del *dharmata*. Es en ese momento cuando todos los vientos kármicos, estados de pensamiento y las tendencias habituales sutiles de las tres apariencias llegan a su fin en el canal central, en el corazón, y la sabiduría última y fundamental, el *rigpa* que mora naturalmente en la base, dentro del canal de luz extremadamente sutil, el "supremo y victorioso Sol dorado" se manifiesta».

Básicamente, el contexto aquí es la introducción a la mente innata y fundamental de luz clara, o *rigpa* esencial. Esto es lo que debemos hacer que se manifieste, y como hemos visto, hay dos maneras de lograrlo. Un método consiste en penetrar en los puntos vitales dentro de los canales, vientos energéticos y esencias, y así lograr que cesen las tres apariencias y los vientos energéticos que les sirven de montura. El otro método no nos exige trabajar con los canales, los vientos energéticos y las esencias, sino que se basa en el hecho de que hay un aspecto de la conciencia de *rigpa*, o luz clara, que impregna todos los estados de la conciencia; y ahora mismo, mientras la mente ordinaria y su *rigpa* están mezclados, podemos hacer una separación muy clara entre la mente y *rigpa* y dirigir la mente hacia el aspecto de conciencia, desnudarlo y sostenerlo continuamente. Al hacer esto, nos acercaremos más y más a *rigpa*, y el poder y la inercia de los estados ordinarios de la mente disminuirán. Pero claro, deben coincidir muchos factores para que esto suceda. No se trata sólo de centrarse en la mente, también debemos recibir bendiciones, hacer las prácticas preliminares, y demás.

Para realizar *rigpa* de esta manera, necesitamos reunir las acumulaciones de mérito y sabiduría y purificar nuestros oscurecimientos. Pero también debemos ir más allá y abandonar los nueve tipos de acción –las acciones externas, internas y secretas del cuerpo la palabra y la mente–.[10] Esto implica dejar de lado las acciones positivas del cuerpo, como las postraciones y las circunvalaciones, y por supuesto las acciones negativas asociadas con hacer negocios, ganar dinero, y demás. Por lo que se refiere a la palabra, significa dejar de lado no sólo las formas negativas de la mente, sino hasta los rezos y recitaciones de todo tipo. En términos de la mente, significa dejar de lado, por supuesto, los pensamientos de apego y aversión, pero también cualquier otra cosa que no sea esta práctica. Hacer cualquier otra cosa en ese momento sería tomar un camino equivocado, y, como suele decirse, «tenemos que apaciguar las distracciones de los caminos falsos». Entonces, en esta etapa no hay ni siquiera una meditación sobre la compasión, ni se cultiva la devoción y demás, porque no son el foco de atención en ese momento en particular. Cuando abandonamos los nueve tipos de acción, es necesario practicar con verdadera dedicación. No es nada fácil. Mucha gente piensa que el Dzogchen es realmente fácil, pero no lo es.

¡Oh, por supuesto, quizás sólo me parece difícil a mí! Sin embargo, en términos realistas esta es la cima de todos los vehículos y eso sólo puede significar que es extremadamente difícil. Debemos tenerlo claro desde el principio.

En el Dzogchen, la instrucción esencial especial sobre reunir las acumulaciones y purificar los oscurecimientos es la práctica de «separar *samsara* y *nirvana*» *–khorde rushen–*. También es una manera de cultivar la renuncia y destruir el pensamiento discursivo y los conceptos. Luego están los preliminares del cuerpo, palabra y mente, y lo que se denomina «buscar el fallo escondido de la mente» al examinar de dónde viene, dónde permanece y hacia dónde va –que es una manera, como hemos visto antes, de cultivar la visión de la vacuidad.

LA IMPORTANCIA DE LA VISIÓN DEL CAMINO MEDIO

Respecto a establecer la visión, están aquellos que poseen facultades más elevadas, como el rey Udayana. Cuando le mostraron un dibujo de la rueda de la existencia con los doce vínculos de la originación dependiente, comprendió la originación dependiente en orden progresivo e inverso, y esto bastó –según se dice– para que alcanzara la comprensión de la verdad.[11]

También está la historia de uno de los discípulos más cercanos de Milarepa, que era un joven pastor ordinario cuando conoció a Milarepa.[12] Se sintió tan feliz en su presencia que se quedó ahí durante un tiempo, y Milarepa le preguntó: «¿Dónde está el "yo"? ¿Cuál es el aspecto de la conciencia que piensa "yo soy"? ¿De qué color es?». El discípulo volvió a casa y pensó intensamente sobre estas preguntas. Luego, al día siguiente volvió a ver a Milarepa y le dijo: «No hay ningún tipo de "yo"». Este era el tipo de enseñanza diseñada para un individuo en particular. Todas las condiciones adecuadas para el estudiante coincidieron, y cuando buscó el objeto detrás de la imputación y de la adjudicación de etiquetas, alcanzó la visión de la vacuidad.

Sobre esto mismo, Tulku Tsüllo escribió:[13]

> «Algunos individuos tienen la capacidad de llegar a una comprensión definitiva a través del razonamiento lógico más sutil. Basta que les enseñen a investigar si la mente tiene color, forma y demás, o el razonamiento sobre la ausencia de origen, ubicación y destino de la mente, y ellos pueden usar la lógica sutil que refuta todos los objetos de refutación, hasta los más sutiles, para comprender la ausencia de la verdadera existencia de la mente. Por eso, a través de la fuerza de un razonamiento como ese, los individuos con facultades supremas pueden comprender que todos los fenómenos son vacuidad, mientras que para las personas como nosotros es extremadamente importante llegar a una comprensión de la vacuidad tal y como se enseña en el Camino Medio, estudiando y reflexionando sobre las escrituras del Camino Medio y comprendiendo todos los argumentos lógicos que prueban la ausencia de verdadera realidad».

Así que él insiste en la importancia capital de comprender la visión del Camino Medio. Más tarde, en el mismo texto explica por qué no basta simplemente con reconocer *rigpa* y sostenerlo en la práctica y por qué también es necesario cultivar la visión de la vacuidad:[14]

> «La razón por la que la conciencia y la vacuidad deben estar unidas es porque a menos que meditemos en la vacuidad con la conciencia pura de *rigpa*, el realizar meramente la esencia de *rigpa* no será suficiente para cortar de raíz la existencia samsárica. Aun en el bardo de la *dharmata*, el *rigpa* que mora en la base se manifiesta, pero como ese *rigpa* no tiene ninguna realización de la vacuidad, no elimina nuestro aferramiento a la realidad ni nuestros patrones de aferramiento, y por tanto no corta con las raíces del *samsara*. Así, el aferramiento a la realidad que es la raíz de la existencia samsárica no puede ser cortado solamente con la manifestación del *rigpa* de la base. Cuando se manifiesta el *rigpa* de la base en el momento del bardo de la *dharmata* para los seres ordinarios que todavía no han entrado en el camino, se percibe como algo que no es ni real ni carente de realidad, sino como algo vago e indeterminado, y fue pensando en esto que el omnisciente Jikme Lingpa se refirió a ello usando el término *ignorancia*».

En otras palabras, incluso la luminosidad madre está mezclada con la ignorancia.

El texto continúa:

> «Por eso, ya sea en el *sutra* o en el *tantra*, hay un consenso que el único antídoto directo para la ignorancia de aferrarse a las cosas como si fueran reales –que constituye la raíz de nuestro *karma* y de las emociones perturbadoras– es la sabiduría que realiza la vacuidad. Entonces, también para los practicantes de Dzogchen es extremadamente importante realizar la vacuidad. *The Reverberation of Sound*[15] dice:

"No-existente y, por tanto, apariencia; apariencia y, por tanto, vacía,
la inseparable unión de apariencia y vacuidad con sus ramas".

Y Zilnön Zhepa Tsal[16] dijo:

"¿Cómo se podría alcanzar la liberación sin realizar la vacuidad?
Y ¿cómo se podría realizar la vacuidad sin la Gran Perfección?
¿Quién sino yo ofrece una alabanza como esta?".».

Necesitamos un tipo especial de sabiduría –la sabiduría que realiza la vacuidad– para que actúe como el antídoto directo contra los oscurecimientos cognitivos. Sin la sabiduría que puede ser alcanzada, a través de la Gran Perfección, en otras palabras, con la realización de la mente innata y fundamental de luz clara, no obtendremos el antídoto directo contra los oscurecimientos cognitivos. Este punto es definitivo. El texto continúa:

Y el señor de los victoriosos, Longchenpa, dijo también:

«Estas apariencias externas no son la mente,
son la manifestación mágica de la mente».

Al decir esto, enseñó que todos los fenómenos son vacuidad y la mera manifestación o la creación mágica de pensamientos en la mente. No tienen validez por cuenta propia.

La visión del Camino Medio que es común al *sutra* y al *tantra* establece que todos los fenómenos no son sino nombres y designaciones verbales. Como dice en el *Sutra solicitado por Upali*:

> «Todo tipo de variedad, flores hermosas en botón,
> un palacio dorado brillante y exquisito,
> ni siquiera estas cosas tienen un creador último.
> Son imputadas por el poder del pensamiento;
> el mundo entero es imputado por el poder del pensamiento».

Cuando comprendemos que las cosas sólo son imputadas por el poder de nuestros pensamientos, podemos ver cómo no tienen existencia en sí mismas, aparte de la que nosotros les atribuimos. En el Dzogchen decimos que todos los fenómenos son la energía de *rigpa*. Todos los fenómenos, puros o impuros, no están fuera del dominio de *rigpa*; son su manifestación o su despliegue. Si llegamos a verlo, no hay duda de que esto tendrá un impacto real y significativo en nuestra tendencia habitual de ver los objetos de nuestro apego o de nuestra aversión como algo real y sólido.[17]

LA ESENCIA, QUE ES PUREZA PRIMORDIAL

El texto de Tulku Tsüllo también habla sobre la naturaleza de *rigpa* y, por tanto, se refiere a la mente innata y fundamental de luz clara, o el *rigpa* de la base. Se presenta en términos de las tres cualidades: su esencia, su naturaleza y su energía compasiva.

> «Más aún, la esencia vacía es pureza primordial, *ka dak*. Se refiere al aspecto vacío de la sabiduría de luz clara vacía, el monarca universal que crea tanto el *samsara* como el *nirva-*

> *na*, libre desde el principio mismo y no-compuesto. Si explicamos esto un poco más, así como *ka* es la "original" o la primera de las treinta consonantes en tibetano, la sabiduría de luz clara ha sido siempre "pura" (*dak*) desde su origen mismo o su comienzo primordial. No está manchada por ninguno de los conceptos, pensamientos y emociones adventicias de la mente ordinaria, tanto sutiles como burdos –ni por las distintas acciones negativas e impuras a las que estos dan pie–, ni por los estados mentales virtuosos sutiles y burdos, tales como la devoción y las distintas acciones puras y positivas que estos inspiran, ni por todas las intenciones neutras y el comportamiento que estas motivan, como el trabajo ordinario o las acciones de la vida cotidiana. Tampoco está manchada por la ignorancia de creer que existe una identidad inherente a los fenómenos o al "yo", ni por las tendencias habituales de este aferramiento, ni tampoco por los vientos energéticos sobre los cuales estas cabalgan. Por eso a esta luz clara se le llama primordialmente pura y vacía».[18]

Se le llama *pureza primordial* porque está libre de las manchas adventicias y porque está vacía de existencia inherente. Tal es la esencia vacía. También se explican aquí una gran cantidad de términos importantes relacionados:[19]

> «Puesto que la sabiduría o *rigpa* permanece de manera continua, sin ser destruida ni estar sometida al surgimiento y a la cesasión, o al nacimiento y la muerte, en la manera en que lo hacen la mente ordinaria y los individuos, se le llama *innata* o *permanente*. Puesto que no ha sido creada por los vientos energéticos o estados de pensamiento, se le llama *sabiduría no-compuesta*. Puesto que no puede ser dañada por la mente ni por los estados mentales y no puede ser

> limitada por ningún tipo de pensamientos adventicios, ya sean virtuosos o no-virtuosos, ni por ningún tipo de movimiento que pueda haber en la mente –positivo o negativo, burdo o sutil– se dice que es *no-impedida*. Aunque la mente ordinaria de los seres cae en posiciones parciales, tales como ser virtuoso, no virtuoso, o neutro, esta sabiduría de *rigpa* está más allá de cualquier limitación o posición y no cae en las categorías de lo virtuoso, no-virtuoso, o neutro, por eso se le llama la *gran paridad*».[20]

El texto sigue definiendo otros términos, como *no-fabricado, luminoso por sí mismo, luz clara, la sabiduría del gran gozo co-emergente, la sabiduría de la claridad interior, sabiduría que está más allá de la mente ordinaria, la naturaleza de las cinco sabidurías* y el *dharmakaya de la base*.

Para resumir, hay al parecer dos maneras de comprender «la esencia que es pureza primordial». La primera es que está "vacía" de todos los estados adventicios, hasta –e incluyendólas– las tres apariencias, y nunca ha sido manchada por ellos. La segunda es que está libre de elaboraciones conceptuales asociadas a los cuatro u ocho extremos.

LA NATURALEZA, QUE ES PRESENCIA ESPONTÁNEA

«La naturaleza que es presencia espontánea» no es como el aspecto vacío, pureza primordial, sino es lo que produce todo el *samsara* y el *nirvana*. Como dice Longchenpa en *The Wish-Fulfilling Treasury*, es la base del *karma*, las emociones destructivas y los fenómenos del *samsara*, pero no de una manera totalmente dependiente.[21] Los fenómenos adventicios no forman parte de la naturaleza de luz clara, y por tanto, se dice que aunque esta constituye una base para ellos, estos no dependen por completo de ella. Es como las nubes que están en el cielo. En cierto sentido dependen del cielo, pero no importa lo densas que sean, las nubes nunca se volverán parte de la naturaleza misma del cielo. Pueden separarse. Tanto el cielo como las nubes están presentes al mismo tiempo, pero sin tocarse o sin que uno se vuelva parte del otro. Si los comparamos, los fenómenos del *nirvana* dependen de manera inseparable de la naturaleza de luz clara, igual que el Sol y sus rayos. Los *kayas* y las sabidurías siempre han formado parte de esta naturaleza y nunca han estado separados de ella. En palabras más sencillas: la naturaleza perfecta o espontáneamente presente es la base de la que pueden surgir todos los fenómenos, ya sean puros o impuros.

Dentro de la base del ser, las tres cualidades de la esencia, la naturaleza y la energía compasiva están unidas, pero conceptualmente hacemos distinciones entre ellas y hablamos de la esencia que es pureza primordial y de la naturaleza que es presencia espontánea. El término *espontáneamente presente* indica que esta es la naturaleza de la cual surgen todos los fenómenos del *samsara* y el *nirvana*, y en la que todos son absorbidos.

LA ENERGÍA COMPASIVA QUE TODO LO IMPREGNA

Respecto a la energía compasiva que todo lo impregna, Tulku Tsüllo dice:[22]

> «El poder manifiesto de esa sabiduría puede surgir como cualquier cosa, y por tanto esta energía compasiva impregna todos los fenómenos. Todos los fenómenos puros del *nirvana*

y los fenómenos impuros del *samsara* –sean cuales sean– son meras apariencias que surgen ante la mente de uno. Todos los fenómenos del *samsara* y el *nirvana* son así; no hay ni un sólo fenómeno dentro del *samsara* o el *nirvana* que no responda a esto y que exista por cuenta propia. La naturaleza de las ideas conceptuales que evalúan a los fenómenos, así como de los estados no conceptuales de la mente, es la sabiduría de la conciencia pura de *rigpa*. Por tanto, dicho brevemente, todos los fenómenos del *samsara* y el *nirvana* no son sino el despliegue que surge gracias al poder creativo de la sabiduría de *rigpa* en nuestra propia mente».

Para resumir, creo que los puntos más importantes que debemos comprender son la esencia que es pureza primordial y la naturaleza que es presencia espontánea y cómo, basándose en estas dos, surgen todos los fenómenos puros e impuros del *nirvana* y el *samsara*.

ALGUNOS PUNTOS CLAVE PARA LA PRÁCTICA DEL DZOGCHEN

Por el momento es posible que no seamos capaces de comprender el sentido de esto tal como está explicado, pero aun así podemos llegar a cierto grado de comprensión. Entonces, en ese momento ya no hay necesidad de analizar con la mente conceptual. Se trata de permanecer en un estado libre de pensamientos conceptuales. En la meditación Mahamudra, en la meditación sobre «la inseparabilidad del *samsara* y el *nirvana*», en la tradición de Mahamudra Geluk de Panchen Lozang Chökyi Gyaltsen,[23] y en la meditación Dzogchen, el verdadero énfasis reacae sobre la meditación no-conceptual. No se hace ningún análisis con la mente intelectual ordinaria.

Cuando la mente se queda en un estado libre de pensamientos, en este contexto se la describe a veces como que está «maravillada» *–hedewa–*. Pero *hedewa*,[24] estar asombrado o maravillado, por sí solo no es suficiente. Sólo permanecer en este estado maravillado y tener alguna ligera conciencia de los pensamientos y del movimiento de la mente no cuenta en lo más mínimo como un reconocimiento de la visión del Dzogchen. Así como tampoco certifica un estado en el que los movimientos más burdos de los pensamientos y emociones han cesado, y en el que hay cierta claridad y conciencia –esa tampoco es la genuina visión Dzogchen.

El punto principal es que mientras permanecemos en ese estado maravillado, debe haber una cualidad de claridad total y sin impedimentos *–zang thal–*. Como se dice en *Hitting the Essence in Three Words*: «Maravillado, y sin embargo todo es claro y transparente». Esto sólo se produce gracias a la experiencia, así como al recibir las bendiciones de nuestro propio maestro.

Hemos hablado antes de la liberación de los pensamientos y de las emociones y de los diferentes modos, como: la liberación primordial, la auto-liberación, la liberación desnuda, la liberación completa, y la liberación de los extremos.[25]

Existen diferentes etapas para llegar a esta liberación, según el practicante se entrena en la meditación y se familiariza cada vez más con la práctica. Al principio, la liberación sucede cuando reconocemos los pensamientos, como quien reconoce a un amigo que nos es familiar, o a un conocido. En esta etapa surgen los pensamientos y emociones del tipo más burdo. Cuando surgen, somos conscientes de que han surgido, los reconocemos tal y como reconoceríamos a un viejo amigo, y así se liberan. Este es un modo de liberación. En la etapa siguiente, llamada *auto-liberación*, cuando surgen los pensamientos, estos tienen naturalmente un poder menor, y se desvanecen de manera natural, como una serpiente que deshace sus propios nudos, naturalmente y por ella misma. Luego, cuando la experiencia de *rigpa* se desarrolla al máximo, se alcanza el estado conocido como *más allá del daño y del beneficio*. En este nivel, incluso si surgiera el más mínimo pensamiento *rigpa* se muestra en su desnudez y sostiene su propia base, de modo que el pensamiento no puede ni dañar ni beneficiar. Es como un ladrón que entra en una casa vacía: no hay nada que ganar, ni nada que perder. A estos se les conoce como los tres modos de liberación.[26]

Por lo que respecta a la práctica misma, se puede explicar en términos de los cuatro *chokshyak*, o maneras de dejar las cosas en su simplicidad natural:[27]

> «Visión, como una montaña: déjala como es.
> Meditación, como el océano: déjala como es.
> Acción, apariencias: déjalas como son.
> Fruto, *rigpa*: déjalo como es».

Existen distintas maneras de explicar estos *chokshyak*, pero de forma general los podemos relacionar con la visión, la meditación y la acción, y su resultado, que es la etapa en la que la esencia de *rigpa* se realiza de manera directa y desnuda. Este es el «fruto, *rigpa*: déjalo como es».

Así que esto ha sido una introducción básica al Dzogchen, y ha sido solamente un repaso muy general, dirigido a una gran audiencia. En realidad, cuando uno aborda estas prácticas no se enseñan tan generalmente o de manera tan pública como aquí, pues este tipo de instrucciones deben darse a grupos reducidos de estudiantes. Las enseñanzas sobre las prácticas, desde el *khorde rushen* en adelante, deben darse con cuidado y con precisión a personas que van a ponerlas en práctica. Enseñanzas como estas no se pueden impartir a grupos grandes en una sola sesión.

Lo que he compartido con ustedes se basó principalmente en los escritos de los dos omniscientes, Longchen Rabjam y Jikme Lingpa, junto con las explicaciones de Dodrupchen Jikme Tenpe Nyima y Tulku Tsüllo. Estos son los escritos que yo mismo considero de mayor ayuda y los más lógicos. Cuando uno practica de manera individual, debería de ser guiado por sus propios maestros, quienes lo van a instruir de acuerdo a su propia tradición de la práctica. Creo que eso es lo mejor, pero lo que he dicho aquí puede tal vez ser de algún beneficio y ayudarles a desarrollar una comprensión más general.

En este punto, Su Santidad terminó la transmisión oral de Encontrar serenidad y soltura en la meditación de la Gran Perfección.

PALABRAS DE CLAUSURA

Esto completa el texto de *Encontrar serenidad y soltura en la meditación de la Gran Perfección*, que incluye una gran cantidad de consejos prácticos e instrucciones excepcionalmente claras sobre cómo disipar obstáculos y fortalecer nuestra práctica.

Así llegamos al final de estos días de enseñanzas. Todo ha ido muy bien, tanto al principio, en el medio como al final. Todos ustedes han escuchado con gran interés y diligencia. Tal vez no hayan entendido todo lo que he dicho y, por supuesto, no comprenden mis palabras directamente, así que en algunos momentos ha de haber sido cansado. Pero todos han hecho una gran esfuerzo y escuchado con atención, así que siento que definitivamente esto ha plantado algunas semillas positivas para el futuro.

Resumiendo: creo que lo más importante, a fin de cuentas, es tratar de ser un buen ser humano. Esto no sólo nos traerá felicidad, sino que también será de un gran beneficio para la sociedad. Esta es la manera de dar un sentido a nuestra vida. Y así, tanto si creen en las vidas futuras como si no, estarán haciendo lo mejor posible en aras de todas las vidas que les quedan por venir.

También quisiera dar las gracias a todos los que han trabajado y perseverado para que este evento fuera posible, a aquellos que contribuyeron con su apoyo, y a los habitantes de esta región que nos dieron una bienvenida tan cálida. Todos colaboraron con un ánimo muy positivo, y les doy las gracias por ello. Espero que volvamos a vernos. Seguramente, algunos de nosotros nos volveremos a ver, y algunos otros no. De cualquier forma, como dijo el Buddha, depende de nosotros seguir el camino. Está enteramente en nuestras manos: somos nuestro propio guía y nuestro propio protector. Entonces, sean diligentes en su práctica espiritual. Gracias.

PARTE III

EL TEXTO RAÍZ

ENCONTRAR SERENIDAD Y SOLTURA EN LA MEDITACIÓN DE LA GRAN PERFECCIÓN

DE LONGCHEN RABJAM

En sánscrito: *Mahasandhi dhyana vishranta nama.*
En tibetano: *rdzogs pa chen po bsam gtan ngal gso zhes bya ba.*
En inglés: *Finding Comfort and Ease in Meditation on the Great Perfection.*
En español: *Encontrar serenidad y soltura en la meditación de la Gran Perfección.*

¡Homenaje al glorioso Samantabhadra!

¡Homenaje a la naturaleza primordial, esfera de pureza igual al espacio,
Dharma supremo e inmutable, completamente libre de toda elaboración conceptual,
luz clara de la naturaleza de la mente, esencia del despertar,
base perfecta, más allá de toda transición o cambio!

Para que puedas alcanzar la sabiduría de tu propia conciencia que se conoce a sí misma,
la mente deslumbrante de sabiduría de todos los Victoriosos,
he reunido el néctar de los *tantras*, de las transmisiones orales e instrucciones esenciales,

y ofrezco esta explicación siguiendo el modo de la práctica. ¡Escucha bien!

I. LOS LUGARES PARA CULTIVAR EL *SAMADHI*

Sobre cumbres montañosas, en bosques apartados, en islas y otros lugares semejantes,
sitios que sean agradables para la mente y adecuados para la estación, cultiva un *samadhi* tranquilo, concentrado y firme: la luz clara, que está libre de la más ligera elaboración conceptual.
Esto se logra naturalmente cuando se juntan tres factores puros:
el sitio ideal, el individuo y el Dharma que se va a practicar.

Antes que nada, el sitio debe ser apartado y agradable,
un lugar propicio para la práctica espiritual en las diferentes estaciones.
En el *verano*, medita en moradas más frescas y en sitios más frescos,
en lugares próximos a glaciares o sobre cumbres montañosas y otros semejantes,
en residencias sencillas de cañas, de bambú o de paja.

En el *otoño*, adecua tu dieta, tus vestimentas y tu conducta,
y permanece en una región y en una residencia de temperatura moderada,
como un bosque o la ladera de una montaña o una edificación hecha de piedra.
En el *invierno*, permanece en algún lugar cálido a una menor altitud,
como un bosque, una cueva rocosa o una hondonada,

y modifica tu dieta, tu vestido, la ropa de tu cama y lo demás.

En la *primavera*, permanece en las montañas o en los contornos de un bosque,
en una isla desierta o en edificaciones con una temperatura benigna y uniforme,
donde la dieta, la ropa y la conducta estén correctamente armonizadas; esto es de crucial importancia.

Existe una importante interconexión entre lo externo y lo interno,
así que mantente en lugares apartados que inspiren y eleven el ánimo.
Muy alto en las montañas, la mente se vuelve clara y expansiva,
ideal para refrescar la pesadez mental y para practicar la fase de generación.

Las regiones nevadas ayudan a que el *samadhi* sea claro y la conciencia sea brillante y lúcida;
son lugares ideales para cultivar *vipashyana* con la menor cantidad de obstáculos.

Los bosques producen quietud en la mente y ayudan a desarrollar estabilidad mental;
son lugares ideales para cultivar *shamatha* con un sentido de serenidad.

Al pie de acantilados rocosos, sentimos vívidamente la impermanencia y el desencanto;
con claridad e inspiración, nos ayuda a lograr la unión de *shamatha* y *vipashyana*.

En las riberas de un río, la atención se concentra con facilidad,
rápida y nuevamente sentimos el deseo de escapar del *samsara*.

Los cementerios al aire libre son lugares poderosos para una realización súbita;
se dice que son ideales para las fases de generación o culminación.
Las aldeas, mercados, casas vacías, árboles solitarios y sitios semejantes,
que son frecuentados por humanos y demonios no humanos,
son fuente de distracción para los principiantes y pueden producir muchos obstáculos,
pero para los practicantes estables, sirven como apoyo, y se consideran como supremos.

Los templos y altares, habitados por espíritus *gyalpo* y *gongpo*,
pueden perturbar la mente e incitar pensamientos de ira y aversión.

Las cuevas en la tierra y lugares semejantes, frecuentados por demonios femeninos *senmo*,
incitan el deseo apasionado y producen una excesiva pesadez y agitación.

Los árboles solitarios y otros lugares, habitados por *mamos* y *dakinis*,
las rocas y espolones de las montañas, donde viven los *mutsen* y los *theu'rang*,
se dice que contribuyen a la confusión mental y producen toda suerte de obstáculos.

Las tierras de los sin casta, *nagas*, *nyen* y espíritus locales,
a orillas de los lagos, o en praderas, bosques y lugares semejantes,
adornados por hermosas flores, plantas y árboles,
parecen placenteros al principio, pero luego demuestran ser perturbadores.

En breve, todos los sitios y moradas que parezcan ser agradables al principio,
pero no tanto cuando llegas a conocerlos, son lugares de logros inferiores.
Mientras que aquellos que parecen atemorizantes y desagradables al principio,
pero demuestran ser agradables una vez que te has acostumbrado a ellos,
son poderosamente transformadores, y producen grandes logros sin obstáculos.
Y todos los demás lugares fuera de estos extremos, son sitios neutrales, ni benéficos ni perjudiciales.

Como nuestras mentes se ven afectadas por los lugares en los cuales permanecemos,
esto puede hacer que nuestra práctica se fortalezca o se debilite,
por ello se dice que es de crucial importancia examinar los sitios de práctica.

Más aún, existen cuatro clases de lugares basados en las cuatro actividades:
lugares *apacibles*, donde la mente se concentra y se aquieta de manera natural,
lugares *expansivos*, encantadores para la mente, imponentes e inspiradores,

lugares *magnetizantes*, donde la mente se siente cautivada y genera apego,
y lugares *airados*, donde la mente es perturbada por sensaciones de miedo y pavor.
Pueden hacerse clasificaciones adicionales, incontables y más allá de toda medida,
pero en este contexto, para el *samadhi*, los lugares apacibles son los mejores,
y así, temiendo excederme en las palabras, no abundaré más sobre este punto.

En estos lugares apacibles, la morada de meditación debería estar aislada,
ya que esto propiciará el desarrollo de la concentración en la mente.
La morada ideal es aquella que está abierta por los lados y tiene una vista despejada.

Para el yoga de la noche, practica dentro de una "casa oscura" circular,
en un lugar elevado, y en medio de la habitación central,
con tu almohada hacia el Norte, acostado en la postura del *nirvana*.

El sitio para practicar el *yoga* de la luz durante el día,
deberá tener una temperatura moderada y una entrada,
con una vista amplia y panorámica hacia glaciares, cascadas, bosques o valles,
y el cielo vasto y abierto, frente al que la mente se vuelva clara y brillante.

Para cultivar el *shamatha*, una choza solitaria rodeada por una cerca

es el lugar ideal en que la quietud de la mente surge naturalmente.
Para el *vipashyana*, es importante tener una vista despejada e inspiradora,
y estar constantemente animado y en sintonía con las estaciones.

Las áreas a baja altura y sombreadas, como bosques y barrancos,
son ideales para practicar *shamatha*, mientras que las regiones más elevadas,
como montañas nevadas, son ideales para *vipashyana*;
es importante que conozcas estas diferentes especificaciones.

En pocas palabras, se dice que cualquier región o morada para retiros,
donde surjan el sentido de renuncia y el desencanto, donde la atención esté bien concentrada,
y el *samadhi* se fortalezca, cualquier lugar semejante de actividad virtuosa,
es igual al lugar donde se alcanzó el corazón del despertar,
mientras que cualquier lugar en el que las virtudes disminuyan, las aflicciones mentales aumenten,
y uno sucumba a las distracciones y los asuntos de esta vida,
es una guarida demoníaca de acciones perversas, que debe ser evitada a toda costa por el sabio.

Como estos puntos fueron enseñados por Padmasambhava,
deberían ser aprendidos por todos aquellos que deseen alcanzar la liberación.

Así concluye la primera sección de Encontrar serenidad y soltura en la meditación de la Gran Perfección, *que explica los lugares adecuados para cultivar el* samadhi.

II. El meditador

En segundo lugar, como individuo que asume la práctica,
debes tener fe, perseverancia, sentido de renuncia y de desencanto.
Debes sentirte entristecido y hastiado del *samsara*, y esforzarte por alcanzar la libertad.
Al renunciar a las preocupaciones de esta vida y buscar la eventual iluminación,
debes dejar muy atrás las distracciones y las ocupaciones, y tener pocas aflicciones mentales,
Sé pausado y tolerante, y ten una percepción pura y gran devoción,
Así como estabilidad mental,[1] y un profundo respeto por las enseñanzas.
[¡Practicantes como estos alcanzarán la liberación suprema!].[2]

Debes servir, de la mejor forma posible, a un noble maestro,
Y purificar tu mente mediante el estudio, la reflexión y la meditación.
En particular, deberías pasar tus días y tus noches
aplicándote de manera diligente a las instrucciones esenciales del linaje oral.

Sin que las preocupaciones ordinarias te distraigan ni por un solo instante,
aplícate de manera diligente al significado más profundo.
Sin transgredir jamás los preceptos de los *sharavakas*, *bodhisattvas* y *vidyadharas*,

con tu mente bajo control, ayuda a los demás en cualquier forma que puedas,
e incluye cualquier cosa que experimentes en el camino hacia la liberación.

Como principiante, es sumamente importante que garantices tu propio bienestar,
protegiendo tu mente en un lugar solitario, abandonando las distracciones y las ocupaciones,
evitando situaciones desfavorables y subyugando las aflicciones mentales con los antídotos apropiados.
Asegurándote de que tu visión y tu conducta estén en armonía, dedícate de manera entusiasta a la meditación.
Cada vez que surja cualquiera de los cinco venenos ordinarios, en ese mismo instante,
atrápalo con la atención y, sin distracción, aplica los antídotos.

Con meticulosidad, vigilancia introspectiva, moderación y un sentido de dignidad, pon tu mente bajo control.
Observa la igualdad de la alabanza y la crítica, la aprobación y la desaprobación, la buena y la mala reputación,
porque son como simples ilusiones o sueños, y no tienen existencia verdadera.
Aprende a tolerarlas con paciencia, como si fuesen meros ecos,
Y corta de raíz la mente que se aferra a un "yo" o a un ego.

En breve, sin transgredir jamás el Dharma en todo lo que hagas,
trae tu mente bajo control, no hagas daño a los demás,
y sin sucumbir, ni por un instante, a las aflicciones mentales,
dedica tus días y tus noches a la virtud; ¡esto es crucial!
Hoy en día, que las personas son tan indisciplinadas,

es vital que primero alcances tu propio bienestar permaneciendo en soledad.
Igual que un ave no puede volar sin sus dos alas,
el bienestar de los demás no puede lograrse sin las facultades superiores de percepción;
así que esfuérzate con empeño por alcanzar tu propio bienestar, mientras que mentalmente consideras el de los demás.

Sin permitir que tu mente sea engañada por los *maras* tortuosos de la distracción y las ocupaciones,
es vital que te apliques a la práctica.
¡No seas tú mismo la causa de que te arrepientas en el momento de la muerte!

Por tanto, inspecciona tu mente, haz que esté lista ahora.
Y considera esto: Si fueses a morir ahora mismo, ¿qué sería de ti?
Sin ninguna seguridad acerca de adónde irías o qué podría ocurrir,
pasar tus días y noches en las garras de la confusión y la distracción,[3]
es dilapidar y hacer que las libertades y ventajas carezcan de sentido.
Por tanto, medita acerca del significado esencial, solo y en solitario.
Porque es ahora cuando realmente necesitas una estrategia a largo plazo.
¿Cómo puedes estar seguro adónde irás en el futuro?
¡Debes aplicarte a la práctica de manera diligente, hoy mismo!
Estas apariencias engañosas del *samsara* son como enderos traicioneros.
Mantén esto en mente: debes encontrar los métodos para liberarte.

Porque si permaneces engañado, vagarás por siempre en la ilusión.
Así que, despierta la perseverancia y guarda esto en tu corazón.

El océano de las aflicciones mentales y el mar del aferramiento a uno mismo son difíciles de atravesar,
pero ahora que posees la nave de las libertades y las ventajas, ¡utilízala para llegar a la orilla lejana!
Ahora que, por la fuerza de tus méritos, has obtenido esta rara oportunidad
–el acceso a los caminos de la liberación y la iluminación, tan difíciles de encontrar–,
¡esfuérzate con profunda sinceridad para conseguir el beneficio y la felicidad!

La vida es transitoria y cambia de un momento a otro,
y nos engañamos hábilmente con distracciones, postergando la práctica virtuosa.
como nos hemos acostumbrado durante mucho tiempo al engaño,
a cada instante caemos naturalmente en las aflicciones mentales,
e incluso si nos aplicamos al mérito y a la virtud,
veremos que estos no surgen con facilidad.
Por tanto, ¡esfuérzate por evitar los sufrimientos producidos por tus propias acciones!
En los estados del *samsara* no podemos encontrar ni la más leve alegría.
Los sufrimientos de la existencia condicionada, son imposibles de soportar.
Por tanto, aplícate ahora mismo a los medios para obtener la libertad.

Si no te dedicas seriamente al significado esencial,
el estado de ocio y el Dharma intermitente no te traerán beneficio.
Así que desarrolla un fuerte sentido de hastío por todo lo que es impermanente,
y, sin distraerte ni un instante, ¡genera entusiasmo por la práctica!

¡Si comprendes esto desde el comienzo mismo,
alcanzarás con rapidez la condición de un ser sublime!
Al lograr tu propio bienestar, el bienestar de los demás acaecerá naturalmente,
y encontrarás el camino supremo de liberación de los estados del *samsara*.
Cuando todo lo que hagas sea acorde con el Dharma,
entonces, poseerás la base para alcanzar la iluminación.

Esto concluye la segunda sección, que es una explicación acerca del practicante individual, el meditador, tomado de Encontrar serenidad y soltura en la meditación de la Gran Perfección.

III. EL DHARMA QUE SE VA A PRACTICAR

Esta sección se divide en tres partes: A) las prácticas preliminares, B) la práctica principal, y C) las prácticas finales.

Las prácticas preliminares

Los preliminares generales y específicos

La reflexión sobre la impermanencia y el sentimiento de desencanto constituyen los preliminares generales

que contrarrestan radicalmente nuestro apego a las cosas de esta vida
Y la compasión y la *bodhichitta* son los preliminares específicos
que transforman toda práctica espiritual en el camino del Mahayana.
Entrénate, por tanto, desde el principio en estos dos preliminares.

Los preliminares especiales y supremos

Luego están las prácticas preliminares especiales y supremas.
Tras haber recibido todas las transmisiones de poder, la fase de generación tiene dos aspectos:

[1] El imaginar tu propio cuerpo como la deidad, y el entorno y los seres que te rodean como la deidad también,
contrarrestan el aferramiento a nuestra percepción ordinaria.

[2] Practicando el profundo camino del *guru yoga*,
bendiciones inconmensurables surgen por la fuerza de la realización;
todos los obstáculos se dispersan, y se logran los dos tipos de *siddhi*.
Por tanto, después de los preliminares generales y específicos, practica los dos preliminares supremos.

Como fruto de estos cuatro preliminares surgen cualidades ilimitadas:
tu mente entra en el camino certero;
alcanzas el camino supremo de la liberación;
rápidamente llegas a la realización de la condición natural;
se vuelve fácil entrenarte en las prácticas principales, sin obstáculos;

los logros se alcanzan sin dificultad, y así sucesivamente.
Por eso es crucial entrenarse en estos preliminares.

La práctica principal

La práctica principal es reconocer la condición natural,
con la meditación que emplea el gozo, la claridad y la ausencia de conceptos.
La sabiduría primordial de luz clara, libre de elaboración conceptual,
surge como mente innata y fundamental.

El método del gran gozo

Primero tenemos la introducción a través del método del gran gozo.
Tras practicar los preliminares descritos más arriba, considera esto:
por el centro de los cuatro *chakras* se levantan como pilares los tres canales:
el canal derecho es blanco, el izquierdo, rojo, y el canal central es hueco y de un azul profundo.
La cima del canal central está en la apertura de Brahma, y su extremo inferior, en el lugar secreto.

Dentro del canal central, a la altura del ombligo, visualiza una *A*,
resplandeciente de fuego, y en la coronilla una sílaba *Ham* de la que desciende néctar,
el cual llena los cuatro *chakras* y todo el interior del cuerpo.
Conforme el gozo va llenando e impregnando tu cuerpo, el néctar del *Ham*
fluye sin interrupción, y entra la sílaba *Bam* en tu corazón.
Medita así hasta que surja la experiencia del gozo.

Entonces el *Bam* se hace más y más pequeño,
hasta que tu mente se asienta en un estado que trasciende toda imagen o elaboración conceptual.
Con este método se centra la atención, y alcanzas el morar en calma por medio del gozo.
Entonces surge un estado de conciencia que es imposible de expresar,
semejante al espacio y más allá de la mente ordinaria.
Esta es la luz clara de la perfección del gozo y de la vacuidad,
la naturaleza de la realidad, radiante e inconcebible.

Según te vas familiarizando con esto, surgirán cuatro tipos de experiencias:
todas tus percepciones se manifiestan como experiencias de gozo;
nunca estarás separado del estado de gozo, ni de día ni de noche;
tu mente no será perturbada por sentimientos dolorosos de apego, aversión, y demás;
y obtendrás la sabiduría que comprende el significado de las palabras del Dharma.

Al continuar practicando, surgirán en tu mente, como el Sol cuando amanece,
cualidades ilimitadas, como la clarividencia y otros tipos de percepción no ordinaria.
Esta es una instrucción extremadamente profunda y crucial.

El método de la claridad

En segundo lugar, para la introducción por medio del método de la claridad,
empieza con los preliminares igual que antes.
Visualiza los tres canales principales, con los canales curvados *roma* y *kyangma*

cuyos extremos inferiores entran en el canal central, mientras que los superiores atraviesan las narinas por el medio.
Durante tres veces exhala el aire viciado, evacua todas las enfermedades, influencias destructivas, negatividades y oscurecimientos.
Mientras inspiras lentamente, el mundo entero con sus habitantes se funde en luz,
y entra en tu canal central pasando por las narinas y los canales *roma* y *kyangma*.
Y mientras aguantas la respiración durante tanto tiempo como puedas,
esta luz se disuelve en una esfera de luz de una pulgada de diámetro en el centro de tu corazón.

Reuniendo los vientos energéticos superior e inferior, aguanta por un momento la respiración, y al expirar retén un poco de aire.
Es muy importante dejar que tu respiración sea lenta y suave.
Además, imagina que todas las cualidades sublimes de los buddhas y demás
se disuelven en tu corazón, sin que nada te distraiga.

Con la ayuda de esta técnica, lograrás la claridad mental, el resplandor y la estabilidad.
Luego, imagina una luz que fluye de la luz en tu corazón,
y brilla dentro de los cuatro *chakras* de tu cuerpo,
para luego extenderse y llenar de luz el mundo entero.

Meditando así, día y noche durante varios días,
tus sueños cesarán y verás que todas las cosas, por dentro y por fuera,

están permeadas por la apariencia de la luz de cinco colores,
y por la luz de la Luna, del fuego resplandeciente, de las luciérnagas, de las estrellas, y demás.
Centrando tu mente en este estado de claridad, alcanzarás el morar en calma.

Luego vuelves a reunir la luz en ti, e imaginas que la luz de tu corazón
se vuelve más y más pequeña, hasta que tu mente se asiente en un estado de vacuidad.
Sin centrarte en nada: un estado mental vacuo, claro y radiante
que surgirá naturalmente, libre de los extremos de la elaboración.
Esta sabiduría fundamental de claridad y vacuidad
es la forma en que se asienta la gran perfección natural.

Conforme te familiarices con esto, surgirán cuatro tipos de experiencia meditativa:
todo lo que surja tendrá un aspecto intangible, libre de obstrucción y luminoso,
de día y de noche permanecerás en un estado de luminosidad;
tu mente estará clara y resplandeciente, inalterada por pensamientos discursivos;
y tu interior rebosará de sabiduría, libre de todo aferramiento dualista.

Además, el familiarizarte con esta práctica te dará poderes extraordinarios de percepción
y alcanzarás la clarividencia y otras habilidades milagrosas,
como la capacidad de ver sin impedimento a través de los objetos sólidos.
Esta es una instrucción excepcionalmente profunda y esencial.

El método de la no-conceptualidad

En tercer lugar está la introducción a través del método de la no-conceptualidad,
que igual que los anteriores debe prepararse con las prácticas preliminares.
Los tres aspectos de la práctica principal son:
proyección, presencia y purificación.

En la *proyección*, visualizas en tu corazón la naturaleza de luz clara de tu mente
como una sílaba *Ha* o como una esfera de luz de un diámetro de una pulgada.
Recitando *Ha* veintiún veces y con fuerza,
el objeto de tu visualización emerge por tu coronilla, se proyecta a lo lejos en el espacio,
y asciende más y más alto hasta que deja de ser visible.
Tú descansas con el cuerpo y la mente profundamente relajados.
En ese instante cesa el flujo de tus pensamientos,
y te encuentras en un estado que no se puede expresar con palabras o pensamientos.
Surge una experiencia que no se puede objetivar, y que traspasa el alcance del pensamiento ordinario.

En la *presencia*, te giras de espalda al Sol,
y suavemente posas tu mirada en el cielo claro.
Respirando tan suavemente como puedas, sintiendo apenas cómo se mueve el aire.
Entonces surgirá de tu interior un estado de no-conceptualidad, libre de toda elaboración,
y naturalmente tendrás una experiencia semejante al espacio.

Para la *purificación*, dirige tu mirada hacia el cielo sin distracción,
asienta tu mente en un estado de claridad, sin proyectarla ni retraerla.
Imagina que todo el entorno, la Tierra, las rocas y montañas y todos los seres,
son transparentes y se funden con el espacio.
Experimentando que incluso tu propio cuerpo es insustancial,
descansa en un estado en que la mente es indivisible del espacio.
Con la mente y el cuerpo profundamente relajados en este estado semejante al espacio,
en el que no hay separación entre afuera, adentro y en medio,
y en el que los recuerdos, los pensamientos y la actividad mental están naturalmente apaciguados,
deja que tu mente permanezca en un estado natural, tal como es, sin proyectarla ni retraerla.

En ese instante surgirá una realización semejante al espacio
de la naturaleza no-dual de la realidad y de la mente, que es inconcebible e inefable;
esta es la esencia de los Victoriosos del pasado, presente y futuro.

Al familiarizarte con esto, surgirán cuatro tipos de experiencias meditativas:
toda tu percepción parecerá uniforme, sin ningún concepto o idea burdos;
ya sea de día o de noche, nunca estarás separado del estado de no-conceptualidad,
los cinco venenos se apaciguarán naturalmente, calmando tu flujo mental;

y experimentarás que todos los fenómenos son semejantes
al espacio.
Al familiarizarte de esta manera con los tres tipos de no-
conceptualidad,
lograrás las cualidades sublimes de la clarividencia, de la
percepción extraordinaria y del *samadhi*;
y con la unión de los medios hábiles y de la sabiduría, así
como del morar en calma y de la visión profunda,
lograrás el bienestar temporal y último para ti mismo y para
los demás.

Las prácticas finales

En tercer lugar, hay cuatro tipos de prácticas finales:
experiencia meditativa, aumento, realización y fruto.

Experiencia meditativa

De los dos tipos de experiencia meditativa, se han descrito
más arriba las que están libres de falta.
Las experiencias meditativas imperfectas ocurren debido al
apego y aferramiento a sus experiencias respectivas–
el apego al gozo, a la claridad, a la no-conceptualidad,
el aferramiento a los extremos, el pensamiento compulsivo
y la contaminación debida a los cinco venenos mentales
ordinarios.

El gozo pervertido lleva a la emisión de semen, al deseo
ordinario,
a la infelicidad y a la laxidad excesiva.
La claridad pervertida se manifiesta en vientos energéticos
perturbados, agresión ordinaria,

pensamiento burdo, exceso de agitación y proliferación de
pensamientos.
La no-conceptualidad pervertida implica el engaño
ordinario,
opacidad mental, sueño y letargo y falta de discernimiento.
Si surge alguna de estas experiencias imperfectas,
reconócelas,
y corrígelas con los antídotos adecuados.

Aumento

El *aumento* contempla métodos para corregir los errores y
mejorar.
Hay tres métodos de corrección:
el *método superior* consiste en corregir los errores gracias
a la visión, reconociendo que todos los fenómenos
son designaciones mentales, como apariciones sin ningún
tipo de esencia que se pueda identificar,
parejos e iguales, como el espacio, libres de todo
aferramiento y vacíos de toda existencia intrínseca;
y en este estado que supera todo aferramiento o fijación,
alcanzar una decisión final.

Los errores y oscurecimientos surgen como la gran
naturaleza de la realidad,
los obstáculos nos incitan a la virtud, y la adversidad
contribuye a nuestra iluminación.
Basándonos en este gozo fundamental, el bienestar mental
surge sin cesar.

El *enfoque intermedio* consiste en corregir los errores
mediante la meditación;
aclarar la mente, transformar la propia conciencia,
sostenerla con atención

y, sin distraerse, descansar en un estado de gozo, claridad y no-conceptualidad.
Puesto que la distracción y la falta de atención son defectos,
es crucial, aunque sea un momento, descansar en un estado no distraído.

Para evitar la emisión de semen, visualiza un *Hum* en una vasija *vajra*
de la que surge un fuego que consume todos los elementos del cuerpo;
y luego medita en el estado de la nada absoluta.
Esta es un práctica profunda para los casos de emisión debida a la enfermedad y las influencias dañinas.
Una vez que se ha eliminado el aferramiento al gozo, medita sobre la vacuidad.
Examina con una mirada penetrante la mente que experimenta el deseo ordinario,
y descansando en un estado sin fabricación ni contaminación, libre de expectativas o miedos,
el deseo se liberará por sí solo, y amanecerá la sabiduría del gozo y la vacuidad.

La infelicidad es un problema causado por la degeneración de la esencia vital.
Para ponerle remedio, practica la meditación gozosa de radiar y gotear.
Si predomina la opacidad mental, es debido a que no consigues separar la esencia pura del residuo impuro.
Para ponerle remedio, siéntate bien con una postura erguida,
aunando los vientos energéticos superior e inferior, aguanta la respiración, imagina que el interior de tu corazón está lleno de luz,

y medita sobre el universo entero, luminoso y vacío, que se
llena de luz.

Si caes en el aferramiento a la claridad, entrénate en el
desapego.
Si tu mente está opaca y somnolienta, medita sobre
el resplandor y la claridad.
Si tu mente está excitada y agitada, cierra los ojos y, en el
interior de tu corazón, visualiza luz, una sílaba, un loto,
una espada,
o un doble *vajra* que desciende más y más bajo,
desde el interior de tu corazón,
bajando hasta el fondo dorado que es la base del
universo.
No hay duda de que esta técnica infalible disipará [la
agitación].

Cuando tu mente está atrapada en la hostilidad ordinaria,
pon tu atención directamente en ella,
y se liberará en el estado luminoso y vacío de la sabiduría
semejante a un espejo.

Cuando surja un estado de no-conceptualidad, purifícalo
con la técnica del no-aferramiento.
Reconoce la mente engañada y examínala directamente.
En ese instante se liberará por sí misma y amanecerá
como la sabiduría del espacio básico de la realidad
(*dharmadhatu*).

Cuando tu mente esté opaca, letárgica y con poco
discernimiento,
visualiza una luz en el interior de tu corazón que asciende y
emerge por tu apertura de Brahma,

y se queda flotando en el espacio aproximadamente de una
braza* por encima de tu cabeza.
Este es un punto de instrucción excepcionalmente profundo.

De forma general, es crucial no aferrarse a nada de nada.
Si no tienes expectativas ni miedos, estarás libre de todo
tipo de obstáculos.
Descansa en el estado radiante de la naturaleza de la mente,
vacía y clara,
sin proyectar ni retraer la mente,
y no hay duda de que te liberarás de los caminos traicioneros,
de los obstáculos y de las faltas.

El *enfoque inferior* consiste en corregir los errores median-
te los tres tipos de conducta:
la mirada, los factores materiales y la interdependencia.

La mirada general se practica estando sentado en la postura
de siete puntos de Vairochana:
con las piernas cruzadas, los ojos inmóviles, la respiración
lenta y regular,
con la cabeza inclinada, la lengua tocando el paladar,
y con la mirada inclinada hacia abajo siguiendo la punta de
la nariz; de esta forma se llevan los vientos energéticos
y la mente a un estado de equilibrio.
Puesto que todos los defectos ocurren debido a
desequilibrios corporales,
que perturban los canales, los vientos energéticos y las
esencias,
es importante descansar en equilibrio, sin perturbarse.

* Unos dos metros (*N. de los T.*).

Y como además, las cualidades surgen cuando los canales,
las energías y las esencias
están estables y funcionan correctamente,
es aún más crucial entender este punto vital.

En esta práctica, más que en otros ejercicios yóguicos y de entrenamiento físico,
es importante practicar de forma lenta, delicada y equilibrada,
y es crucial que practiques de acuerdo con tu constitución física,
contrarrestando lo delicado con lo rudo y lo rudo con lo delicado.
Los puntos cruciales específicos para el gozo son: cruzar los brazos,
bajar la mirada, y centrar tu atención en el gozo mismo.
Para la claridad, pon las manos sobre las rodillas,
respira despacio y mira directamente al espacio.
La no-conceptualidad se logra simplemente al sentarse en la postura de los siete puntos.

En cuanto a los *factores materiales*, apóyate en las ubicaciones adecuadas a las distintas estaciones, en los compañeros,
en la comida, la bebida y demás, para ayudarte en la experiencia meditativa.

Y para la *interdependencia*, en el caso de emisión de semen,
ata alrededor de tu cintura un cordel de tres hilos tejido por una joven,
consagrado con la recitación de *mantras*; de esta manera se retendrá el *bindu*.

Si los pensamientos discursivos proliferan, toma cápsulas hechas de polvo de madera de sándalo, azafrán y grasa derretida,
y lograrás la no-conceptualidad.
Se dice en los *tantras* que cuando la mente se pone somnolienta,
lograrás el *samadhi* ingeriendo cápsulas de azafrán, alcanfor y *bodhichitta*.

Para incrementar la experiencia del gozo, de la claridad y no-conceptualidad perfectas,
se dice que lo mejor es fijar la atención en algún objeto.
Si primero meditas centrándote en un objeto,
más tarde alcanzarás naturalmente un estado más allá de todo foco.
Este punto es extremadamente profundo y sublime,
así que, ¡afortunados que son, tómenlo en sus corazones!
Es camino de necios el despreciar una práctica diciendo que «es conceptual»;
es tendencia de novato, algo que debe ser evitado.

En particular, hay una práctica sublime para *incrementar el gozo*, haciendo subir los vientos energéticos inferiores,
tirando hacia arriba las esencias (*bindu*) del lugar secreto,
disolviéndolas en la coronilla,
y descansando en un estado más allá de todo objeto.

Después de eso, sostén los vientos energéticos inferiores y superiores unidos,
y, centrando tu atención en el corazón, descansa en el estado no-nacido.
Esto es permanecer en el estado de gozo y claridad libre de toda elaboración conceptual.

De vez en cuando practica los puntos cruciales de los ejercicios yóguicos, de acuerdo con la transmisión visual,
como el descenso y la inversión, el tirar hacia arriba y la difusión y la resolución final, sacudiéndote en la postura del león, y demás.

El *descenso* se practica adoptando el *mudra* del abrazo
y sacudiendo las partes superiores del cuerpo, empujando hacia abajo las partes inferiores.
La *bodhichitta* desciende de una sílaba *Ham* visualizada,
y cuando alcanza el lugar secreto, enfocamos la atención en el gozo.
La *inversión* significa atraerla hacia arriba,
apretando hacia abajo con las manos en los huecos, y uniendo el "océano" con la "orilla rocosa".[4]
Tirando los vientos energéticos inferiores *hacia arriba*, presiona tu lengua contra el paladar.
Entorna los ojos hacia atrás y gira la cabeza como si estuvieras temblando.
Para la visualización, imagina los *bindus* ensartados como en un hilo de gasa,
que se disuelven uno en otro, hasta llegar a la coronilla.

La *difusión* consiste en flexionar los brazos y las piernas con fuerza, como sosteniendo un arco,
y expirar con un sonido silbante, con la punta de la lengua apretada contra los dientes.

La *resolución final* consiste en tumbarse boca arriba, respirando tranquilamente con la mente serena.
Sin pensar en nada ni aferrarse a ninguna cosa,
descansa en el estado natural, libre de toda elaboración conceptual,

y lograrás el gozo supremo de la iluminación sin ningún obstáculo.

Un método sublime para *incrementar la claridad* con la respiración
consiste en alternar respiraciones suaves y fuertes,
y particularmente alternar el inspirar y aguantar, con el expirar y aguantar.
Es importante combinar esto con el punto crucial [de la respiración] lenta y tranquila.

Aunque hay muchas técnicas en las enseñanzas,
contando, usando colores, el tacto y la forma,
esta es una instrucción esencial, en la que un método lo logra todo.
Así que, entrénate en este punto, soberano entre los puntos cruciales.

Para el cuerpo, igual que antes, el punto crucial consiste en no moverse.[5]
Deja que tu respiración se haga muy lenta, pasando de forma pareja por la boca y las dos narinas,
y descansa sin esfuerzo en un estado de dejar ir, ordinario y natural.
El punto crucial para la mente es no aferrarse a nada, y mantenerse natural.

Luego, descansa boca arriba con los brazos y piernas extendidos.
Emite con fuerza un "¡Ha!" y dirige tu atención hacia el centro del cielo.
Sin distraerte, y sin proyectar ni retraer tus pensamientos, descansa de forma tranquila y natural.

Al descansar en el estado primordial, en el que la respiración y la mente se sueltan por sí mismas,
las cualidades sublimes e ilimitadas surgen sin ningún obstáculo.
El cuerpo se siente ligero, no hay movimiento [de respiración],[6] y se apacigua la elaboración conceptual.
La mente se vuelve clara y radiante, y aparecen poderes extraordinarios de percepción.
Se logra el "andar deprisa"; el cuerpo se vuelve lustroso, surge el *samadhi*,
y aparecen los signos de la entrada de los vientos energéticos y de la mente en el canal principal.[7]
Este es un punto crucial de lo más profundo y sublime, y es extremadamente secreto.

Y para *incrementar* la *no-conceptualidad* semejante al espacio,
relaja el cuerpo y la mente desde lo más profundo de tu interior, y céntrate en un solo punto en el objeto de la meditación.
Al centrarte solamente en esto, sin que nada más te distraiga,
los demás pensamientos discursivos también se disuelven en este estado.
Incluso los pensamientos discursivos referentes al objeto de meditación serán apaciguados por completo.
Y entonces surgirá una realización libre de todo aferramiento a las apariencias.

Este es un punto crucial. Además deberías entrenarte así:
a veces centra tu atención fuera de ti, exhala,
y al aguantar la respiración, surgirá la no-conceptualidad.
De vez en cuando aguanta la respiración dentro de ti y céntrate directamente y sin distracción

en algún objeto de meditación de la parte superior o
inferior del cuerpo.

En otros momentos deja que la mente se pose por sí misma,
sin objeto alguno,
y permanece en este estado sin aferrarte a las apariencias
objetivas.
La mente de sabiduría del *dharmakaya* no-conceptual
surgirá naturalmente de tu interior si confías en las
instrucciones clave.

En cuanto al incremento general del gozo, de la claridad y
la no-conceptualidad,
completa las acumulaciones, purifica tus oscurecimientos,
cultiva las fases de generación y culminación,
y practica el camino profundo del *guru yoga*; estas son
[las instrucciones] supremas.
Estas, las instrucciones finales, las más cruciales de todas,
¡que los seres afortunados que anhelen alcanzar la
liberación las tomen en sus corazones!

La realización

Las realizaciones que resultan del meditar según estos
enfoques,
son de un solo sabor y no se pueden diferenciar.
Los tres enfoques se unen en un único destino,
como distintos ríos que se juntan en el océano.

Sea cual sea la técnica que practicas –el gozo, la claridad o
la no-conceptualidad–,
cuando la actividad ordinaria de la mente se apacigua
completamente y se disuelve

en el estado semejante al espacio de la naturaleza no-nacida de la mente,
la *bodhichitta*, libre de toda noción conceptual de existencia y no-existencia,
el Sol de la luz clara y natural, amanecerá en lo más profundo de tu interior.
Esta realización inmutable, en la que no hay nada que lograr ni nada que eliminar,
es la naturaleza de la esencia de los buddhas –el *sugatagarbha*– vasto como el espacio mismo.

En ese momento, en el océano del *samadhi* que trasciende el permanecer en calma y la visión clara,
centrado en un solo punto, radiante, claro e inmaculado,
todas las cosas aparecen sin ningún sesgo o aferramiento, como reflejos desprovistos de naturaleza propia;
todos los fenómenos están unidos inseparablemente en la esencia de la realización,
y no hay aferramiento a las apariencias, que son ilusorias y vacías.
Esta unión inseparable, esta gran extensión de realización,
la luz clara que surge por los puntos cruciales, amanece de lo más profundo de tu interior.

La sabiduría que surge naturalmente, inspirada por la bendición del lama,
se llega a ver cuando uno trasciende la expresión verbal y las ideas conceptuales.
Aquello que se ve de esta manera, en ese momento
está más allá de los tres tiempos, más allá de lo externo y lo interno,[8] y más allá de toda división y exclusión.

Esta es la perfección trascendente de la sabiduría (*prajñaparamita*) y del Camino Medio;
es la apaciguación de las elaboraciones conceptuales y del sufrimiento, el Mahamudra;
es la naturaleza esencial de todas las cosas, la Gran Perfección,
la cesación primordial en la que todos los *dharmas* se agotan, la naturaleza fundamental de todas las cosas,
y la luz clara de la naturaleza de la mente, la sabiduría que surge naturalmente.
Aunque se les dan distintos nombres, en esencia son uno.

La *bodhichitta*, la naturaleza de la mente, que trasciende las palabras y los conceptos,
es la no-dualidad del *samsara* y el *nirvana*, semejante al espacio,
más allá de todo aferramiento a cualquier posición, y más allá de las trampas de las construcciones filosóficas,
trasciende las limitaciones y la dualidad, y es el estado supremo de igualdad y perfección.
Los *yoguis* deben comprender esto perfectamente,
en el gran campo de la mente de sabiduría de los Victoriosos, libres de todo extremo.

El fruto

Al llegar a la culminación de estas prácticas, las etapas del fruto son de la manera siguiente:
A corto plazo, gracias a la unión del gozo, la claridad y la no-conceptualidad,
lograrás clarividencia, poderes extraordinarios de percepción y cualidades ilimitadas,
y a nivel último, alcanzarás los tres *kayas* que colman todos los deseos, así como las cualidades de los Victoriosos,

y culminarás espontáneamente tu propio bienestar y el de los demás.

Esto completa la tercera sección, que describe las etapas del samadhi *que se debe practicar, de* Encontrar serenidad y soltura en la meditación de la Gran Perfección.

Dedicatoria

Por el mérito de haber explicado lo vasto y lo profundo,
el significado esencial de esta aproximación al Dharma y a la tranquilidad,
¡que todos los seres alcancen los dos aspectos sublimes del Despertar,
y obtengan la riqueza ilimitada de la actividad iluminada, que colma todos los deseos!

El heredero de los Victoriosos, Drime Özer, escribió
esta explicación clara por el bien de las generaciones futuras,
sintetizando los puntos clave de su propia experiencia práctica
en las laderas de Gangri Thökar.

¡Todos aquellos que buscan la liberación deberán aplicarse
a practicar de acuerdo con este texto,
y con beneficios abundantes tanto a nivel temporal como último, para sí mismos y para los demás, y
rápidamente encontrarán la felicidad y la alegría en el reino del gozo supremo!

Esto completa el texto de Encontrar serenidad y soltura en la meditación de la Gran Perfección, *que fue escrito en las laderas de Gangri Thökar por el* yogui *Drime Özer, un discípulo de Tsokye Dorje, el gran y glorioso maestro de Oddiyana.*

¡Que sea virtuoso! ¡Que sea virtuoso! ¡Que sea virtuoso!

APÉNDICE: PERSPECTIVAS HISTÓRICAS

Tanto en un plano histórico como espiritual, los eventos que sucedieron en Lerab Ling, como preludio para las enseñanzas públicas de Su Santidad en septiembre del año 2000, fueron notables y especiales. Durante las dos semanas anteriores a la llegada del Dalai Lama, los monjes del monasterio Namgyal realizaron un *drupchen* y un *mendrup* completos de Vajrakilaya, según la revelación *terma* de Tertön Sogyal, Lerab Lingpa. Después de presidir la sesión final del *drupchen*, Su Santidad confirió al día siguiente la transmisión de poder de Yang Nying Pudri. El texto que sigue es la explicación que dio Su Santidad sobre el contexto y el significado de estos eventos, así como algunas notas sobre la historia de esta revelación, su conexión con los Dalai Lamas, y los beneficios del *drupchen* y del *mendrup*.

El 19 de septiembre, Su Santidad dio la transmisión de poder de Vajrakilaya a unas mil cuatrocientas personas, encabezadas por Kyabje Trulshik Rinpoche, y que incluían a *lamas*, *geshes*, monjes y monjas, practicantes de todos los centros de *Rigpa* alrededor del mundo, miembros de otros centros budistas europeos, así como algunos de los colaboradores más próximos del Dalai Lama y cierto número de activistas a favor del Tíbet. El lugar consistió en una gran carpa, decorada como un templo, en la que se habían realizado el *drupchen* y el *mendrup*. Había una atmósfera majestuosa cuando Su Santidad habló de las conexiones históricas de esta práctica, de su importancia para el florecimiento del Dharma, del pueblo tibetano del gobierno tibetano, y de su propia larga vida.

SU SANTIDAD EL DALAI LAMA

El propósito principal por el que estamos aquí reunidos en Lerab Ling, este centro establecido por Sogyal Rinpoche, es la transmisión de poder del profundo ciclo de *terma* de Vajrakilaya, que fue revelado por el gran Lerab Lingpa. Ya hemos completado los rituales del *drupchen* y del *mendrup* para la consagración del *amrita* o néctar. Sogyal Rinpoche y sus estudiantes me pidieron que diera esta transmisión de poder de Vajrakilaya, puesto que forma parte de las prácticas regulares de la *sangha* de Rigpa. Y así acepté hacerlo.

Entiendo que la mayoría de ustedes ya han estado entrenando, por lo menos hasta cierto punto, sus mentes en los aspectos más comunes de la práctica budista. Con esto quiero decir que hay dos cosas que considero fundamentales en el entrenamiento de la mente, como practicantes budistas. Una es la visión profunda del Camino Medio, la visión Madhyamaka de la vacuidad, que es común a los vehículos del *sutra* y el *tantra*. El otro aspecto es la motivación de la compasión –el deseo sincero que albergamos en nuestro corazón de traer verdadero beneficio a todos los seres–. Estos dos aspectos, la visión y la motivación, son fundamentales.

LA HISTORIA DE LA TRANSMISIÓN

La deidad que se conoce como "el grande y glorioso", Vajrakumara o Vajrakilaya, está asociada con el principio general de las cinco familias búdicas del *mandala*. Vajrakilaya está específicamente asociado con la familia *karma* o de la actividad, que aporta el logro del objetivo último del practicante. En el ciclo Kagyé de los ocho grandes mandalas de la escuela Nyingma, Vajrakilaya también tiene el papel de deidad de la actividad. Por esto, de entre todos los ciclos de práctica del Vajrayana, se identifica particularmente el *mandala* de Vajrakilaya con el poder y la fuerza de esta actividad iluminada, y con su capacidad para evitar las circunstancias desfavorables y los obstáculos y eliminar la negatividad. Se dice que esta es la particularidad de la práctica de Vajrakilaya.

La transmisión de poder que voy a dar hoy es la del ciclo de Vajrakilaya que se conoce como Yang Nying Pudri, *La cuchilla de la esencia más íntima*, que fue revelado por Lerab Lingpa. Lerab Lingpa fue un gran *tertön*, un descubridor de tesoros escondidos, durante la época de mi predecesor, el Decimotercer Dalai Lama. De hecho hubo un vínculo muy fuerte entre Lerab Lingpa y éste. Cuando Lerab Lingpa reveló este *terma*, también profetizó que el Decimotercer Dalai Lama sería el *chödak* o custodio de estas enseñanzas. Esto explica por qué el Decimotercer Dalai Lama escribió el manual de la liturgia que se utiliza para realizar el *drupchen* asociado con el ciclo de Yang Nying Pudri. Así que hubo un vínculo muy fuerte entre el Decimotercer Dalai Lama y el *tertön* Lerab Lingpa.

Hasta hoy, los monjes de mi capilla personal, llamada Namgyal Dratsang, celebran el *mendrup*, la consagración de la medicina, y el *drupchen*, la práctica intensiva en grupo de este ciclo de Vajrakilaya, una vez al año, como parte de nuestro ciclo anual de prácticas. Esto es debido a que la gran conexión con este *terma* de Vajrakilaya y con su descubridor, Lerab Lingpa, no se limita al Decimotercer Dalai Lama, sino que se extiende al linaje entero de los Dalai Lamas. Así mantenemos esta práctica anual hasta nuestros días.

Cuando yo estaba en Tíbet, en alguna ocasión participé en determinados rituales asociados con esta forma de Vajrakilaya. Y curiosamente, aunque en ese momento yo no había recibido la transmisión de poder ni ninguna instrucción sobre ella, ni la había incorporado a mi práctica personal, sentía con toda claridad que tenía una conexión kármica con esta práctica. Esto me intrigaba, incluso cuando aún estaba en Tíbet.

Posteriormente, en el exilio, cuando estaba intentando formular el ciclo de prácticas para el Namgyal Dratsang, sentí que era necesario incorporar este ritual de Vajrakilaya, el ciclo de Yang Nying Pudri, en el ciclo anual de prácticas. Esto hizo que tuviera que buscar y recibir la transmisión de poder, las transmisiones orales y las enseñanzas correspondientes, que todavía no había recibido en esta vida. Así empecé a investigar qué maestro podría ser el más adecuado para pedirle la transmisión de la práctica de Vajrakilaya según Lerab Lingpa.

Esto se volvió tan importante para mí, que lo consulté con mi tutor principal, a quien muchos recordaréis: Kyabje Ling Rinpoche. Para mí él es como Vajradhara, el Buddha primordial. Cuando le expliqué el caso a este gran maestro, él me dijo: «Para el beneficio de las enseñanzas y del pueblo tibetano es vital que la vida del Dalai Lama, en cada una de sus encarnaciones, sea lo más larga posible y que sus actividades florezcan al máximo. Si tú, que actualmente posees el título de Dalai Lama, has decidido que es importante que recibas esta práctica, debes seguir este impulso. Debes seguirlo hasta el final, porque esto quiere decir que es fundamental y significativo. Nadie que esté interesado podrá encontrar ningún problema en el hecho de que busques estas enseñanzas, comprendiendo la importancia que tienen para ti personalmente, y sabiendo la influencia que tiene tu bienestar personal sobre el Buddhadharma y sobre la nación tibetana».

Pusé en mi corazón las palabras *vajra* de Ling Rinpoche, y empecé a buscar al maestro más adecuado de quién pudiera recibir estas enseñanzas. Finalmente llegué a la conclusión de que Kyabje Dilgo Khyentse Rinpoche era el más cualificado, debido al carácter personal e íntimo de la transmisión que él había recibido,[1] y también por sus cualidades extraordinarias como *maestro vajra* y como maestro de estas enseñanzas. Le pedí que me otorgara la transmisión de poder y las transmisiones, cosa que él hizo. Luego, tras haber recibido la transmisión misma, empecé a hacer la práctica formal por mi cuenta.

LA PERCEPCIÓN PURA

Puesto que me han pedido la transmisión de poder de este ciclo de Vajrakilaya que fue revelado por Lerab Lingpa, voy a pedir que todos los que están aquí reunidos se esfuercen por despertar un sentimiento de fe inquebrantable hacia estas enseñanzas, y un verdadero sentimiento de compromiso de *samaya*, de establecer una conexión profunda con ellas. Evoquen, tanto como puedan, un sentimiento de percepción pura. Para poder recibir las enseñanzas del vehículo del *mantra* secreto en el espíritu en que se dan, la manera adecuada de escucharlas es abandonar todo aferramiento a las percepciones ordinarias y hacer surgir en su lugar un sentimiento íntimo que percibe las cosas desde el punto de vista de la deidad. Podríamos explicarlo como un estado de percepción divina, en el sentido de que nuestra forma ordinaria de percibir las cosas deja de funcionar. En su lugar mantenemos en la mente una actitud, una forma de mirar todas las cosas, que participa de la naturaleza de la deidad. Si seguimos como estamos ahora, con un marco mental ordinario, sin abandonar nuestros patrones habituales de percepción, de reacción y demás, y abordamos las enseñanzas desde este punto de vista, creo que de una manera u otra no van a funcionar. Mientras nos acerquemos a las enseñanzas desde un punto de vista puramente ordinario, no las recibiremos de verdad.

Cuando hablamos de percepción pura, esto implica que todos los fenómenos, sean nominalmente puros o impuros, son por su naturaleza propia *shunyata* o vacuidad. A lo que me refiero aquí es a la visión de *shunyata*, o de la vacuidad que es la naturaleza de todos los fenómenos, tanto si se consideran puros como impuros a nivel relativo. Se dice que los seres ordinarios como nosotros tenemos un estado de percepción impuro, porque nuestras mentes están inmersas en los oscurecimientos cognitivos y emocionales. Pero si consideramos las cosas desde el punto de vista de la naturaleza de la mente, que es intrínseca y perfectamente pura –lo que las enseñanzas llaman la mente innata y fundamental de luz clara, o la luminosidad base– comprendemos, desde esta perspectiva, que ya tenemos presente en nuestro interior la capacidad de experimentar los cuatro *kayas* de la budeidad.

Cuando comprendemos este punto clave, nuestra perspectiva cambia y nos damos cuenta de que nuestras percepciones ordinarias, que se fundamentan en nuestro estado presente de confusión, no existen verdaderamente tal y como aparecen. Son puramente adventicias, efímeras y superficiales, y la mente innata y fundamental de luz clara, la naturaleza de la mente, está completamente inalterada, no puede ser manchada nunca por estas manifestaciones superficiales. Con la confianza que surge de esta visión, podemos despertar un estado de percepción que no es ordinario, sino divino, y que pertenece a la deidad, y no a la forma ordinaria de ver las cosas. Esto puede incluso volverse casi automático. Una vez que entendemos la realidad desde el punto de vista de la naturaleza de la mente, adquirimos una confianza tal que nuestra forma ordinaria de percibir las cosas simplemente cesa, de forma natural. Y en su lugar nace este estado de percepción divina, esta manera de ver las cosas desde el punto de vista de su pureza innata.

Antes de que empecemos con la transmisión de poder, dejen que les repita una vez más que la forma correcta de abordar una transmisión como esta no es considerando al maestro que la confiere como el ser humano ordinario que pueden ver, sentado frente a ustedes. Por el contrario, deben identificar mentalmente al maestro del *vajra* que va a conferir la transmisión de poder con la deidad central del *mandala*, en este caso el *mandala* completo de Vajrakilaya. Es necesario mantener un sentimiento de confianza y la convicción de que el maestro del *vajra* es indistinguible de la deidad. Esta es la actitud correcta para acercarse a una transmisión de poder como esta.

En la conclusión de la transmisión de poder, Su Santidad dijo:

«Ahora les acabo de dar esta esta transmisión de poder de Vajrakilaya, este tesoro *terma* que reveló Lerab Lingpa, y con el que tengo una conexión tan fuerte debido a mi propia aspiración y motivación. Aquellos que han recibido la transmisión de poder están ahora autorizados a realizar la práctica. Les animo a que así lo hagan, ya sea utilizando los rituales extensos o haciendo la práctica diaria más concisa, y también les animo a que aprendan a aplicar todos los niveles de significado de la práctica de Vajrakilaya. Lo más importante para una práctica como esta es la experiencia de la unión de *rigpa* y *shunyata*. Este es el estadio último de la práctica, y por tanto también el más importante; es fundamental centrarse en ello. Pero junto con esto, también están la meditación y el *mantra* asociados con esta deidad, y creo que sería muy bueno, ahora que han recibido la transmisión, que la mantengan de forma regular, recitando el *mantra* y practicando la meditación con toda la regularidad que puedan, sin pausa o interrupción, y sin dejar que se vaya apagando con el tiempo.

Como mencioné anteriormente, hay un vínculo muy fuerte entre esta práctica, el Buddhadharma, y la nación tibetana en general. Así que cuando hagan la práctica, les pediría que, además de en sus propias aspiraciones y dedicatorias, pensaran específicamente en las enseñanzas de la tradición budista tibetana y en el devenir de la nación tibetana; pueden añadir oraciones y aspiraciones por el bienestar de los tibetanos, y para la difusión y el florecimiento de estas enseñanzas».

LA HISTORIA DE LA REVELACIÓN DEL *TERMA*

Como explica Su Santidad, el Yang Nying Pudri es un tesoro *terma* que fue revelado por Lerab Lingpa. En la tradición Nyingma, las enseñanzas se transmiten siguiendo dos tipos de linaje: el linaje largo y continuo de *kama,* y el linaje corto de *terma*, los tesoros escondidos por Guru Padmasambhava para que los descubran posteriormente los reveladores de tesoros o *tertöns*, que son emanaciones de sus discípulos más próximos.[2] Tertön Sogyal, Lerab Lingpa (1856-1927), fue encarnación de Nanam Dorje Dudjom, uno de los discípulos más cercanos de Padmasambhava, que alcanzó los *siddhis* gracias a la práctica de Vajrakilaya y era capaz de moverse libremente por el espacio y atravesar muros de roca. Tertön Sogyal fue un *tertön* prolífico; la colección de sus revelaciones ocupa veinte volúmenes. Fue discípulo de Nyoshul Lungtok, Jamyang Khyentse Wangpo, Mipham Rinpoche y de Jamgön Kongtrul, y también recibió enseñanzas de Nyala Pema Düdul y de Patrul Rinpoche. Entre sus discípulos se encuentran el Decimotercer Dalai Lama Thupten Gyatso (1876-1933), el tercer Dodrupchen Jikme Tenpe Nyima (1865-1926) y Jamyang Khyentse Chökyi Lodrö (1893-1959). Cinco volúmenes de sus revelaciones están dedicados enteramente a *termas* de Vajrakilaya; y uno de estos, el Yang Nying Pudri, estaba destinado a alcanzar un gran renombre.

En la biografía de Tertön Sogyal que escribió Tulku Tsüllo, se explica cómo fue revelado este *terma*. En otoño del 1895, Tertön Sogyal fue con Jamgön Kongtrul a Tsadra Rinchen Drak, que es uno de los veinticinco lugares sagrados del Este de Tíbet, representando la «mente de sabiduría de las cualidades iluminadas», y que está muy vinculado tanto con Jamgön Kongtrul como con Chokgyur Dechen Lingpa. Allí, en lo alto de la ladera Tertön Sogyal se acercó a la «Cueva que complace al majestuoso Heruka»; como dice su biografía:

> «El marco de la puerta del *terma* estaba claramente visible en la roca; en cuanto lo vio, sintió que le invadía una gran excitación, y lanzó una piedra hacia ella. Instantáneamente, la tierra se cimbró con un gran estruendo, como si una montaña entera se fuera a derrumbar. Se abrió una apertura en la roca y de ella salió un aroma exquisito que llenó el aire. Tertön Sogyal pasó la mano por la apertura y sacó un *kutsap* –una representación de Guru Rinpoche– en postura sen-

tada, con *vajra* y *phurba* en mano; y junto con ella extrajo un cofre que contenía el *terma* de Yang Nying Pudri. Los envolvió cuidadosamente con seda para que nadie los viera, y los guardó en un estuche para *terma* que sostenía su consorte. El lugar del tesoro, en la roca, también estaba lleno de *amrita*, pero declaró que no era para él, y se negó a sacarlo. Su consorte insistió y argumentó, y para no decepcionarla cogió algo de *amrita*, que libera a todo aquel que lo pruebe, y dejó el resto del tesoro igual que lo había encontrado. Ofreció un sustituto para el *terma*, cerró la puerta y la dejó bien sellada. Entonces Jamgön Kongtrul se acercó al lugar, y ambos celebraron un festín *de tsok*; ofrecieron *tormas* para complacer a los guardianes del *terma*, e hicieron oraciones de dedicatoria y de buenos augurios a gran escala, con la aspiración de traer beneficio al Dharma y a todos los seres vivos».

El vínculo con el decimotercer y decimocuarto Dalai Lama

En 1898, Tertön Sogyal se desplazó a Lhasa para encontrarse con el Dalai Lama. En su primer y significativo encuentro con el Dalai Lama, diez años antes, se dijo que «sus mentes de sabiduría se unieron instantáneamente como una sola». Ahora, siguiendo una proclamación del oráculo de Nechung, Tertön Sogyal ofreció el ciclo completo de transmisión de poder y de transmisiones e instrucciones de Yang Nying Pudri al Dalai Lama.

Al día siguiente, temprano por la mañana el Dalai Lama tuvo un sueño vívido en el que se encontraba delante del palacio de Guru Rinpoche, y era recibido por dos seres celestiales que cantaban versos proféticos sobre su práctica de

Vajrakilaya. Le dijeron que el deseo, la ira y la ignorancia serían eliminados, los obstáculos serían superados y se alcanzarían los logros, si realizaba mil ofrendas de *tsok* según la práctica de Yang Nying Pudri. La biografía del Dalai Lama explica: «Se despertó y recordaba muy claramente las palabras. El Dalai Lama y Lerab Lingpa juntos descifraron su significado. Y puesto que la profecía dejaba claro que era lo adecuado, realizó las mil ofrendas de *tsok* de Vajrakilaya».

Entonces Tertön Sogyal dio la transmisión de poder de Yang Nying Pudri a los monjes de Namgyal Dratsang en el palacio del Potala, que han mantenido la práctica desde aquel momento hasta el presente. En 1899 se realizó el *mendrup* como parte del Mönlam Chenmo, el Gran Festival de Oración anual con que se celebra el año nuevo en Lhasa, y se prepararon moldes de madera para imprimir los textos del ciclo de enseñanzas. El Decimotercer Dalai Lama organizó los textos de Yang Nying Pudri para su práctica como *drupchen*, y por ello escribió el texto *Treasury of Wishes for the Benefit of Self and Others*, que es el que utilizaron los monjes de Namgyal en Lerab Ling.

Como explica Su Santidad el Dalai Lama, fue Kyabje Dilgo Khyentse Rinpoche quien le ofreció la transmisión de poder de Yang Nying Pudri. Durante el retiro de verano organizado por Rigpa en 1990 en Prapoutel (Francia), Dilgo Khyentse Rinpoche dijo:

> «En la predicción asociada con este *terma* se decía que el *chödak* y heredero de esta enseñanza sería el Decimotercer Dalai Lama, que era encarnación del rey Trisong Detsen. Por tanto, Tertön Sogyal le transmitió la enseñanza y él la convirtió en una de sus prácticas centrales. Gracias a su bendición y a su actividad, el reino de Ganden Phodrang

> experimentó un período de gran estabilidad y expansión. Muchos de los discípulos de Tertön Sogyal hicieron de esta *sadhana* su práctica principal. Su Santidad el Decimocuarto Dalai Lama me confirmó que esta es una de sus prácticas principales».[3]

Lerab Lingpa tuvo tres reencarnaciones. Sogyal Rinpoche es una de ellas; otro fue Khenpo Jikme Phüntsok Rinpoche, quien visitó Lerab Ling en 1993 y dijo:

> «El principal heredero de esta enseñanza fue el Decimotercer Dalai Lama, que organizó su estructura, escribió las oraciones necesarias para convertirla en un *drupchen*, y que solía hacer la práctica en el Potala. El Decimocuarto Dalai Lama no pudo practicarla en la época en que salió de Tíbet, pero posteriormente restableció este *drupchen*, que ahora se practica en Dharamsala. Esta debe ser una de las prácticas principales de Su Santidad, porque cuando fui a Dharamsala en 1990, él dijo de inmediato que al día siguiente deberíamos hacer una ofrenda de *tsok* de Yang Nying Pudri; y cuando vi lo familiarizado que estaba Su Santidad con los *mudras* y con todos los detalles de la práctica, le dije a mi asistente: "llevamos toda la vida haciendo esta práctica, pero aún no la dominamos como Su Santidad".».

EL MONASTERIO DEL NAMGYAL Y EL *DRUPCHEN*

Los monjes de Namgyal Dratsang, que celebraron el *drupchen* y el *mendrup* en Lerab Ling, siempre han ayudado a los Dalai Lamas en sus actividades religiosas públicas y privadas, y han realizado rituales para ellos y por el bien de Tíbet. El Colegio Namgyal fue fundado por el Segundo Dalai Lama, Gendün Gyatso (1476-1542), un hombre de gran santidad, que le dio el nombre de Phende Lekshe Ling –*Morada elegante de paz y prosperidad*–; posteriormente creció y alcanzó una gran importancia en la época del Quinto Dalai Lama Ngawang Lozang Gyatso (1617-1682), en que fue trasladado al palacio de Potala. Más recientemente se creó un vínculo particularmente estrecho entre el monasterio y el Decimotercer Dalai Lama, y esto ha seguido con el presente Dalai Lama. En el exilio, Namgyal Dratsang fue reconstituido en Dharamsala, junto a la residencia de Su Santidad; allí los monjes siguen un programa de estudios monásticos preparado directamente por Su Santidad. Son conocidos por su gran experiencia en la práctica de rituales, y a menudo acompañan al Dalai Lama en sus visitas a otros países, por ejemplo cuando el Dalai Lama confiere la transmisión de poder de Kalachakra.

En Dharamsala, el monasterio Namgyal Dratsang recibió la transmisión de poder de Yang Nying Pudri de Kyabje Kalu Rinpoche, emanación de la actividad de Jamgön Kongtrul, y más recientemente de Kyabje Trulshik Rinpoche. Cada año, durante diez días en el segundo mes del calendario tibetano se practica el *drupchen* en el monasterio. Cuando lo celebraron en Lerab Ling fue la primera vez que se hacía el *drupchen* y el *mendrup* completos fuera de Tíbet y de la región de los Himalayas.

Un *drupchen*, que literalmente significa "vasto logro", es una forma de práctica intensiva en grupo que auna la profundidad, la fuerza y la precisión del Vajrayana, al juntar todo un abanico de métodos hábiles de tipo místico, ritual y artístico, que incluyen: la creación de una casa-*mandala*; la práctica completa del *sadhana* con visualización, *mudra*, canto y música; la práctica continuada, día y noche, del *mantra*; la creación de *tormas* y ofrendas; la danza sagrada *cham*, y la construcción de un *mandala* de arena. Todos estos aspectos se combinan para crear el entorno trascendente del reino puro de la deidad, y para despertar en los participantes la percepción pura de este mundo como un reino sagrado. Por ello se dice que participar durante varios días en un *drupchen* puede conllevar resultados iguales a años enteros de retiro en solitario; y grandes maestros actuales como Kyabje Dilgo Rinpoche se han esforzado en potenciar y revitalizar la práctica del *drupchen* debido a su poder transformador para esta era degenerada.

La misma mañana en que llegó a Lerab Ling, Su Santidad el Dalai Lama se incorporó a la sesión final del *drupchen*. Esta sesión incluía la «recepción de los *siddhis*», una práctica en la que se reúne el espíritu de abundancia, y durante la cual Su Santidad consagró el *amrita* que se había preparado durante el *mendrup*.

EL SIGNIFICADO Y LOS BENEFICIOS DEL *MENDRUP*

Durante un ritual de *mendrup* se fermentan y consagran grandes cantidades de *amrita* –medicina espiritual y sagrada–. La palabra sánscrita *amrita* significa "sin muerte"; en tibetano se dice *dütsi*, porque como se dice: «es la medicina que supera al temible estado de la muerte». El *Tantra del ciclo secreto* lo explica de forma más elaborada:

> «Cuando al *samsara* que es como el *mara* (*dü*)
> se le aplica el elixir (*tsi*) de la verdad del Dharma,
> se le llama néctar (*dütsi*)».

El néctar medicinal o *amrita* trae la sanación y la realización en todas sus dimensiones. El Decimotercer Dalai Lama escribió: «Se dice que todos los *siddhis*, hasta el logro del cuerpo *vajra* de la inmortalidad, surgen como resultado de las cualidades del *amrita*». En *The Eight Volumes on Nectar* se explica:

> «[El *amrita*] cura las cuatrocientas veinticuatro enfermedades,
> y destruye los cuatro *maras*;
> es la esencia suprema, el rey de las medicinas».

Compuesto de «cien ingredientes mayores y mil menores», los quinientos quilos de *amrita* que se crearon en Lerab Ling incluían *arura* y otros ingredientes medicinales de todo tipo, así como innumerables reliquias sagradas y sustancias preciosas provenientes de buddhas, *siddhas* y santos ofrecidas por diferentes maestros y monasterios de toda la región del Himalaya.

Se dice que el ritual del *mendrup* aporta enormes beneficios a todos aquellos que participan en él, y que transmite una poderosa bendición al lugar en que se realiza. Guru Padmasambhava explica:

> «Las sustancias medicinales sagradas que se ofrecen a los buddhas,
> y los elixires que invocan a los maestros y a las deidades *yidam*,
> estos constituyen la esencia del corazón de las *dakinis*.
> Cuando son ingeridos, sus beneficios sobrepasan toda descripción:
>
> uno obtiene las cualidades de los cinco *kayas* de un Buddha.

Externamente, se eliminan las enfermedades y los obstáculos físicos;
internamente, se purifican los venenos de las cinco emociones negativas
y se sanan las rupturas y corrupciones del *samaya*;
secretamente, se alcanza la sabiduría que nace por sí misma.

Si un *shravaka* o un *pratyekabuddah*
toma este néctar, alcanzará el décimo estadio
y se volverá un "gran *bodhisattva*" en el camino del Mahayana.

Ofrece esta medicina a los maestros,
y recibirás grandes bendiciones.
Ofrécela a las deidades *yidam*,
y lograrás los *siddhis* poderosos.
Ofrécela a los buddhas,
y estarás invocando su compasión.
Ofrécela a los *dakas* y a las *dakinis*,
y revelarán una profecía.

Si un *yogui* o cualquier persona ingiere este néctar,
externamente, se purificarán las enfermedades e influencias dañinas,
así como los actos negativos y los oscurecimientos.
Internamente, el *samadhi* de la fase de generación
se volverá nítido y claro.

Secretamente, la conciencia alcanzará
el estado del *dharmakaya*,
y serán enmendadas las rupturas de los votos
así como cualquier error en la práctica.

Con simplemente sostener esta medicina,
se elimina cualquier peligro de muerte prematura,
y se contrarresta el veneno más mortal.
Al aplicarla al cuerpo,
se eliminan las enfermedades y las influencias dañinas.
Al quemarla como incienso,
se ahuyentan las fuerzas negativas y los creadores de obstáculos.

El lugar donde se realiza esta práctica
se vuelve igual al cementerio del Bosque Fresco.
Incontables *dakas* y *dakinis* se reunirán allí,
e impregnarán el lugar con sus bendiciones.
Las lluvias caerán en su tiempo y no faltarán los recursos.
Cualquier persona que, posteriormente, haga retiro en este lugar
alcanzará con facilidad el estado del *samadhi*.

Si alguien que está a punto de morir
toma un poco de este néctar sagrado,
él o ella alcanzará el nivel de un *vidyadhara*,
sin importar qué tipo de vida haya llevado.
Ésta es una sustancia verdaderamente sagrada y suprema».[4]

Estas explicaciones dicen algo del significado profundo de la transmisión de poder, del *drupchen* y del *mendrup* que se realizaron en Lerab Ling. Gracias al vínculo especial que tiene con esta práctica, Su Santidad nos ha podido transmitir algo del tejido vivo de interrelaciones, entre Lerab Lingpa, el Decimotercer Dalai Lama, el monasterio Namgyal, su propia persona, Sogyal Rinpoche, y todos aquellos que han participado en el evento. Con esta práctica tan poderosa se ha invocado la bendición de los buddhas para Tíbet, para el pueblo tibetano y su destino futuro, así como para el futuro del budismo en Europa y en Occidente. Al dar esta transmisión de poder en el lugar de su futura construcción, Su Santidad también bendijo el futuro templo de Lerab Ling. Además, las enseñanzas públicas de Su Santidad y los eventos aquí relatados han tenido una resonancia especial para los miembros de Rigpa, puesto que ocurrieron veinticinco años después del inicio de las enseñanzas de Sogyal Rinpoche en Occidente, y de las actividades de Rigpa. Lo que sucedió en el año 2000 representa un hito para la historia de Rigpa y una inolvidable bendición, inspiración e impulso para sus esfuerzos futuros.

Como conclusión del texto que escribió para el *drupchen* de Yang Nying Pudri, el Decimotercer Dalai Lama hizo esta dedicatoria:

> Por el poder de este [mérito]
> ¡Que las preciosas enseñanzas del Buddha, fuente de beneficio y felicidad,
> puedan difundirse y florecer en todos los lugares y tiempos, sin ningún sesgo sectario!
> ¡Que todos aquellos que sostienen las enseñanzas disfruten de largas vidas!
> ¡Que las fuerzas negativas que provocan acciones negativas sean aniquiladas!
> ¡Que disfrutemos de la experiencia maravillosa de la felicidad duradera!
> ¡Que las puertas de los caminos espirituales ordinarios y extraordinarios estén siempre abiertas!
> ¡Que crezca todo aquello que sea excelente, tal y como lo deseamos, aportando beneficio y felicidad en todos los lugares!

NOTAS

PREFACIO

1. Los centros que invitaron a Su Santidad y formaron la Asociación Golfo de León eran Lerab Ling, Kagyü Rintchen, Tcheu Ling (un centro formado en Montpellier por Kyabje Kalu Rinpoche en 1975), Kagyü Yi Ong Tcheu Ling, Jardin du Dharma y Jardin de Claire Lumière.
2. Sogyal Rinpoche. *The Tibetan Book of Living and Dying* (rev. Ed.). San Francisco: Harper, 1992; San Francisco: Harper 2002; Londres: Rider, 2002, pág. 155.
3. Se puede encontrar la biografía de Longchenpa en: Nyoshul Khenpo. *A Marvelous Garland of Rare Gems, Biographies of Masters of Awareness in the Dzogchen Lineage*. Junction City: Padma Publishing, págs. 98-161. Véase también: Tulku Thondup. *Masters of Meditation and Miracles*. Boston: Shambhala, 1996, págs. 109-117.
4. Nyoshul Khenpo. *Marvelous Garland of Rare Gems*. págs. 141 y 145.
5. Nyoshul Khenpo. *Marvelous Garland of Rare Gems,* págs. xxiv-xxv.
6. De *Ngal gso skor gsum gyi spyi don legs bshad rgya mtsho*, págs. 223-224. Los ocho símiles de lo ilusorio, en el orden en que aparecen en el texto, son los siguientes: sueño, ilusión mágica, alucinación, espejismo, reflejo de la Luna en el agua, eco, ciudad de *gandharvas,* y fantasmas o apariciones.
7. S.S. el Dalai Lama. *Dzogchen, the Heart Essence of the Great Perfection*. Ithaca: Snow Lion, 2001.
8. Entre los *lamas* presentes en las enseñanzas se encontraban: Kyabje Trulshik Rinpoche, Dagyab Rinpoche, Kyongla Rinpoche, Dagpo Rinpoche, Ato Rinpoche, Thamtog Rinpoche, Dzigar Kongtrul Rinpoche, Tsoknyi Rinpoche, Khamtrul Rinpoche, Pema Wangyal Rinpoche, Rangdrol Rinpoche, Sogyal Rinpoche, Jadho Rinpoche, Gyari Rinpoche, Lelung Rinpoche, el Oráculo de Nechung, Namgyal Khensur Rinpoche, Gomang Khensur Rinpoche, Geshe Thubten Ngawang, y Geshe Lobsang Tengye, además de muchos otros *geshes* y monásticos.

9. S.S. el Dalai Lama, durante la transmisión de poder del Rigdzin Dungdru en Dharamsala, la India, el 21 de marzo de 2004. Citado en *A Great Treasure of Blessings, A Book of Prayers to Guru Rinpoche*. Londres: The Tertön Sogyal Trust, 2004, págs. 13-14.
10. Decimocuarto Dalai Lama. *Kindness, Clarity and Insight* (traducido y editado por Jeffrey Hopkins y Elizabeth Napper). Ithaca: Snow Lion, 1984, págs. 220-221; Ithaca: Snow Lion, 2006, pág. 249.Véase también: Dalai Lama. *Dzogchen*, pág. 120.
11. Durante su larga carrera de guionista, dramaturgo y escritor, Jean-Claude Carrière ha ganado muchos premios y ha trabajado con las más célebres figuras del cine y del teatro. Además de los años en que colaboró con Luis Buñuel, también trabajó con Jean-Luc Godard, Milos Forman, Volker Schlöndorff, Andrzej Wajda, Louis Malle y Nagisha Oshima; y en el teatro, con Peter Brook y Jean-Louis Barrault. Ha escrito los guiones de más de 40 películas, entre ellas *The Return of Martin Guerre, La insoportable levedad del ser, El Mahabharata* y *Belle de Jour*. Su apasionado interés por la cultura oriental le permitió entrevistarse con el Dalai Lama en varias ocasiones; sus conversaciones en Dharamsala dieron origen al libro *La Force du Boudhisme*. París: Robert Laffont, 1994.

1. Introducción

1. Este verso proviene del Sutra del Diamante: *Vajracchedika, 'phags pa shes rab kyi pha rol tu phyn pa rdo rje gcod pa: skar ma rab rib mar me dang // sgyu ma zil pa chu bur dang//rmi lam glog dang sprin Ita bu // 'dus byas de Itar blta bar bya*.
2. Maitreya. *The Ornament of Clear Realization*, v. 1.
3. Nagarjuna. *Fundamentals of the Middle Way*, 1:1-2; para la traducción véase *The Dalai Lama, The Essence of the Heart Sutra* (traducción de Geshe Thupten Jinpa). Boston: Wisdom, 2002, pág. 122.

3. Apariencia y realidad

1. *Nges Leg*: bondad definitiva. *An encyclopaedic Tibetan-English Dictionnary*. Beijing: Nationalities Publishing House, 2001, dice: «La felicidad continua: el estado de liberación y omnisciencia». Véase también: Jeffrey Hopkins (trad.). *Buddhist Advice for Living and Liberation: Nagarjuna's Precious Garland*. Ithaca: Snow Lion, 1998, pág. 46.

2. Veamos un ejemplo ordinario, si uno tiene una percepción correcta (cognición válida) de un fuego, su resultado inmediato puede ser que uno se pueda hacer una taza de té. Éste es el «efecto directo o ininterrumpido del fruto» de esta percepción válida. Sin embargo, esta percepción puede brindarnos numerosos beneficios distintos, indirectamente relacionados con la percepción, pero que se ven interrumpidos por otros estados mentales. Así, se dice que el obtener una encarnación favorable, o la liberación, y otras cosas semejantes son «frutos indirectos o interrumpidos» de la percepción válida o cognición válida.
3. «En esto no hay nada que eliminar, ni absolutamente nada que añadir», Maitreya. *Ornament of Clear Realization*, V:21.
4. Los cuatro razonamientos (*rigs pa bzhi*) son: el razonamiento de dependencia, de funcionalidad, naturaleza, y establecer la sostenibilidad lógica (*ltos, pa'i rigs pa dang, bya ba byed pa'i rigs pa dang, chos nyid kyi rigs pa, 'thad pa sgrub pa'i rigs pa*).

4. La cuestión de la consciencia

1. Su Santidad se está refiriendo a la práctica del Dzogchen, la Gran Perfección. Como dice Dodrupchen Jikme Tenpe Nyima: «Generalmente, en las instrucciones sobre Dzogchen, los aspectos profundos y especiales son infinitos». Sin embargo, el punto clave es la diferenciación entre la mente ordinaria y *rigpa*. Como lo expresa Jikme Lingpa en su *Treasury of Precious Qualities:* «Rigpa, que trasciende la mente ordinaria, es la característica especial del Dzogpachenpo natural». En *rdzogs chen skor,* pág. 554.
2. La explicación sobre este tema, que Su Santidad impartió en una enseñanza en Nueva York en 1991, está citada en: Sogyal Rinpoche. *Tibetan Book of Living and Dying* (rev. ed.). San Francisco: Harper, 2002, págs. 93-94.

5. Superar las causas del sufrimiento

1. Las "acciones intransferibles" (*mi g.yo ba'i las*) son las meditaciones de los cuatro *dhyanas* y las cuatro absorciones sin forma. Se llaman intransferibles porque sólo pueden tener como resultado el renacimiento en los reinos correspondientes de forma y sin forma, y no se pueden "transferir" para producir un resultado en ningún otro tipo de reino.

2. Las cinco visiones perturbadoras o engañadas son: la visión de la colección transitoria (*'jig tshogs la lta ba*), que significa considerar a los cinco agregados como "yo" y "mío"; la visión de los extremos (*mithar 'dzin pa'i lta ba*), que se refiere al eternalismo y al nihilismo; las visiones erróneas (*log lta*); la visión de la superioridad ética (*tshul khrims dang brtul zhugs mchog 'dzin*), y la visión de la superioridad de la doctrina (*lta ba mchog 'dzin*).
3. Se trata de una cita del Sutra de la Prajñaparamita de 8.000 versos. Véase: E. Conze. *The perfection of Wisdom in 8,000 Lines and its Verse Summary*. Delhi: Sri Satguru Publications, 1994, pág. 84.
4. Dza Patrul Rinpoche (1808-1887) fue uno de los más grandes maestros tibetanos del siglo xix, y el autor de uno de los libros más leídos de la literatura tibetana, *The Words of my Perfect Teacher*. Su biografía aparece en el libro *A marvelous Garland of Rare Gems* de Nyoshul Khenpo, págs. 223-238.
5. Los sublimes (*Skt. Arya, Tib. 'phags pa*) son seres que poseen una comprensión directa de la naturaleza de la realidad y han trascendido el *samsara*.
6. Los estados más altos de la existencia (*mngon mtho*) son los reinos más elevados del *samsara* –los reinos de los seres humanos y de los dioses.
7. Según Patrul Rinpoche, la explicación de cuatro tipos diferentes de *nirvana* es exclusiva de la tradición Madhyamaka. El *nirvana* natural es la naturaleza de los fenómenos, libre de cualquier elaboración conceptual. El *nirvana* no estático es el de los buddhas y los *bodhisattvas*, más allá de los extremos de la existencia samsárica y de la quietud. El *nirvana* residual se refiere al resultado de un *arhat* que ha trascendido el sufrimiento, pero que aún no ha abandonado los agregados psicofísicos y sigue experimentando los efectos del *karma* del pasado. El *nirvana* no residual se alcanza cuando el *arhat* abandona los agregados y entra en el reino de la cesación.
8. Los cuatro *maras* son: el *mara* de los agregados, que se refiere a los cinco agregados psicofísicos; el *mara* de las aflicciones; el *mara* del Señor de la Muerte, que es la muerte misma, y el *mara* de *devaputra*, que comprende la distracción, el deseo y el apego.
9. «Los cuatro» se refiere a los cuatro *maras*. «Las seis» se refiere a las seis fortunas (*bskal pa drug*): 1) El poder perfecto de dominar lo deseable; 2) el perfecto cuerpo de excelencia de las marcas y los signos; 3) la riqueza perfecta de las cosas inconmensurables, tales como la corte; 4) fama perfecta; 5) la sabiduría perfecta de conocer las

cosas tal como son y todo lo que hay, y 6) la diligencia perfecta de beneficiar a los seres. La última sílaba de *Chomdendé*, *id est*, "dé", significa "trascender", y se refiere a que el Buddha trascendió los extremos de la existencia y de la quietud.

10. «Los vehículos causales» son los vehículos de los *sharavakas*, *pratyekabuddhas* y *bodhisattvas*; se llaman así porque nos conducen por el camino hasta el resultado de la liberación del *samsara*, al abandonar todas las acciones y los *kleshas*, que son la causa del «origen» del sufrimiento. Los «vehículos de ascetismo védico» son los vehículos de las seis clases externas de *tantra* –*kriya*, *charya* y *yoga*–; se llaman así porque ponen el énfasis en aspectos de la conducta ascética, como la purificación ritual y la limpieza y, en este sentido, son semejantes a la tradición védica de los brahmanes. «Los vehículos de los métodos supremos y poderosamente transformadores» son los vehículos de los tres *tantras* internos –*mahayoga*, *anuyoga* y *atiyoga*–; se llaman así porque incluyen métodos poderosos para transformar todos los fenómenos en gran pureza e igualdad. Véase: Zenkar Rinpoche. *A Brief Presentation of the Nine Yanas* (www.lotsawahouse.org/nine_yanas.html).
11. *Four Hundred Verses* de Aryadeva, VIII:15.
12. Aunque tradicionalmente se habla de 18 escuelas, existen varias listas diferentes, y todo parece indicar que en realidad hubo muchas más. Dentro de los principales grupos entre los cuales se dividían estaban los Mahasamghika, Saravastivadin y Sthavira.
13. Je Tsongkhapa. *The prayer of the virtuous Beginning, Middle and End* (*Thog ma dang bar dang mtha'mar dge ba'i smon lam*): *ji ltar thos pa'i don la rigs pa bzhis // nyin dang mtshan du tshul bzhin rab brtags nas // bsam bya'i gnas la bsams las byung ba yi // rnam dpyod blo yis the tshom chod par shog*.

6. LA TRADICIÓN ANTIGUA DE LOS *NYINGMAPAS*

1. En *An Encyclopaedic Tibetan-English Dictionary* se explica estas tres cualidades de erudición, santidad y bondad de corazón: «la erudición significa no albergar ninguna confusión en cuanto a los objetos del conocimiento; la santidad significa mantener una disciplina pura respeto a las faltas del cuerpo, palabra y mente, y la bondad de corazón se refiere a un compromiso altruista impecable con el actuar para el beneficio de los demás».
2. Dudjom Rinpoche nos ofrece una imagen de Rongzom Chökyi

Zangpo, dice: «Fue aclamado como el *mahapandita* supremo del Tíbet [...] un maestro inigualado de las enseñanzas de la Escuela de *mantra* secreto de la Antigua Traducción. Él dominaba todo lo que se podía conocer de los distintos *sutras*, *tantras* y tratados». Atisha (982-1054) lo conoció, y se dice que lo llamaba «infalible». El comentario de Rongzom sobre el Tantra de la Esencia Secreta empieza con las palabras: «La naturaleza de las Tres Joyas es la mente iluminada», y por ello fue conocido como *The Jewel Commentary*. Uno de sus escritos más famosos es *The Entrance to the Way of the Mahayana*. Además de mostrar su considerable erudición, también manifestó signos de una profunda realización. El historiador Gö Lotsawa dijo: «En esta tierra nevada del Tíbet, no ha habido ningún erudito que le sea comparable». Véase: Dudjom Rinpoche. *The Nyingma School of Tibetan Buddhism, Its Fundamentals and History* (traducido y editado por Gyurme Dorje). Boston: Wisdom, 1991, págs. 703-709.

3. Longchenpa y Butön fallecieron ambos en 1364, siete años después del nacimiento de Tsongkhapa en 1357. Butön Rinchen Drup fue un gran erudito e historiador tibetano, conocido por sus esfuerzos por compilar el *Kangyur*, las enseñanzas canónicas del Buddha en su traducción tibetana.
4. Jamgön Mipham Rinpoche (1846-1912).
5. *Kun bzang smon lam gyi rnam bshad kun bzang nye lam*. Tsultrim Zangpo (1884-1957), también conocido como Tulku Tsüllo, fue uno de los eruditos tibetanos recientes más excepcionales; fue discípulo de Tertön Sogyal Lerab Lingpa, del cual escribió la biografía secreta y fue poseedor del linaje de sus enseñanzas *terma*. Asimismo fue discípulo del tercer Dodrupchen Jikme Tenpe Nyima y de Amnye Khenpo Damchö Özer del monasterio Dodrupchen. Khenpo Damchö dijo una vez sobre él: «yo no soy más que un perro, pero tengo a un león como discípulo». Aunque era particularmente difícil encontrarse con Dodrup Jikme Tenpe Nyima en sus últimos años, Tsüllo pudo hacerlo, gracias a su ocupación como escriba. Él copió muchos textos para la biblioteca personal de Dodrupchen Rinpoche, y gracias a esta ocupación tuvo la oportunidad de acceder a él y obtener aclaraciones. La residencia principal de Tulku Tsüllo era en el monasterio Shugjung (*shugs 'byung*), en el valle de Do, a unos 25 o 30 kilómetros del monasterio Dodrupchen, que pertenece a la tradición de los Tesoros del Norte (*byang gter*). Tsultrim Zangpo era monje, seguidor del *vinaya*, y era también un gran practicante tántrico. Los que lo vie-

ron decían que tenía una pose de estatua, sentado en postura de meditación sin apenas moverse, y con una barba blanca impresionante. Entre sus escritos figura un comentario en dos volúmenes sobre el texto *Ascertainment of the Three Vows* (*Sdom gsum rnam nges*) de Ngari Panchen, así como varios textos sobre el Dzogchen, entre ellos un manual de instrucción (*khrid yid*) para el Gongpa Zangthal y un comentario sobre la famosa *Prayer of Kuntuzangpo*. Entre sus otros escritos se hallan un comentario de *Garland of Views de Padmasambhava*, y muchas obras relacionadas con los *tantras* de la tradición de Nueva Traducción. Fue el maestro raíz de Khordong Tertrul Chime Rigdzin, conocido popularmente como "C.R. Lama" (1922-2002), y también de Tulku Gyenlo y Zhichen Öntrul, que falleció recientemente en el Tíbet. Información amablemente proporcionada por Tulku Thondup Rinpoche.

6. Las obras completas de Tulku Tsüllo han sido publicadas en ocho volúmenes, a partir de los bloques de imprenta que se guardaron en su monasterio Shugjung, en el Tíbet oriental. Se puede encontrar una lista completa del contenido (*dkag chag*) de estos volúmenes en www.lotsawahouse.org/school/tsüllo_index.html.
7. Estas líneas las escribió Gungthang Tenpe Drönme (1762-1823), en una oración para el florecimiento de las enseñanzas de Tsongkhapa, conocida como *blo bzang rgyal bstan ma*. Se puede encontrar una biografía de Gungthang Tenpe Drönme en: Thupten Jinpa y Jas Elsner. *Songs of Spiritual Experience*. Boston: Shambhala, 2000, págs. 223-224.
8. *De Rtogs brjod mdun legs ma*, una obra corta y autobiográfica en la que Tsongkhapa resigue el crecimiento de su realización con la práctica de *sutra* y *tantra*.
9. Según el *Tshig mdzod chen mo*, los Seis Ornamentos que adornan el mundo de Jambudvipa son: Nagarjuna y Aryadeva, los ornamentos del Camino Medio; Asanga y Vasubhandu, los ornamentos de las enseñanzas del Abhidharma, y Dignaga y Dharmakirti, los ornamentos de las enseñanzas sobre el *pramana* o la cognición válida. Los Dos Supremos son Shakyaprabha y Gunaprabha, que fueron ambos grandes eruditos de las enseñanzas sobre la disciplina monástica que se enseña en el *Vinaya*.
10. Esto hace referencia a un dicho del punto sexto de *The Seven Points of Mind Training*, que trata de los compromisos del entrenamiento mental. Su esencia es «evitar ridiculizar o insultar a los demás con un sentido de superioridad». Véase: Thupten Jinpa (traductor y edi-

tor). *Mind Training, The Great Collection*. Boston: Wisdom, 2006, pág. 121.

7. El carácter único de la Gran Perfección

1. Drakyap Rinpoche fue un *lama* encarnado de la región de Penpo, cerca de Lhasa; se dice que era una emanación del gran maestro Kadampa, Potowa. Falleció a finales de la década de 1980, y su encarnación está actualmente estudiando en el monasterio de Sera.
2. La sabiduría que se realiza directamente en el momento de entrar en el camino de la visión.
3. Del *Uttaratantra Shastra*, 1:51:3.
4. *Las mtha' rnam 'byed, Skt. Karmantavibhanga.*
5. Dalai Lama. *Dzogchen, passim*, especialmente págs. 176-177 y 183-184.
6. La palabra sánscrita *kaya* significa literalmente "cuerpo". En las enseñanzas del Mahayana, la budeidad se describe en términos de dos, tres, cuatro o cinco *kayas*. Los dos *kayas* son el *dharmakaya* (cuerpo de verdad) y el *rupakaya* (cuerpo de forma). El *rupakaya* se puede subdividir en *sambhogakaya* (cuerpo de gozo perfecto) y *nirmanakaya* (cuerpo de manifestación), lo cual hace tres *kayas*. Con la adición del *svabhavikakaya* (cuerpo de talidad) llegamos a los cuatro cuerpos búdicos. Los cinco *kayas* son los tres primeros *kayas* junto con el *abhisambodhikaya* (cuerpo del completo despertar) y el *vajrakaya* (cuerpo inmutable *vajra*). Los cuerpos iluminados de los buddhas se consideran como el soporte de su sabiduría iluminada, igual como decimos que nuestros cuerpos ordinarios son el soporte de nuestra conciencia ordinaria.
7. El título completo de este texto es: *Words of the Vidyadharas: An Instruction Manual on Generation, Completion, and the Great Perfection for the Great Compassionate One, Liberation of Samsara into Basic Space (Thugs rje chen po 'khor ba dbyings sgrol gyi bskyed rdzogs rdzogs pa chen po'i khrid yig rigs 'dzin zhal lung)*.
8. *sangs rgyas gzhan nas re ba'i mkhas rlom gyi / stong bshad shar 'drer nub tu glud gtong tshul / mthong tshe zag bcas phung po 'od sku ru/ grol 'di gsang chen rnying ma'i khyad par chos*. De *Words of the Vidyadharas*, pág. 150.
9. Khenpo Achung (1918-1998) venía del famoso monasterio Lumorap en Nyarong, que está estrechamente vinculado con la gran fundación de Mindroling en el Tíbet central. Tuvo numerosos discípulos en la zona, alrededor de Tromge, Nyarong y Kandze. Khenpo Achung

alcanzó el cuerpo de arco iris en una colina sobre Lumorap en septiembre del año 1998. Además de mencionarse en la prensa regional, fue el tema de un artículo, «The Rainbow Body», en el *Institute of Noetic Sciences Review*, nº 59 (de marzo a mayo de 2002); también lo menciona Matthew T. Kapstein en *Presence of Light: Divine Radiance and Religious Experience*. University of Chicago Press, 2004.

10. *dpe mthong tsam la rang bzo'i rtsal bshad kyis / gzhan 'drid bum stong gcig nas gcig 'byo ba'i / rnam thar ma yin dmar 'khrid rgyud thog tu / bkal ba'i nyams myong gdengs tshad cung zad mchis / zab don 'di ko thub bstan de srid bar / gnas shing bdag 'dra'i dad pa'i las can la / phan phyir ston zla ltar dkar lhag bsam gyis / bskrun las chos brgyad nyon mongs can gyis min*. De *Words of the Vidyadharas*, págs. 149-150.
11. *gnyis pa dngos gzhi la skyon ye nas ka dag tu ston pa khreg chod kyi lam dang / yon tan ye nas lhun grub tu rdzogs pa thod rgal gyi lam gnyis*... De *Words of the Vidyadharas*, pág. 88.
12. Los ocho extremos, a los que se refiere Nagarjuna en el primer verso de su obra más conocida, el *Mula-madhyamaka-karika*, son: surgir y cesar, permanencia y no-existencia, ir y venir, y multiplicidad y singularidad.
13. La tradición Madhyamaka de la vacuidad extrínseca, o "vacuidad del otro" (*gzhan stong*), que está más asociada con la escuela Jonangpa del budismo tibetano, sostiene que el absoluto no está vacío de sí mismo (*rang stong*), sino que está vacío de todos los demás fenómenos relativos. La tradición de "vacuidad intrínseca" sostiene que la verdad absoluta está vacía incluso de sí misma.
14. Esta cita aparece en *Clear Words* (*Prasannapada*) de Chandrakirti, al final del capítulo
15. *phung po rnam dpyad stong pa nyid // chu shing bzhin du snying po med // rnam pa kun gyi mchog ldan pa'i // stong nyid de ltar ma yin no*. Véase: Khedrup Norsang Gyatso. *The Ornament of Stainless Light: An Exposition of the Kalachakra Tantra, traducido por Gavin Kilty*. Boston: Wisdom, 2004, págs. 567-569. De *A Short Teaching on Our Assertions Concerning the View*, P4580, Tengyur, vol. bu, f. 23b1.
16. En Khedrup Norsang Gyatso, *Ornament of Stainless Light*, pág. xv, se encuentra una breve nota biográfica sobre Khedrup Norzang Gyatso (1423-1513).
17. Su Santidad habló de la «luz clara no compuesta» y del estatus «permanente» de la actividad iluminada de los buddhas en la enseñanza que dio en Londres en 1984 sobre «Hitting the Essence in Three Words». Véase: Dalai Lama. *Dzogchen*, págs. 52-53.

18. Longchenpa describe así el *alaya*: «es la no-iluminación, y un estado neutro, que pertenece a la categoría de la mente y los eventos mentales, y se ha convertido en el fundamento de todos los *karmas* y "huellas" del *samsara* y del *nirvana*».

8. El entorno y los lugares propicios para la meditación

1. Estos versos y los siguientes se refieren a una gran cantidad de espíritus y seres no humanos.
2. El *Ornament of Clear Realization de Maitreya*, 2:17*d*. Según el comentario de Patrul Rinpoche (*'bru 'grel*), esto significa que un lugar en el que alguien ha alcanzado la iluminación, o donde ha residido alguien en camino hacia la meditación, es digno de veneración. Véase: *Sher phyin mngon rtogs rgyan rtsa 'grel* (*si khron mi rigs dpe skrun khang,* 1997), pág. 521.
3. *'dun pa sgyur la rang sor bzhag*. Éste es otro eslogan del sexto punto de *The Seven Points of Mind Training,* que trata de los compromisos del entrenamiento mental. Otras traducciones posibles son: «transforma tu actitud, pero sigue igual como eres», o «cambia tus prioridades, pero sigue como estás».
4. Las ocho preocupaciones mundanas son: querer alabanzas y no críticas; querer la felicidad y no el sufrimiento; querer la ganancia y no la pérdida, y querer la fama y la aprobación y no la infamia o el oprobio.

9. El Practicante individual

1. De *Song of the Eastern Snow Mountain* (*Shar gangs ir ma*), una alabanza a Tsongkhapa escrita por el Primer Dalai Lama, Gendün Drup.
2. Del *Mahayanasutralamkara,* 17:10: *bshes gnyen dul ba zhi zhing nyer zhi ba // yon tan lhag pa brtson bcas lung gis phyug // de nyid rab tu rtogs pa smra mkhas ldan // brtse ba'i bdag nyid skyo ba spangs la (b)sten.*
3. Tsong-kha-pa. *The Great Treatise on the Stages of the Path to Enlightenment*, vol. 1, trad. Lamrim Chenmo Translation Committee, Ithaca: Snow Lion, 2000, pág. 71.
4. La palabra "disciplinado" se refiere al entrenamiento de la disciplina (*shila*); "pacífico", al entrenamiento de la meditación (*samadhi*), y "sereno", al entrenamiento de la sabiduría (*prajña*). Véase: Tsong-kha-pa. *The Great Treatise on the Stages of the Path to Enlightenment*, vol. 1, págs. 71-72.
5. En esta parte de la enseñanza, Su Santidad sigue de cerca una sección

de *The Great Treatise on the Stages of the Path to Enlightenment*, vol. 1, pág. 86, de Tsongkhapa. Esta cita es del Vinaya-sutra de Gunaprabha; también incluye la citación del Ratnamegha Sutra.

6. Estas líneas provienen de *Fifty Stanzas on the Guru* (*Gurupancashika*) de Ashvaghosha, v. 24: *rigs pa yis ni mi nus na // mi nus de la tshig gis sbyang*. Aparecen citadas en *The Great Treatise on the Stages of the Path*, vol. 1, pág. 86, de Tsongkhapa.
7. Los doce vínculos del origen interdependiente son: 1) ignorancia, 2) formaciones kármicas, 3) conciencia, 4) nombre y forma, 5) las seis fuentes de los sentidos (*ayatana*), 6) contacto, 7) sensación, 8) deseo, 9) apego, 10) devenir, 11) renacimiento, y 12) vejez y muerte. El orden directo de estos doce vínculos describe el origen del proceso samsárico, y el orden inverso describe su cesación.
8. El término "ordinario" (*rang rgyud pa*) se refiere aquí a una emoción que sigue su curso sin ser corregida por un remedio o tratada de alguna otra manera.
9. Shantideva. *Bodhicharyavatara*, 6:90.

10. EL "YO" Y LA AUSENCIA DEL "YO"

1. Chandrakirti. *Introduction to the Middle Way*, 6:120: *nyon mongs skyon rnams ma lus 'jig tshogs la// lta las byung bar blo yis mthong gyur zhing // bdag ni 'di yi yul du rtogs byas nas // rnal 'byor pa yis bdag ni 'gog par byed.*
2. Esta línea viene del *Root Text of Philosophical Tenets* (*Grub mtha' rtsa ba*) de Jamyang Zhepa, cap. 1: *bdag lta'i zhen yul grub 'gog phyi nang gnyis.*
3. Su Santidad hace referencia a las investigaciones del psicólogo Larry Scherwitz, que grabó las conversaciones de 600 hombres, un tercio de los cuales sufrían de enfermedades del corazón, mientras que los otros estaban sanos. Descubrió que aquellos que usaban más las palabras "yo", "mí" y "mío" eran, en general, los que tenían mayor riesgo de sufrir enfermedades del corazón. Llegó, pues, a la conclusión de que el nivel de auto-referencia en los patrones del habla de una persona parece ser indicador de un riesgo más elevado de enfermedades del corazón y de problemas relacionados con el estrés.
4. Nagarjuna. *Ratnavali*, 2:69: *g.yan pa 'phrugs na bder 'gyur ba // de bas g.yan pa med pa bde // de bzhin 'jig rten 'dod ldan bde// 'dod pa med pa de bas bde.*
5. Esta clasificación parece provenir del Lankavatara Sutra.

11. La vida, la muerte y la práctica

1. *gtad so*; en el comentario pone *brten so*. Entendemos que significa "seguridad" o "confiabilidad".
2. Esta teoría dice que los fenómenos surgen por sí mismos, sin causa. En la literatura tibetana, esta posición se atribuye principalmente a la escuela nihilista de filosofía india llamada Charvaka.

12. El *dharma* que se va a practicar: los preliminares

1. Los textos sobre el camino gradual (*lam rim*) dividen a los seres según tres niveles de capacidad espiritual. Los seres de capacidad inferior están motivados por el deseo de alcanzar estados elevados dentro del *samsara*, como el de un dios o un ser humano. Los seres de capacidad intermedia, seguidores de los vehículos de los *sharavakas* y de los *pratyekabuddhas*, buscan liberarse solamente a sí mismos del *samsara*. Los de capacidad superior, los *bodhisattvas*, tienen como motivación el deseo de llevar a todos los seres al estado de perfecta budeidad.
2. La traducción de esta línea se realizó basándose en el comentario de Su Santidad.

13. La *bodhicitta*, el corazón de la mente iluminada

1. Shantideva. *Bodhicharyavatara*, 8:129.
2. Shantideva. *Bodhicharyavatara*, 8:130.
3. Verso 483.
4. Shantideva. *Bodhicharyavatara*, 3:21.
5. Shantideva. *Bodhicharyavatara*, 10:55.

14. Tomar el voto del *bodhisattva*

1. Llamados así, en oposición a los monjes, porque eran practicantes laicos.
2. Existen cuatro tipos de *nirmanakaya*, el aspecto de budeidad que se manifiesta por compasión para ayudar a los seres ordinarios: artesano, nacimiento, gran iluminación y supremo. Un *nirmanakaya* supremo, como el Buddha Shakyamuni, siempre muestra las 12 hazañas: 1) el descenso de Tushita, la tierra pura y alegre, 2) entrar en el vientre de la madre, 3) nacer en el jardín de Lumbini, 4) volverse hábil en varias artes, 5) deleitarse en la compañía de consortes reales, 6) desarrollar la renuncia y ordenarse [como monje], 7) practicar la aus-

teridad durante siete años, 8) llegar al pie del árbol de la *bodhi*, 9) vencer a las huestes de Mara, 10) iluminarse por completo, 11) girar la rueda del Dharma, y 12) pasar al *mahaparinirvana* en la ciudad de Kushinagara.

3. Shantideva. *Bodhicharyavatara*, 10:55.
4. El texto original de lo que sigue es el *Basic path to awakening* (*Byang chub gzhung lam*) de Tsongkhapa.
5. La pregunta exacta es: «¿Has escuchado las enseñanzas del *pitaka* del *bodhisattva* o un resumen de éstas?». En este contexto, la palabra "resumen" se refiere al *Bodhisattva Stages* de Asanga, y en particular al capítulo sobre la disciplina.
6. De *Aspiration to Good Actions* de Samantabhadra.
7. "Venerable" es el término que se usa cuando el maestro es un monje de un rango superior; se emplean otros términos si el maestro es un laico o un monje de menor jerarquía. Esto lo explica Tsongkhapa en *Byang chub gzhung lam,* pág. 36*a*.
8. El "potencial de la familia" de los *bodhisattvas* es equivalente a la naturaleza del Buddha. Todos los seres tienen este potencial, pero en la mayoría de los casos está latente. Cuando un individuo encuentra las condiciones adecuadas, se despierta, y entonces él o ella recorre el camino del *bodhisattva*.
9. Capítulo 5, verso 31: *sangs rgyas byang chub sems dpa 'dag // kun du thogs med gzigs par ldan // de dag thams cad spyan snga na // rtag par bdag ni gnas so zhes*.
10. Al decir esto, Su Santidad se puso de pie sobre el trono.
11. Éstos son los dos últimos versos de la oración *Words of truth,* escrita por Su Santidad en Dharamsala en 1960. La oración está dedicada a la restauración de la paz, de las enseñanzas budistas y de la cultura y la auto-determinación del pueblo tibetano en su tierra de origen.

15. La transmisión de poder de Padmasambhava

1. Sobre el Gran Quinto Dalai Lama, véase del Dalai Lama, *Dzogchen,* Kairós, págs. 22-25 y pág. 293.
2. Tadrak Rinpoche (*stag brag rin po che ngag gsung rab*) fue el tutor de Su Santidad el Dalai Lama y le dio los votos de monje novicio. Aceptó el cargo de regente del Tíbet en 1941, renunció en 1950, a la edad de 75, cuando se confirió la plena autoridad sobre el Tíbet al Dalai Lama. Véase: W.D. Shakabpa. *Tíbet: A Political History*. Nueva York: Potala, 1984, pág. 286.

3. De *Thugs sgrub yang snying kun 'dus kyi dbang chog padma dgyes pa'i 'yug ngogs, Collected Works* de Jamyang Khyentse Wangpo, Gangtok, 1977, vol. 12, pág. 503.
4. Su Santidad mencionó esto en el contexto de la transmisión de poder de esta práctica en Lerab Ling cuatro días antes (véase el Apéndice).
5. *thugs rje chen po 'jig rten dbang phyug lha dgu.*
6. *khams gsum zil gnon.*
7. Sixty verses on reasoning, Yukitshashtika, v. 60.
8. Su Santidad dice: «En el contexto del *sutra*, la palabra "sabiduría" se refiere a la sabiduría de realizar la vacuidad, y la palabra "método" se refiere a la práctica de las Seis Perfecciones». Véase: Dalai Lama. *The World of Tibetan Buddhism* (traducido, editado y anotado por Geshe Thupten Jinpa), Boston: Wisdom, 1995, pág. 99. Geshe Thupten Sönam añade una nota de explicación sobre la acumulación de mérito a través de los medios hábiles: «Significa generar la bondad amorosa, la compasión y la *bodhichitta* y entrenarse en las acciones hábiles relacionadas, tales como la generosidad».
9. Dalai Lama. *Words of Tibetan Buddhism*, págs. 99-100. Véase también: Dalai Lama. *Dzogchen*, págs. 154-155.
10. *Bla sgrub.*

16. La luz clara

1. El cuerpo, palabra, mente, cualidades y actividades iluminadas, el espacio básico y la sabiduría.
2. *Dpal gsang ba'i snying po'i rgyud kyi spyi don nyung ngu'i ngag gis rnam par 'byed pa rin chen mdzod kyi lde mig, en bka' 'bum* (*si khron mi rigs dpe skrun khang*, versión del 2003), vol. III (*ga*), pág. 43.
3. «Los cuatro vacíos se llaman respectivamente el vacío, el muy vacío, el gran vacío y el todo-vacío; también se les llama la mente de apariencia blanca y radiante, la mente de aumento rojo o naranja y radiante, la mente de casi-logro negro y radiante y la mente de luz clara» (Cozort, Daniel. *Highest Yoga Tantra*. Ithaca: Snow Lion, 1986, págs. 73-76). «Estos tipos de conciencia sutil se deben utilizar para alcanzar la vacuidad, pero no son en sí mismos vacuidad, ni realización de la vacuidad» (*Highest Yoga Tantra*, pág. 73).
4. La tradición Prasangika o consecuencial es una subdivisión de la escuela filosófica Madhyamaka. Una característica que define a este enfoque es el uso de argumentos consecuencialistas para establecer la verdad absoluta de la vacuidad más allá de toda elaboración con-

ceptual. Este método fue explícitamente formulado por el erudito indio Buddhapalita, y luego ampliado y defendido por Chandrakirti.

5. Dalai Lama. *Dzogchen*, pág. 172.
6. Las enseñanzas Lamdre (Camino y Resultado) se separaron en dos líneas mayores de transmisión: la presentación general llamada *tsokshe* (explicación para asambleas) y *lopshe* (explicación en privado para discípulos). Como explica Su Santidad Sakya Trizin: «En la tradición Sakya temprana, el Lamdre era una sola enseñanza. Más tarde, en la época de Muchen Könchok Gyaltsen, cuando enseñó el Lamdre, dio las enseñanzas más esotéricas, esenciales e importantes a sus discípulos más cercanos en su habitación privada, y para las asambleas dio enseñanzas generales. Desde entonces hay dos Lamdre». Tsarchen Losal Gyatso (1502-1567) fue un maestro importante de la tradición Sakya, fundador del monasterio Dar Drangmo Che y de la escuela Tsar de la orden Sakya, y heredero de la transmisión del Lamdre Lopshe. Algunos de sus escritos han sobrevivido hasta hoy, en particular sus textos sobre la visualización de Hevajra y sus enseñanzas sobre Vajrayogini. El Quinto Dalai Lama escribió una biografía acerca de él. Sus discípulos principales fueron Mangtö Ludrup Gyatso, Yol Khenchen Zhönnu Lodrö, el Tercer Dalai Lama Sönam Gyatso, Zhalu Khenchen Khyentse Wangchuk y Bokarwa Maitri Döndrup Gyaltsen.
   Información cortesía del Tíbet an Buddhist Resource Center. Para más detalles sobre Mangtö Ludrup Gyatso, véase: Dalai Lama. *Dzogchen*, págs. 234-244.
7. Dalai Lama. *Dzogchen*, pág. 262.
8. Capítulo 3, verso 11. Véase: Dalai Lama. *World of Tibet an Buddhism*, pág. 148. Véase también: Dalai Lama. *Dzogchen*.
9. Jikmé Tenpe Nyima. *Dpal gsang ba'i snying po'i rgyud kyi spyi don nyung ngu'i ngag gis rnam par 'byed pa rin chen mdzod kyi lde mig*, pág. 43.
10. *chos nyid kyi sku*. Según Khenpo Namdrol Rinpoche, se refiere al *svabhavikakaya* (*ngo bo nyid kyi sku*).
11. Jikmé Tenpe Nyima. *Dpal gsang ba'i snying po'i rgyud kyi spyi don nyung ngu'i ngag gis rnam par 'byed pa rin chen mdzod kyi lde mig*, pág. 45.
12. Edición de Tarthang, pág. 1.180.
13. Edición de Tarthang, pág. 1.182.
14. Edición de Tarthang, págs. 1.182-1.183. El *Fine array of jewels* (*Nor bu bkra bkod*) es uno de los 17 *tantras* de la clase más íntima e insuperada, del grupo de las instrucciones esenciales del Dzogchen.

15. Edición de Tarthang, págs. 1.186-1.187.
16. Edición de Tarthang, vol. E, pág. 151.
17. Edición de Tarthang, vol. E, pág. 151.
18. Edición de Thartang, vol. wam, pág. 221.
19. Edición de Thartang, págs. 234-235.
20. *Rdo grub chen 'jigs med bstan pa'i nyi ma'i gsung 'bum* (*si khron mi rigs dpe skrun khang*), vol. 2, pág. 27.
21. Verso 80.
22. Verso 81*a*.
23. Aquí, Su Santidad hace brevemente la conexión con la necesidad de estudiar *The Seven Treasuries*.
24. Éstas son los tres primeras de las seis etapas de la fase de culminación, según el Guhyasamaja Tantra, cuando se distinguen de acuerdo con sus resultados.

17. UN REPASO DE LAS ENSEÑANZAS

1. De *Bla ma mchod pa'i cho ga*, de Panchen Lozang Chökyi Gyaltsen (1570-1662): *des na rje btsun bla ma thugs rje can // ma gyur 'gro ba'i sdig sgrib sdug bsngal kun // ma lus da lta bdag la smin pa dang // bdag gi bde dge gzhan la btang ba yis // 'gro kun bde dang ldan par shog*.

18. LA SABIDURÍA DE *RIGPA*

1. Sobre "la verdadera luz clara" o "la luz clara del significado", véase: Cozort. *Highest Yoga Tantra*, págs. 66 y 106-110. Véase también: Yangchen Gawai Lodoe. *Paths and grounds of Guhyasamaja According to Arya Nagarjuna*. Dharamsala: Library of Tibetan Works and Archives, 1995, págs. 75-80. Sobre la "unión de los aprendices" o "el estado de unión de 'los que se entrenan'", véase: Highest Yoga Tantra, págs. 66 y 111-114 y *Paths and Grounds* de Guhjasamaya, págs. 90-96. La última cita *The fives levels* (*rim lnga*): «Permaneciendo en la estabilización meditativa del estado de unión, él o ella ya no se entrena en ningún [camino nuevo] adicional».
2. La respuesta de Khedrup Je está citada en el libro del Dalai Lama Kindnes, *Clarity, and Insight*, págs. 203-205; en la edición de 2006, págs. 231-321. Es del *mkas grub dge legs dpal bzang po'i gsung thor bu'i gras rnams phyogs gcig tu bsdebs pa, The collected Works of the Lord Mkhas-grub rJe dGe-legs-dpal-bzang-po*. Nueva Delhi, 1980,

125.1-6.3.137 *The Collected Works of the Lord Mkhas-grub rJe*, pág. 129.

3. *The Collected Works of the Lord Mkhas-grub rJe*, pág. 129.
4. De las *Collected Works* de Dodrupchen Jikmé Tenpe Nyima: *sgrub brtson rnal 'byor gyi dbang po padma maha sukha'i bzhed skong du gdams pa, rdo grub chen 'jigs med bstan pa'i nyi ma'i gsung 'bum* (*si khron mi rigs dpe skrun khang*), 2003, vol. 2, págs. 15-16.
5. Golok Khenchen Münsel (1916-1993). Nyoshul Khenpo explica su vida en *A Marvelous Garland of Rare Gems*, págs. 524-526.
6. El Triyik Yeshé Lama fue escrito por Jikme Lingpa (1730-1798) y, como observa Tulku Thondup Rinpoche, «se ha vuelto el manual más exhaustivo sobre la meditación del Dzogpachenpo de la tradición Nyingma». Basado en el ciclo más íntimo y no superado de la categoría de las instrucciones esenciales, incorpora la esencia de los *tantras* del Dzogchen y presenta principalmente las instrucciones prácticas para el *trekchö* y el *tögal*, así como instrucciones para la liberación en los estados del *bardo* y la liberación en los reinos puros del *nirmanakaya*.
7. Nacido en el Este del Tíbet, Khenpo Rinchen enseñó en el monasterio Dzongsar antes de partir al exilio en la India. Se convirtió en el maestro de S.S. Sakya Trizin y fue el principal *khenpo* Sakya en el Tibetan Institute de Sarnath, así como el *khenpo* principal del monasterio Sakya de Puruwala. Durante la transmisión de poder del Kalachakra otorgada en Bodhgaya en 1974, fue alabado por S.S. el Dalai Lama como un maestro que alcanzó la erudición en las cuatro escuelas del budismo tibetano. Su Santidad habló también de Khenpo Rinchen en Lerab Ling en el año 2000: «Pienso que hay pocos maestros, Geluk, Nyingma, Kagyü o Sakya, que conozcan las enseñanzas de todas las otras escuelas. Desde mi propia experiencia puedo decir que el difunto Khenpo Rinchen sí lo hizo: realmente fue un maestro excelente».
8. Dalai Lama. *Dzogchen*, págs. 234n45. Véase también: Dalai Lama. *World of Tibetan Buddhism*, pág. 151.
9. Su título completo es *Ornament to the Wisdom Mind of Samantabhadra: A Secret Instruction Directly Revealing the View of the Clear Light Dzogpachenpo and Dispelling All Wrong Views*. En tibetano: *'Od gsal rdzogs pa chen po'i lta ba dmar 'byin gsang khrid log rtog kun sel kun bzang dgongs rgyan*. Aparece en el volumen *kha* de las obras reunidas de Tsultrim Zangpo. El fragmento que aquí aparece empieza en la página 9*a*.
10. Las nueve acciones de las tres puertas, que son todas las actividades

externas, internas y secretas del cuerpo, palabra y mente. Tres conciernen al cuerpo: 1) exteriormente, todas las actividades mundanas y distracciones, 2) interiormente, todas las acciones virtuosas ordinarias como postraciones y circunvalaciones, y 3) secretamente, todos los movimientos innecesarios que dispersan nuestra práctica. Tres conciernen a la palabra: 1) exteriormente, todas las conversaciones mundanas y engañadas, 2) interiormente, todas las liturgias y recitaciones, y 3) secretamente, cualquier tipo de habla. Y tres conciernen a la mente: 1) exteriormente, todos los pensamientos mundanos engañados, 2) interiormente, cualquier actividad mental enfocada en visualizaciones de las fases de generación y culminación, y 3) secretamente, todos los movimientos de la mente.

11. Dalai Lama. *The Meaning of Life* (traducido y editado por Jeffrey Hopkins). Boston: Wisdom, 1992, pág. 43.
12. Milarepa. *The Hundred Thousand Songs of Milarepa* (traducido y annotado por Garma C.C. Chang). Boston: Shambhala, 1999, págs. 122-130.
13. Tsultrim Zangpo. *Ornament to the Wisdom Mind*, pág. 6*a*.
14. Tsultrim Zangpo. *Ornament to the Wisdom Mind*, pág. 33*b*.
15. El *tantra* raíz de los 17 *tantras* de la clase de las instrucciones esenciales del Dzogchen más íntimas y no superadas, *Sgra thal 'gyur rtsa ba'i rgyud*.
16. Un nombre secreto del Gran Quinto Dalai Lama.
17. En 1984, en Londres Su Santidad citó a Dodrupchen: «Respecto a esto, Dodrup Jikmé Tenpe Nyima dice que una vez que uno comprende que todos los fenómenos son la energía, o el despliegue de este *rigpa* que surge por sí mismo, entonces se da cuenta casi de inmediato de que todos los fenómenos sólo parecen existir como resultado de conceptos, y del etiquetarlos de esta manera» (*Dzogchen*, pág. 69). Se ha referido a esta afirmación un cierto número de veces, por ejemplo: «Dodrup-chen dice que cuando somos capaces de comprender que todos los objetos del conocimiento que aparecen y ocurren son el juego o impulso de la mente básica, naturalmente comprendemos todavía mejor la posición de la Escuela de la Consecuencia que afirma que esto existe sólo por el poder de la conceptualidad» (*Kindness, Clarity and Insight*, pág. 214). Véanse también: *World of Tibetan Buddhism*, pág. 120; y S.S. el Dalai Lama y Alexander Berzin. *The Gelug/Kagyü Tradition of Mahamudra*. Ithaca: Snow Lion, 1997, págs. 225-226.
18. Tsultrim Zangpo. *Ornament to the Wisdom Mind*, págs. 10*b*-11*a*.

19. Tsultrim Zangpo. *Ornament to the Wisdom Mind*, pág. 11*b*.
20. Los términos tibetanos son, respectivamente: *gnyug ma, rtag pa, 'dus ma byas pa'i ye shes, zang thal le, phyal ba chen po*. Los términos del párrafo siguiente son: *ma bcos pa, rang gsal, 'od gsal, bde chen lhan skyes kyi ye shes, nang gsal gyi ye shes, sems las 'das pa'i ye shes, ye shes lnga'i rang bzhin, gzhi'i chos sku*.
21. Longchenpa. *Precious Wish-Fulfilling Treasury, A Treatise of Pith Instructions on the Greater Vehicle*, pág. 152. «Más aún, [la base] aporta un cierto fundamento para el *karma* y las emociones perturbadoras, así como para los fenómenos del *samsara*, pero sin que éstos dependan verdaderamente de ella. Éstos [los fenómenos] residen en el reino de la base, sin realmente tocarla o volverse parte de ella, así como las nubes están, en cierto sentido, "sostenidas" por el cielo.» De *yang 'khor ba'i chos las dang nyon mongs pa rnams rten pa med pa'i tshul gyis brten pa ni/nyi mkha'i ngos na sprin phung brten pa ltar/ gzhi la ma reg ma 'byar la de'i ngang la gnas pa ste*.
22. Tsultrim Zangpo. *Ornament to the Wisdom Mind*, pág. 14*b*.
23. El primer Panchen Lama, Lozang Chökyi Gyaltsen, escribió un texto raíz famoso sobre el *Mahamudra*, con un auto-comentario, llamado: *Dge ldan bka' brgyud rin po che 'i phyag chen rtsa ba rgyal ba'i gzhung lam*. Véase: Dalai Lama y Berzin. *The Gelug/Kagyü Tradition of Mahamudra*.
24. El término tibetano es *had de ba*. Véase: Dalai Lama. *Dzogchen*, págs. 66-67 y 194-195.
25. Los términos tibetanos son aquí, respectivamente, *ye grol, rang drol, cer grol, rnam grol, mtha' grol*.
26. Dalai Lama. *Dzogchen*, págs. 83-84 y 186-187.
27. Su Santidad los explica en *Dzogchen*, págs. 50, 171 y 196. A veces el tercer *chokshyak*, «acción y apariencias: dejarlas como son», se enseña como «acción, la instrucción esencial, dejarlo como es».

TEXTO RAÍZ

1. Como explicó el profesor H.V. Guenther, en el texto raíz aparece la palabra *bstan*, que significa "enseñanzas", y también en la copia del texto raíz que está incluida en el auto-comentario, *The Chariot of Utter Purity* (*Shing rta rnam dag*); pero al comentar sobre esta línea, Longchenpa utiliza la palabra *brtan*, que significa "firme" o "estable". En la traducción se incorporan los dos sentidos. Véase: Longchenpa. *Kindly Bent to Ease Us* (traducido y anotado por

Herbert V. Guenther). Berkeley: Dharma Publishing, 1975-1976, parte 2, págs. 59 y 103.

2. Esta línea aparece en el auto-comentario pero no en el texto raíz.
3. Véase la nota 1 del capítulo 11.
4. Esta parte del texto describe ciertas posturas yóguicas avanzadas y utiliza un lenguaje metafórico. Por ejemplo, el océano significa el "abdomen", y la orilla rocosa es la "columna vertebral".
5. El comentario tiene una versión diferente de esta línea: «la postura es igual que la anterior, pero sobre todo no muevas los ojos».
6. El comentario dice que el movimiento [de la respiración] es imperceptible.
7. El comentario menciona que hay 10 signos.
8. El texto raíz dice *phyi nang* (externo e interno), pero en la línea correspondiente del comentario pone *snga phyi* (antes y después).

APÉNDICE

1. Dilgo Khyentse Rinpoche recibió la transmisión de Jamyang Khyentse Chökyi Lodrö, que la había recibido del mismo Tertön Sogyal.
2. Tulku Thondup. *Hidden Teachings of Tibet: An Exploration of the Terma Tradition of the Nyingma School of Tibetan Buddhism*. Londres: Wisdom, 1986. Véase también: Andreas Doctor. *Tibetan Treasure Literature*. Ithaca: Snow Lion, 2005.
3. Kyabje Dilgo Khyentse Rinpoche, 17 de agosto de 1990.
4. Citado de un texto de las *Obras completas* del Decimotercer Dalai Lama, que trata del ciclo más secreto del *mandala* de Hayagriva y de la consagración de la medicina según las visiones puras del Quinto Dalai Lama.

GLOSARIO

Listamos aquí algunos de los términos que aparecen en el libro. Los que están marcados con un asterisco tienen más de un equivalente en español:

acciones intransferibles	*mi g.yo ba'i las*
acciones sin mancha	*zag med kyi las*
aflicciones mentales*	*nyon mongs pa*
aflicciones*	*nyon mongs pa*
aislamiento de la mente	*sems dben*
alaya*	*kun gzhi*
antídotos de confrontación	*sun 'byin pa'i gnyen po*
apariencias de la base	*gzhi snang*
apariencias	*snang ba*
asombrado	*had de ba*
ausencia de "yo" de los fenómenos	*chos kyi bdag med*
ausencia de "yo" personal	*gang zag gi bdag med*
auto-liberación	*rang grol*
base de todas las cosas*	*kun gzhi*
bienestar definitivo	*nges legs*
bodhichitta	*byang chub kyi sems*
buscar el fallo escondido de la mente	*sems kyi mtshang btsal ba*
Camino Medio	*dbu ma*
canales	*rtsa*
casi-logro	*nyer thob*
cesación	*'gog pa*
cognición válida	*tshad ma*
consciencia	*shes pa; rnam shes*
condicionado	*'dus byas*

cualidades del espacio básico	*dbyings kyi yon tan*
cualidades del fruto	*'bras bu'i yon tan*
cuatro maneras de dejar las cosas en su simplicidad natural	*cog bzhag bzhi*
cuatro vacíos	*stong pa bzhi*
cuerpo de la vasija juvenil	*gzhon nu bum sku*
cuerpo ilusorio	*sgyu lus*
despliegue	*rol pa*
Dharma de realización	*rtogs pa'i chos*
Dharma de transmisión	*lung gi chos*
dharmakaya de resplandor interno	*nang gsal chos sku*
dignidad moral	*khrel yod*
duda correcta	*don 'gyur gyi the tshom*
duda incierta	*cha mnyam gyi the tshom*
duda incorrecta	*don mi 'gyur gyi the tshom*
el fruto, la presencia espontánea que todo lo abarca	*'bras bu lhun grub sbubs*
emociones perturbadoras*	*nyon mongs pa*
energía compasiva	*thugs rje*
energía*	*rtsal*
erudición, disciplina y bondad	*mkhas btsun bzang gsum*
esencia	*ngo bo*
esencias	*thig le*
espacio básico	*dbyings*
espacio básico de la realidad	*chos kyi dbyings*
estados de pensamiento	*kun rtog*
experiencia meditativa	*nyams*
fase de culminación	*rdzogs rim*
fase de generación	*bskyed rim*
formaciones no asociadas	*ldan min 'du byed*
frutos directos de la cognición válida	*bar du mi chod pa'i tshad ma'i 'bras bu*
frutos indirectos de la cognición válida	*bar du chod pa'i tshad ma'i 'bras bu*
fuerzas obstaculizadoras	*bdud*
Gran Perfección	*rdzogs pa chen po*

ignorancia	*ma rig pa*
inferencia válida	*rjes dpag tshad ma*
inseparabilidad del *samsara* y el *nirvana*	*'khor 'das dbyer med*
instrucciones esenciales	*man ngag*
kaya natural e innato	*rang bzhin lhan cig skyes pa'i sku*
liberación más allá del daño y el beneficio	*phan gnod med pa'i grol ba*
libre de obstrucción (claridad)	*zang thal le*
libre de toda elaboración conceptual	*spros bral*
logro	*thob pa*
luminosidad madre	*ma'i 'od gsal*
luz clara	*'od gsal*
Mahamudra	*phyag rgya chen po*
meditación analítica	*dpyad sgom*
meditación de asentamiento	*'jog sgom*
mente innata y fundamental de luz clara	*gnyug ma lhan cig skyes pa'i 'od gsal*
minuciosidad	*bag yod*
moderación	*ngo tsha shes*
morar en calma*	*zhi gnas*
naturaleza	*rang bzhin*
negación no-implicativa	*med dgag*
negación que afirma	*ma yin dgag*
nirvana natural	*rang bzhin myang 'das*
nirvana no estático	*mi gnas pa'i myang 'das*
nirvana no residual	*lhag med myang 'das*
nirvana residual	*lhag bcas myang 'das*
no compuesto*	*'dus ma byas*
no condicionado*	*'dus ma byas*
ochenta concepciones indicativas	*rang bzhin brgyad cu'i kun rtog*
ocho preocupaciones mundanas	*'jig rten chos brgyad*
oscurecimientos cognitivos	*shes bya'i sgrib pa*
oscurecimientos emocionales*	*nyon mongs pa'i sgrib pa*

percepción directa válida	*mngon sum tshad ma*
percepciones	*'du shes*
perfección trascendente de la sabiduría	*shes rab kyi pha rol tu phyin pa*
poderes extraordinarios de percepción	*mngon shes*
post-meditación	*rjes thob*
potencial de la familia	*rigs*
presencia espontánea	*lhun grub*
pureza primordial que todo lo penetra*	*ka dag zang thal*
realidad	*chos nyid*
realización	*rtogs pa*
rigpa de la base	*gzhi'i rig pa*
rigpa de la presencia espontánea que todo lo abarca, que es el estado último de libertad	*mthar thug lhun grub sbubs kyi rig pa*
rigpa esencial	*ngo bo'i rig pa*
rigpa resplandeciente	*rtsal gyi rig pa*
sabiduría co-emergente del gran gozo inmutable	*mi 'gyur ba'i bde chen lhan cig skyes pa'i ye shes*
sabiduría de la propia conciencia que se conoce a sí misma	*so so rang rig pa'i ye shes*
sabiduría primordial*	*ye shes*
sabiduría que surge por sí misma	*rang byung gi ye shes*
sabiduría*	*ye shes; shes rab*
samadhi	*ting nge 'dzin*
sambhogakaya de resplandor externo	*phyi gsal longs sku*
sensaciones	*tshor ba*
separar *samsara* y *nirvana*	*'khor das ru shan*
*shamatha**	*zhi gnas*
siete atributos abundantes de la verdad absoluta	*don dam dkor bdun*
sin fabricación	*ma bcos pa*
soledad del cuerpo	*lus dben*
soledad del habla	*ngag dben*
Sólo Mente	*sems tsam pa*
sufrimiento del sufrimiento	*sdug bsngal gyi sdug bsngal*
sufrimiento por el cambio	*'gyur ba'i sdug bsngal*

tendencias habituales	*bag chags*
tendencias habituales de expresión	*mngon brjod kyi bag chags*
tendencias habituales de transferencia de las tres apariencias	*snang gsum 'pho ba'i bag chags*
tendencias habituales de la visión del "yo"	*bdag lta'i bag chags*
tendencias habituales de las ramas de la existencia condicionada	*srid pa'i yan lag gi bag chags*
tendencias habituales de tipo similar	*rigs mthun gyi bag chags*
transmisión de poder de la energía de *rigpa*	*rig pa'i rtsal dbang*
tres continuos	*rgyud gsum*
unión de los aprendices	*slob pa'i zung 'jug*
vacío en sí mismo	*rang stong*
vacío de lo otro	*gzhan stong*
vacuidad dotada de todos los atributos supremos	*rnam kun mchog ldan gyi stong pa nyid*
vacuidad	*stong pa nyid*
vehículos causales	*'byung 'dren pa'i theg pa*
vehículos de ascetismo védico	*dka' thub rig byed kyi theg pa*
vehículos de los métodos supremos y poderosamente transformadores	*dbang sgyur thabs kyi theg pa*
verdad absoluta	*don dam bden pa*
verdad absoluta superior	*lhag pa'i don dam bden pa*
verdad relativa	*kun rdzob bden pa*
verdad relativa superior	*lhag pa'i kun rdzob bden pa*
verdadera luz clara	*don gyi 'od gsal*
vientos energéticos	*rlung*
vigilancia introspectiva	*shes bzhin*
visión clara*	*lhag mthong*
visión de la colección transitoria	*'jig tshogs kyi lta ba*
visión profunda*	*lhag mthong*
Yoga Tantra más elevado	*bla med rgyud*

BIBLIOGRAFÍA

Obras citadas por Su Santidad

Sutras y tantras

Guhyasamaja Tantra
Guhyasamajanamamahakalparaja
Gsang ba 'dus pa zhes bya ba brtag pa'i rgyal po chen po

Hevajra Tantra
Hevajratantraraja
Kye'i rdo rje zhes bya ba rgyud kyi rgyal po

Kalachakra Tantra
Shrikalachakranamatantraraja
Dpal dus kyi 'khor lo'i rgyud kyi rgyal po

Reverberation of Sound Root Tantra
Sgra thal 'gyur rtsa ba'i rgyud

Sutra of the Wisdom of Passing Beyond
Atajñananama-sutra
'Phags pa 'da' ka ye shes kyi mdo

Sutra Requested by Upali
Upalipariprichha-sutra
Nye bar 'khor gyis zhus pa'i mdo

Transcendent Wisdom in Eight Thousand Lines
Ashtasahasrikaprajñaparamitasutra
'Phags pa shes rab kyi pha rol tu phyin pa brgyad stong pa'i mdo

tratados y comentarios

ARYADEVA
Four Hundred Verses on the Middle Way
Chatuhshatakashastrakarika
Bstan bcos bzhi brgya pa zhes bya ba'i tshig le'ur byas pa

ASANGA
Bodhisattva Stages
Bodhisattvabhumi
Byang chub sems dpa'i sa

ASHVAGHOSHA
Fifty Stanzas on the Guru
Gurupanchashika
Bla ma lnga bcu pa

CHANDRAKIRTI
Introduction to the Middle Way
Madhyamakavatara
Dbu ma la 'jug pa

Clear Words
Prasannapada
Dbu ma rtsa ba'i 'grel pa tshig gsal ba

DHARMAKIRTI
Commentary on "Valid Cognition"
Pramanavarttikakarika
Tshad ma rnam 'grel gyi tshig le'ur byas pa

MAITREYA
Discriminating the Middle from the Extremes
Madhyantavibhanga
Dbus dang mtha' rnam par 'byed pa

Ornament of the Mahayana Sutras
Mahayanasutralamkara
Theg chen mdo sde rgyan

Ornament of Clear Realization
Abhisamayalamkara
Mngon par rtogs pa'i rgyan

Sublime Continuum of the Great Vehicle
Mahayana-uttaratantrashastra
Theg pa chen po rgyud bla ma'i bstan bcos

NAGABODHI
Analysis of Action
Karmantavibhanga
Las mtha' rnam 'byed

NAGARJUNA
Fundamental Treatise on the Middle Way
Mulamadhyamakakarika
Dbu ma rtsa ba'i tshig le'ur byas pa

Precious Garland
Ratnavali
Rin chen phreng ba

SHANTIDEVA
The Way of the Bodhisattva
Bodhicharyavatara
Byang chub sems dpa'i spyod pa la 'jug pa

Compendium of Training
Shikshasamucchaya
Bslab pa kun las btus pa

VASUBANDHU
Treasury of Knowledge
Abhidharmakoshakarika
Chos mngon pa'i mdzod kyi tshig le'ur byas pa

Textos tibetanos

DODRUPCHEN, JIKME TENPE NYIMA

Advice to Fulfill the Wishes of the Diligent Practitioner, the Lord of Yogins, Padma Mahasukha

Sgrub brtson rnal 'byor gyi dbang po padma maha sukha'i bzhed skong du gdams pa, rdo grub chen 'jigs med bstan pa'i nyi ma'i gsung 'bum, published by si khron mi rigs dpe skrun khang, 2003, vol. 2, págs. 15-16.

Vajra Mortar: Words of Advice

Gdams ngag rdo rje'i gtun khung, vol. 2, págs. 25-31.

The Key to the Precious Treasury: A Brief Overview of the Glorious Secret Essence Tantra

Dpal gsang ba'i snying po'i rgyud kyi spyi don nyung ngu'i ngag gis rnam par 'byed pa rin chen mdzod kyi lde mig, vol. 3, págs. 1-206.

GREAT FIFTH DALAI LAMA

Words of the Vidyadharas: An Instruction Manual on Generation, Completion and the Great Perfection for the Great Compassionate One, Liberation of Samsara into Basic Space

Thugs rje chen po 'khor ba dbyings sgrol gyi bskyed rdzogs rdzogs pa chen po'i khrid yig rigs 'dzin zhal lung, Collected Works, vol. nang ga, págs. 51-152.

JAMYANG KHYENTSE WANGPO

Entranceway Delighting Padmasambhava: The Empowerment Ritual for the Mind Sadhana of the Union of All the Innermost Essences

Thugs sgrub yang snying kun 'dus kyi dbang chog padma dgyes pa'i 'jug ngogs. Collected Works of Jamyang Khyentse Wangpo, Gangtok 1977, edition, vol. 12, pág. 503.

KHEDRUP NORZANG GYATSO

Ornament of Stainless Light: An Overview of the Kalachakra Tantra

Dus 'khor spyi don dri med 'od rgyan

LONGCHEN RABJAM

from *The Trilogy of finding Comfort and Ease (Ngal gso skor gsum)*:

Finding Comfort and Ease in Meditation on the Great Perfection
Rdzogs pa chen po bsam gtan ngal gso
From Rdzogs pa chen po ngal gso skor gsum dang rang grol skor gsum: a reproduction of the A-'dzom Xylographic Edition, Gangtok 1999, vol. 3, págs. 1-24.

Chariot of Utter Purity: A Commentary on Finding Comfort and Ease in Meditation on the Great Perfection
Rdzogs pa chen po bsam gtan ngal gso'i 'grel pa shing rta rnam par dag pa, vol. 3, págs. 35-126.

Ocean of Excellent Explanation: An Overview of the Trilogy of Comfort and Ease
Ngal gso skor gsum gyi spyi don legs bshad rgya mtsho, vol. 3, págs. 131-249.

From *The Seven Treasuries* (*Mdzod bdun*):

Precious Treasury of Philosophical Tenets Clarifying the Meaning of All Vehicles
Theg pa mtha' dag gi don gsal bar byed pa grub pa'i mtha' rin po che'i mdzod

Precious Wish-Fulfilling Treasury, A Treatise of Pith Instructions on the Greater Vehicle
Theg pa chen po'i man ngag gi bstan bcos yid bzhin rin po che'i mdzod

White Lotus: A Commentary on the Precious Wish-Fulfilling Treasury, A Treatise of Pith Instructions on the Greater Vehicle
Theg pa chen po'i man ngag gi bstan bcos yid bzhin rin po che'i mdzod kyi 'grel pa pad ma dkar po

PATRUL RINPOCHE
The Special Teaching of the Wise and Glorious King, with Its Commentary
Mkhas pa shri rgyal po'i khyad chos 'grel pa dang bcas pa, Collected Works, Dpal sprul o rgyan 'jigs med chos kyi dbang po'i gsung 'bum, published by Si khron mi rigs dpe skrun khang, 2003, vol. 4, págs. 737-54.

TSONGKHAPA
The Basic Path to Awakening
Byang chub gzhung lam

TSÜLTRIM ZANGPO
Ornament to the Wisdom Mind of Samantabhadra: A Secret Instruction Directly Revealing the View of the Clear Light Dzogpachenpo and Dispelling All Wrong Views 'Od gsal rdzogs pa chen po'i lta ba dmar 'byin gsang khrid log rtog kun sel kun bzang dgongs rgyan, Collected Works, vol. kha.

BIBLIOGRAFÍA DE SU SANTIDAD EL DALAI LAMA

Destructive Emotions, A Scientific Dialogue with His Holiness the Dalai Lama. Narrated by Daniel Goleman. New York: Bantam, 2003. [Versión en castellano: *Emociones destructivas. Cómo entenderlas y superarlas*. Barcelona: Kairós, 2003.]

Dzogchen: The Heart Essence of the Great Perfection. Translated by Geshe Thupten Jinpa and Richard Barron. Ithaca: Snow Lion, 2000. [Versión en castellano: *Dzogchen: el camino de la Gran Perfección*. Barcelona: Kairós, 2004.]

His Holiness the Dalai Lama. *The Four Noble Truths*. Translated by Geshe Thupten Jinpa. Edited by Dominique Side. London: Thorsons, 1997. [Versión en castellano: *Las cuatro nobles verdades*. Barcelona: Nuevas Ediciones de Bolsillo, 2002.]

– and Alexander Berzin. *The Gelug/Kagyü Tradition of Mahamudra*. Ithaca: Snow Lion, 1997.

–. *Practicing Wisdom, The Perfection of Shantideva's Bodhisattva Way*. Translated and edited by Geshe Thupten Jinpa. Boston: Wisdom, 2005.

–. *Transforming the Mind*. Translated by Geshe Thupten Jinpa. Edited by Dominique Side. London: Thorsons, 2000. [Versión en castellano: *Transforma tu mente*. Barcelona: Martínez Roca, 2001.]

–. *The Universe in a Single Atom*. New York: Morgan Road Books, 2005. [Versión en castellano: *El universo en un solo átomo*. Barcelona: Grijalbo, 2006.]

The Dalai Lama. *The World of Tibetan Buddhism*. Translated, edited, and annotated by Geshe Thupten Jinpa. Boston: Wisdom, 1995. [Versión en castellano: *El mundo del budismo tibetano*. Palma de Mallorca: J. J. de Olañeta, 1997.]

– and Jeffrey Hopkins. *The Kalachakra Tantra*. Boston: Wisdom, 1989. [Versión en castellano: *Tantra de Kalachakra: rito de iniciación*. Novelda, Alicante: Dharma, 1994.]

–. *The Meaning of Life*. Translated and edited by Jeffrey Hopkins. Boston: Wisdom, 1992. [Versión en castellano: *El sentido de la vida: desde la perspectiva budista*. Barcelona: Viena Ediciones. 1997.]

The Fourteenth Dalai Lama. *Kindness, Clarity and Insight*. Translated and edited by Jeffrey Hopkins and Elizabeth Napper. Ithaca: Snow Lion, 1984. New edition, 2006.

Tenzin Gyatso, the Fourteenth Dalai Lama. *Essence of the Heart Sutra*. Translated and edited by Geshe Thupten Jinpa. Boston: Wisdom, 2002.

–. *Flash of Lightning in the Dark of Night*. Boston: Shambhala, 1994. [Versión en castellano: *Como un relámpago ilumina la noche: una guía al estilo de vida del Bodhisattva*. San Sebastian: Imagina, 2000.]

– and Jean-Claude Carrière. *The Power of Buddhism*. Dublin: Gill & Macmillan, 1996. [Versión en castellano: *La fuerza del budismo*. Barcelona: Ediciones B, 1999.]

BIBLIOGRAFÍA SOBRE BUDISMO Y DZOGCHEN

Aryadeva, *Yogic Deeds of the Bodhisattvas*. Gyel-tsap on Aryadeva's Four Hundred. Commentary by Geshe Sonam Rinchen. Translated and edited by Ruth Sonam. Ithaca: Snow Lion, 1994.

Chökyi Nyima Rinpoche and Erik Pema Kunsang. *Indisputable Truth*. Rangjung Yeshe, 1996.

Cozort, Daniel. *Highest Yoga Tantra*. Ithaca: Snow Lion, 1986.

Deshung Rinpoche. *The Three Levels of Spiritual Perception*. Translated by Jared Rhoton. Boston: Wisdom, 1995.

Drubwang Tsoknyi Rinpoche. *Carefree Dignity*. Compiled and translated by Erik Pema Kunsang and Marcia Binder Schmidt. Edited by Kerry Moran. Boudhanath: Rangjung Yeshe, 1998.

Dudjom Rinpoche. *The Nyingma School of Tibetan Buddhism*. Translated and edited by Gyurme Dorje, with the collaboration of Matthew Kapstein. Boston: Wisdom, 1991.

Hopkins, Jeffrey. *Buddhist Advice for Living and Liberation: Nagarjuna's Precious Garland*. Ithaca: Snow Lion, 1998.

—. *Meditation on Emptiness*. Boston: Wisdom, 1983.

Khedrup Norsang Gyatso. *Ornament of Stainless Light: An Exposition of the Kalacakra Tantra*. Translated by Gavin Kilty. Boston: Wisdom, 2004.

Khenpo Ngawang Palzang. *A Guide to The Words of My Perfect Teacher*. Translated under the auspices of Dipamkara, in collaboration with the Padmakara Translation Group. Boston: Shambhala, 2004.

Longchen Rabjam. *The Precious Treasury of the Way of Abiding*. Translated under the direction of H.E. Chagdud Tulku Rinpoche by Richard Barron (Chökyi Nyima). Edited by Padma Translation Committee. Junction City: Padma Publishing, 1998.

—. *The Precious Treasury of the Basic Space of Phenomena & A Treasure Trove of Scriptural Transmission*. Translated under the direction of H.E. Chagdud Tulku Rinpoche by Richard Barron (Chökyi Nyima). Edited by Padma Translation Committee. Junction City: Padma Publishing, 2001.

Longchenpa. *Kindly Bent to Ease Us*, parts 1-3. Translated and annotated by Herbert V. Guenther. Berkeley: Dharma Publishing, 1975-76.

Maitreya. *Maitreya on Buddha Nature*. A new translation of Asanga's Mahayana Uttara Tantra Sastra by Ken and Katia Holmes. Forres: Altea, 1999.

Maitreyanatha/Aryasangha. *The Universal Vehicle Discourse Literature Together with Its Commentary by Vasubandhu*. New York: American Institute of Buddhist Studies, 2004.

Milarepa. *The Hundred Thousand Songs of Milarepa*. Translated and annotated by Garma C.C. Chang. Boston: Shambhala, 1999. [Versión en castellano: *Cantos de Milarepa*. México D.F.: Yug, 2 vols, 1986.]

Mipham. *Mipham's Beacon of Certainty*. Translated by John Whitney Pettit. Boston: Wisdom, 1999.

Nagarjuna. *The Fundamental Wisdom of the Middle Way, Nagarjuna's Mulamadhyamakakarika*. Translation and commentary by Jay L. Garfield. New York: Oxford University Press, 1995. [Versión en castellano: *Versos sobre los fundamentos del camino medio*. Barcelona: Kairós, 2003.]

Namkhai Norbu. *Dzogchen, The Self-Perfected State*. Edited by Adriano Clemente. Translated from the Italian by John Shane. London: Arkana, 1989.

Ngorchen Konchog Lhundrub. *The Beautiful Ornament of the Three Visions*. Translated by Lobsang Dagpa, Ngawang Samten Chophel, and Jared Rhoton. Singapore: Golden Vase, 1987; Ithaca: Snow Lion, 1991.

Nyoshul Khenpo. *A Marvelous Garland of Rare Gems, Biographies of Masters of Awareness in the Dzogchen Lineage*. Junction City: Padma Publishing, 2005.

Padmasambhava. *Advice from the Lotus Born*. Translated by Erik Pema Kunsang. Boudhanath: Rangjung Yeshe, 1994. [Versión en castellano: *La leyenda de la gran estupa: la historia de la vida del gurú*. Vitoria: La Llave, 2002.]

Patrul Rinpoche. *The Heart Treasure of the Enlightened Ones*. Commentary by Dilgo Khyentse. Translated by the Padmakara Translation Group. Boston: Shambhala, 1992.

Patrul Rinpoche. *The Words of My Perfect Teacher*. Translated by the Padmakara Translation Group. Boston: Shambhala, 1998.

Ringu Tulku. *The Ri-mé Philosophy of Jamgön Kongtrul the Great*. Boston: Shambhala, 2006.

Shantideva. *The Way of the Bodhisattva*. Translated by the Padmakara Translation Group. Boston: Shambhala, 1997. [Versión en castellano: *La marcha hacia la luz*. Madrid: Miraguano, 1993.]

Sogyal Rinpoche. *Dzogchen and Padmasambhava*. Santa Cruz: Rigpa, 1989.

—. *The Tibetan Book of Living and Dying*. San Francisco: Harper, 1992. Revised edition, San Francisco, Harper, 2002; London: Rider, 2002. [Versión en castellano: *El libro tibetano de la vida y la muerte*. Barcelona: Urano, 1994.]

Takpo Tashi Namgyal. *Mahamudra: The Quintessence of Mind and Meditation*. Translated and annotated by Lobsang P. Lhalungpa. Foreword by C. Trungpa. Delhi: Motilal Banarsidass, 1993.

Thurman, R.A.F. *The Central Philosophy of Tibet: A Study and Translation of Jey Tsongkhapa's Essence of True Eloquence*. Princeton: Princeton University Press, 1991.

Tsele Natsok Rangdrol. *Circle of the Sun*. Translated by Erik Pema Kunsang. Boudhanath: Rangjung Yeshe, 1990.

Tsering, Geshe Tashi. *The Four Noble Truths*. Boston: Wisdom, 2005. [Versión en castellano: *Las cuatro verdades nobles de Buda*. Ciutadella de Menorca: Amara, 2006.]

Tsong-kha-pa. *Great Treatise on the Stages of the Path to Enlightenment*. vols. 1-3. Translated by the Lamrim Chenmo Translation

Committee. Ithaca: Snow Lion, vol. 1, 2000; vol. 2, 2004; vol. 3, 2002.

Tsongkhapa. *The Splendor of an Autumn Moon*. Translated by Gavin Kilty. Boston: Wisdom, 2001.

Tulku Thondup. *Buddha Mind*. Ithaca: Snow Lion, 1989.

—. *Masters of Meditation and Miracles*. Edited by Harold Talbott. Boston: Shambhala, 1996.

Tulku Urgyen Rinpoche. *As It Is*, vols. 1 and 2. Translated by Erik Pema Kunsang. Boudhanath: Rangjung Yeshe, 1999 & 2000.

—. *Rainbow Painting*. Translated by Erik Pema Kunsang. Boudhanath: Rangjung Yeshe, 1995.

Yangchen Gawai Lodoe. *Paths and Grounds of Guhyasamaja According to Arya Nagarjuna*. Dharamsala: Library of Tibetan Works and Archives, 1995.

Yongey Mingyur Rinpoche. *The Joy of Living: Unlocking the Secret and Science of Happiness*. New York: Harmony Books, 2007.

ÍNDICE

AGRADECIMIENTOS

Nos gustaría expresar nuestro más profundo agradecimiento a Su Santidad el Dalai Lama por haber tenido la bondad de otorgarnos sus enseñanzas en Lerab Ling en el año 2000. También queremos dar las gracias a Sogyal Rinpoche por haber desempeñado un papel tan importante al invitar a Su Santidad a impartir esas enseñanzas y por su continua inspiración.

Respecto a la visita de Su Santidad a Francia en el año 2000, quisiéramos rendir homenaje y expresarle nuestro agradecimiento a Kyabje Trulshik Rinpoche por su constante apoyo y orientación, gracias igualmente a Khamtrul Rinpoche, al Oráculo de Nechung, Jadho Rinpoche, y a los monjes del monasterio de Namgyal, especialmente a Tashi Dakpa la, Pasang y Namgyal.

Nos gustaría dar las gracias de todo corazón a Tenzin Geyche Tethong y a la Oficina Privada de Su Santidad el Dalai Lama, al Venerable Geshe Lhakdor la y al Bureau de Tíbet, y especialmente a Kunzang Yuthok la.

Debemos añadir una nota de gratitud para Lodi Gyari Rinpoche, el enviado especial de Su Santidad el Dalai Lama, por su trabajo incansable en favor de Tíbet, su servicio a Su Santidad, así como la ayuda constante y el consejo que dio a Rigpa en todos los niveles.

Nuestro agradecimiento también a Lama Seunam y a Lama Tcheuky Sengue, y a los miembros de la Asociación Golfo de León: Kagyü Rintchen Tcheu Ling, Kagu Yi-Ong

Tcheu Ling, Jardin du Dharma y Jardin de Claire Lumière, y sobre todo a la Fédération du Bouddhisme Tibétain por sus sabios consejos.

Le damos las gracias a todos aquellos que tuvieron un papel fundamental en la organización de este evento, en particular a : Philip Philippou, Jean Lanoe, Olivier Fournier, Anne Wordrascka, Hervé Bienfait, Ian Maxwell, Mauro de March, Renate Handel, Laurence Bibas-Dahan, Seth Dye, Kimberly Poppe, Dominique Hilly, Tim Synge, Heidi Lindstedt, Pamela Truscott, y muchos otros miembros de Rigpa demasiado numerosos para nombrarlos, incluyendo a casi cuatrocientos voluntarios.

También agradecemos a la prefectura de Montpellier, a los alcaldes de Lodève, Roqueredonde y la meseta del Larzac, y especialmente a J.M. Barascut, alcalde de Les Rives.

Por lo que respecta al trabajo de traducción que implicó este libro, debemos dar las gracias a Matthieu Ricard, Richard Barron (Lama Chökyi Nyima), Adam Pearcey, Ane Santem Palmo y Dominique Side. Nuestra gratitud también para B. Alan Wallace, por su ayuda en el año 2000. También quisiéramos mostrar nuestro agradecimiento al venerable Geshe Lhakdor y al venerable Geshe Thubten Sonam por la transcripción de las enseñanzas en tibetano. Estamos en deuda también con Tulku Thondup Rinpoche, Ringu Tulku Rinpoche, Khenchen Namdrol, Geshe Thupten Jinpa y Geshe Tashi Tsering, por sus generosas aclaraciones. Los traductores también quisieran rendir tributo a la traducción pionera del difunto profesor H.V. Guenther de *The Trilogy of findind Comfort and Ease* publicada en 1975 como *Kindly Bent to Ease Us*.

Susie Godfrey, David Haggerty, Ane Tsöndru, Sue Morrison, Peter Fry, Sean Price y Lorraine Velez tuvieron un papel vital en la creación de este libro. Muchas gracias también a Andreas Schulz por el diseño.

También le damos las gracias a Tim McNeill y a David Kittelstrom de Wisdom Publications por su consejo de experto.

Y por todos los errores y las inexactitudes en las que hayamos caído al escribir este texto, el editor se reserva el derecho de nombrarse único responsable.

El propósito de publicar este libro fue el de ayudar en una forma mínima a Su Santidad el Dalai Lama, para que esta enseñanza esté disponible y beneficiar a los seres en todo lo posible.

PATRICK GAFFNEY
RIGPA INTERNACIONAL